Geschichte der Gesetzgebung

uber

das Apothekerwesen in Deutschland

und der

Verhandlungen in dem Großherzogthum Hessen

über das

Selbstausgeben homöopathischer Heilmittel durch die Aerzte,

nebst

juridischer Entwickelung der Rechtsverhältnisse neuer Erfindungen und insbesondere derjenigen des homöopathischen Heilverfahrens.

Von

Dr. Carl Sundheim,

Hofgerichtsadvokaten und Stadtsyndikus zu Gießen.

Gießen,

Verlag von J. Ricker.

1834.

Vorrede.

Wie man auch über den Werth der Homöopathie an sich denken mag, so läßt es sich doch nicht verkennen, daß sie eine sehr interessante Erscheinung sey, sowohl rücksichtlich ihrer Entstehung überhaupt, als ihrer Tendenz und Entwickelung, wie auch rücksichtlich des Kampfes, den sie zu bestehen hatte und des Einflusses, den sie auf die alte Medicin bereits ausgeübt hat und vielleicht in noch größerem Umfange ausüben kann. In allen diesen Beziehungen verdient sie daher die Aufmerksamkeit auch der Zeitgenossen.

Die Verhandlungen, welche die neue Entdeckung besonders in dem Großherzogthum Hessen herbeigeführt hat und die Veranlassung hierzu sind von einem Interesse, welches in einer späteren Zeit wahrscheinlich in einem größeren Umfange gewürdigt werden wird, wie in der Gegenwart, wo eine feindliche Gemüthsstimmung der großen Mehrzahl der Aerzte und der ihrem Einflusse ergebenen Laien einer unpartheilichen Prüfung noch vielfach entgegensteht. Beinahe gleichzeitig wurde der neuen Heilkunst auch in den Kammern von Baden eine wohlwollende Aufmerksamkeit zu Theil; doch sind die Verhandlungen in dem Großherzogthum Hessen in manchen Beziehungen von größerem Gewicht und Erfolg gewesen. Es ist bekannt, daß ich durch die Vertheidigung des Rechts der Aerzte für das günstige Resultat mitgewirkt habe, welches die Verhandlungen bei den Hessischen Kammern herbeigeführt haben; Niemand möchte wohl in der Lage seyn, einen so genauen Aufschluß über alle Verhältnisse geben zu können, wie ich, und deswegen übernehme ich es dieses in der gegenwärtigen Schrift zu thun. Dem Zwecke einer gründlichen Prüfung hielt ich es entsprechend, auf die Geschichte der Gesetzgebung über das Apothekerwesen überhaupt zurückzugehen und diese noch etwas weiter fortzuführen, als bereits Tittmann und Albrecht gethan haben; und, um das Resultat jener Verhandlungen in dem rechten Lichte zu zeigen, so schien es mir zugleich angemessen, die für und gegen die rechtlichen Befugnisse der Aerzte geltend gemachten staats- und privatrechtlichen Gründe einer umfassenden Revision zu unterwerfen. Zwar sind diese Befugnisse in neuerer Zeit wiederholt entwickelt worden; inzwischen waren die Verhältnisse noch für keinen dieser Schriftsteller so günstig gestaltet gewesen, wie sie es für mich sind, denn keiner von ihnen konnte die Gründe eines Resultats aus so naher eigner Mitwirkung entwickeln. Die Rechtsgründe, welche zu Gunsten der neuen Heilkunst sprechen, berühren mehr oder weniger jede neue Entdeckung oder Erfindung; um so mehr verdient ihr Recht eine größere Aufmerksamkeit von Seiten der Jurisprudenz, als ihr bisher zu Theil geworden ist. Dieser kommt es zu, den rechtlichen Werth der Ansprüche der neuen Weltbürgerin zu ermitteln; und sie darf dabei das Vertrauen der Anhänger der alten Heilkunst um so mehr in Anspruch nehmen, da auch der alten praktischen Jurisprudenz ebenso wie der alten praktischen Medicin gar häufig der nämliche Vorwurf gemacht wird: daß sie gleichfalls ein gefährliches Spiel mit Vermögen, Freiheit und Leben der Menschen treibe.

Als diese Schrift bereits zum Abdruck abgegeben war, so kamen mir zwei andere zu, welche theilweis einen gleichen Zweck mit derselben hatten. Ich konnte sie nur noch in den Noten anführen. Die eine: Kampf und Sieg der Homöopathie oder Reinarzneilehre bei den Badischen und Hessen-Darmstädtischen Ständeversammlungen (Leipzig 1834, bei Ludwig Schumann) — enthält, wenigstens in Beziehung auf die Verhandlungen in Hessen, häufige Unrichtigkeiten; die andere: vollständige Sammlung aller Verhandlungen und Aktenstücke der Kammern Badens und Darmstadts, über die Ausübung des homöopathischen Heilverfahrens aus den Protokollen entnommen und herausgegeben von Dr. L. Griesselich, (Carlsruhe 1834, bei J. Velten), giebt, wie auch ihr Titel sagt, nur das, was aus den Kammerprotokollen zu ersehen war, und dieses selbst unvollständig; die gegenwärtige Schrift dagegen geht in Beziehung auf die Verhandlungen in dem Großherzogthum Hessen weiter, sie ist vollständiger, fügt einige noch ungedruckte Aktenstücke bei und klärt auf, was aus den Kammerprotokollen nicht zu entnehmen ist. Sie ist deswegen in Beziehung auf die Verhandlungen in Hessen unbestreitbar die vollständigste, während diejenige von Griesselich in Beziehung auf Baden eben dieses ist. Beide zusammen sind also befreundet und geben in Verbindung mit einander eine zuverlässige und gründliche Aufklärung über das Geschehene.

Gießen am 7. September 1834.

Dr. Carl Sundheim.

Inhalts-Verzeichniß.

Erste Abtheilung.

Zweite Abtheilung.

Seite

Dritte Abtheilung.

Prüfung der Gründe für und gegen das Selbstdispensiren homöopathischer Aerzte.

Vierte Abtheilung.

Urkunden.

Erste Abtheilung.

Geschichtliche Entstehung und Entwickelung des Streites über die Abgabe von Arzneimitteln an die Kranken durch die Aerzte.

Wir können es uns wohl denken, daß ein Arzt die Heilkunst auszuüben im Stande sey, ohne daß es Apotheker giebt: allein wir können nicht umgekehrt es uns eben so denken, daß ein Apotheker die Apothekerkunst ausüben könne, ohne daß es Aerzte giebt. Dadurch erhalten die Apotheker im Verhältniß zu der Heilkunst die Stellung von Nebenpersonen, und im Verhältniß zu dem Arzte, — dem gelehrten, wie dem empirischen — diejenige von mechanischen Gehülfen desselben, da ihr Geschäft und Beruf darin besteht, zum Gebrauche und nach Vorschrift des Arztes die von diesem begehrten Heilmittel zu fertigen a). Es folgt hieraus zugleich, daß der Apotheker für den Zweck des Heilgeschäfts überflüssig ist, wenn der Arzt seiner Hülfe nicht bedarf, sey es nun, daß er selbst das geeignete Mittel bereitet, oder daß er ein Mittel für dienlich hält, das weder seine eigne Hand, noch diejenige eines besonderen Apothekers für die Zubereitung fodert. Diese Eigenschaft eines Gehülfen oder Dieners des Arztes behält der Apother natür-

a) Tittmann, die Homöopathie in staatspolizeirechtlicher Hinsicht. Meissen 1829. S. 9.

lich auch da, wo vielleicht ein Arzt selbst als Besitzer einer besonderen Apotheke gedacht wird, wie denn überhaupt ein Mensch mehrere Geschäfte treiben und mehrere Aemter bekleiden kann, ohne daß eins das andere aufhebt.

Das Verhältniß zwischen Arzt und Apotheker tritt uns eben so, wie es aus der Natur der Sache sich entwickelt, auch als eine geschichtliche Wahrheit entgegen.

In den ältesten Zeiten war es der Priesterstand, welcher die Heilkunde in ihrem äußerst dürftigen Zustande als Theil seiner höheren Kenntnisse und Kräfte geltend machte und ausübte. Wir finden dieses bei den Aegyptiern, Israeliten, Indiern, Griechen, Römern, Scythen und Celten. Aus den Priestern giengen im Laufe der Zeit weltliche Aerzte, besonders in Italien hervor, als bei zunehmender Aufklärung der Aberglaube und die Meinung von den höheren Fähigkeiten und Kräften der Priester abnahmen. Wie die Priester aus Rücksicht für die Erhaltung ihrer Geheimnisse die Bereitung ihrer Arzneimittel selbst besorgen mußten, so befanden sich die aus ihnen hervorgegangenen weltlichen Aerzte ebenfalls in der Lage dies thun zu müssen; sie hatten anfänglich Niemanden, der dieses Geschäft übernahm. Es ist auch ganz unbezweifelt, daß sie dies Jahrhunderte lang gethan haben b). So lange die Aerzte noch in der Nothwendigkeit sich befanden, die Kräuter und übrigen Heilstoffe, deren sie bedurften, selbst einsammeln zu müssen, so

---

b) Kurt Sprengel, Versuch einer pragmat. Gesch. der Arzneikunde. 3. Aufl. Th. I. S. 336 ff.

Beckmann, Beiträge zur Gesch. der Erfindung. Leipzig 1788. Bd. II. St. 4. S. 489. Möhsen, Gesch. der Wissenschaft. in der Mark Brandenburg. Berlin und Leipzig 1781. §. 39. Ch. Thomasius Diss. de jure circa pharmacopolia civitatum Halae 1797. cap. I. p. 10. Alberti jurisprudentia medica. Halae 1725. p. 624.

Albrecht, die Homöop. von dem Standpunkte des Rechts und der Medizinalpolizei. Dresden und Leipzig 1829. §. 13. Zuerst erschienen als Inaugural-Dissert. unter dem Titel: ars medendi homoeopathica ejusque cultores medicamenta ipsi praeparantes coram tribun. juris et polit. med.

verwendeten sie hierbei Diener, die sie anwiesen; und als hier und da dergleichen Einsammlungen die Aufmerksamkeit auf sich zogen und ihre Gegenstände die Möglichkeit eines gewissen Gewinns davon zeigten, so fanden sich bald in solchen Gegenden Menschen, welche dergleichen Stoffe als Waaren feil boten *c*). Allmählich gaben diese einigen dieser Stoffe eine gewisse Zubereitung, die solche theils zur Aufbewahrung geschickter machte, und theils dem Arzte einen Theil seiner bisherigen Mühe zu ersparen suchte. Man nimmt zwar an, daß in Aegypten, in Alexandrien, schon 285 Jahr vor Christi Geburt eine Trennung der Bereitung von Arzneiwaaren-Vorräthen von der Medizin stattgefunden habe *d*); in Europa aber wurde sie erst viel später üblich. Sie scheint von Afrika aus sich herüber verpflanzt zu haben, von woher vielleicht lange Zeit hindurch solche Vorräthe als Handelsgegenstände bezogen wurden, ehe ihre Bereitung in Europa Nachahmung fand *e*). Den Handel mit solchen zubereiteten und allmählich auch gemischten Stoffen, trieben die damaligen Gewürzhändler, die umher wandernd, ihre Waaren auf dem platten Lande, wie in den Städten und auf Märkten feil zu bieten und anzupreißen pflegten *f*). Es konnte nicht fehlen, daß aus diesem gänzlich freien Arzneihandel in den Händen unverständiger und unsicherer Menschen vielfache Nachtheile sich entwickelten. Wie Geldgewinn der Zweck der umherschweifenden Händler war; so mangelte ihren Waaren oft die nöthige Güte und Zuverlässigkeit, und die Käufer wurden häufig getäuscht.

Wenn gleich neben diesen vagirenden Händlern auch die hier

---

c) Beckmann, a. a. O. S. 491 ff.

d) Sprengel, a. a O. Th. I. S. 555.

e) Beckmann, a. a. O. S. 496.

f) Beckmann, a. a. O. S. 492 ff.
Möhsen, a. a. O. §. 39.
Thomasius, l. c. cap. I. §. 14. seq.
Hahnemann, de medicamentorum confectione et exhibitione per pharmacopolas. Jenae 1818. p. 20. seq.
Tittmann, a. a. O. S. 15.

1*

und da mit Vorraths- und Verkaufsladen (apothecis) angesiedelten und zutrauenswertheren Materialisten dergleichen vorräthige Arzneigemische führten; wenn gleich sie allmählich jene ersteren, besonders in den Städten zurückdrängten, je nachdem sie selbst sich vermehrten; so theilten doch auch die Waaren dieser Materialisten großentheils die Fehler derjenigen der umherziehenden Arzneihändler. Aus solchen Händen nun empfingen bis ins zwölfte Jahrhundert zunächst die Aerzte ihren Bedarf, von dem sie ihren Patienten die geeigneten Mittel bereiteten und darreichten *g*). Freilich standen damals auch die meisten Aerzte auf einer sehr niederen Stufe. Es waren vorzüglich die Mönche und Nonnen, welche die Heilkunst im christlichen Abendlande nach mönchischer Weise übten und in ihren Klosterschulen lehrten, bis durch den Einfluß, welchen die Kreuzzüge auf die erschlaffte Cultur in Europa überhaupt übten, auch der Sinn für eine bessere Heilkunst wieder geweckt, und das Studium der Schriften arabischer und griechischer Aerzte zunächst in Italien angeregt wurde *h*).

Während nun die hierdurch besser gebildeten Aerzte immer mehr Ursache fanden, über die leichtfertige oder unredliche Bereitung der Präparate zu klagen, und während diese Präparate mit der Vervollkommnung der Heilkunst nicht gleichen Schritt halten konnten, war die Zahl der unterrichteten Aerzte zu klein, und sie hatten zudem die Mönche gegen sich, deren Einfluß und Einkommen sie gefährdeten und die das Volk in Anhänglichkeit und Abhängigkeit sich zu erhalten wußten. So befaßten sich denn neben den gelehrten Aerzten lange Zeit hindurch auch noch die Geistlichen mit dem Heilgeschäft, und neben beiden zugleich Arzneikrämer, Hirten und andere Menschen ohne wissenschaftliche Bildung. Die durch den Luxus, welchen die Kreuzzüge nach Europa brachten, vermehrten und gesteigerten Krankheiten gaben diesem anderen Uebel der Pfuscherei reichliche Nahrung, wo-

---

g) Möhsen, a. a. O. Beckmann, a. a. O. S. 491. Tittmann, a. a. O. S. 21 ff.

h) Sprengel, a. a. O. Th. II. S. 490 ff.

bei wohl mitunter Erfahrung oder Glück die Bemühungen der Pfuscher begünstigte, viel häufiger jedoch die leichtgläubigen Menschen in die Hände von Betrügern geriethen, und gleichzeitig um Geld und Gesundheit gebracht wurden *i*).

Der gewöhnlichen Entwickelungsweise der menschlichen Verhältnisse nach mußte aus diesem Zustande, sobald die Ueberzeugung von seiner Schlechtigkeit sich gebildet hatte, der Versuch hervorgehen, eine Einrichtung herbeizuführen, durch welche jene Nachtheile vermieden werden könnten. Ohne Einmischung der Regierungsgewalt ließen sich aber so eingewurzelte Uebel nicht vertilgen; und so sehen wir denn endlich die Staatsverwaltung durch Noth gedrängt, Versuche machen, um dem Unfuge zu steuern. Wir können in besonderer Beziehung auf Deutschland, (welches wir hier allein ins Auge fassen) drei Perioden der Gesetzgebung unterscheiden, nämlich die Erste von den ersten uns bekannten Gesetzen über den Gegenstand bis einschließlich zu den letzten Reichsgesetzen darüber; die Zweite der darauf gefolgten Landesgesetzgebungen während der Zeit des Reichsverbandes; und die Dritte der Gesetzgebungen nach Auflösung des Reichsverbandes.

Erste Periode.

Der Unfug und die Betrügereien, welche theils die Verkäufer der Arzneivorräthe, und theils ärztliche Quacksalber seiner Zeit trieben, veranlaßten zuerst den König Roger von Neapel im Jahr 1140 ein Gesetz zu geben, welches jene Nachtheile einzuschränken suchte. Diesen Zweck verfolgte auch der römische Kaiser und König von Neapel, Friedrich II. im Jahr 1232 durch verschiedene, für Neapel erlassene Verordnungen *k*).

i) Die Geschichte des Uebergangs der Ausübung der Heilkunst von den alten Priestern an Volksärzte, von diesen an christliche Geistliche und andere Empiriker, und von diesen wieder in und von Italien aus an wissenschaftlich unterrichtete Aerzte überhaupt siehe bei Kurt Sprengel a. a. O. Th. I. und II

k) Lindenbrog, Cod. legg. antiq. Francof. 1613. p. 808.
Thomasius, a. a. O. Cap I. §. 5. 6. 7. 8.
Möhsen, a. a. O. Tittmann, a. a. O. S. 18 — 21.
Sprengel, a. a. O. Th. II. S. 503 ff.

Hiernach bedurften die Aerzte zur Ausübung der Heilkunde einer Prüfung und Autorisation, und sie wurden dabei besonders verpflichtet, die Betrügereien und Nachlässigkeiten der Arzneiverfertiger, die sie entdecken würden, den Behörden anzuzeigen. Das Geschäft der Bereitung von Arzneivorräthen wurde eignen Leuten in verschiedenen Städten übertragen, und diesen wurde ein Privilegium für ihre Arbeits- und Verkaufsbuden (stationes) verliehen. Die Aerzte durften keine solche Buden haben, und die Bereitungen jener Confectionarien mußten unter der Aufsicht und Leitung von zwei besonders verpflichteten Aerzten geschehen, die auf redliche Bereitung nach ihrer Angabe, und auf Verhütung von Unterschleifen zu sehen hatten. Dabei blieb jedoch die Abgabe der Arzneimittel an die Patienten den Aerzten überlassen *l*), und sie mußte ihnen überlassen bleiben, weil es nur wenige solcher Verkaufsladen gab und es eine Unmöglichkeit gewesen seyn würde, diesen auch die Austheilung der Arzneien an die Kranken ausschließlich zu überweisen, die meistentheils in weiter Entfernung von solchen Vorrathsbuden der Hülfe des Arztes bedurften. Diese Verfügungen haben zwar auch auf Deutschland bezogen werden wollen *m*); allein es mangelt an einem rechtlichen Grunde dazu, da sie für Deutschland nicht gegeben und hier nicht angenommen worden sind. Aus jenen autorisirten Verfertigern von Arzneiwaaren-Vorräthen giengen nach und nach und in dem Verhältniß, wie sie sich immer mehr verbreiteten, Verfertiger der, in den einzelnen Krankheitsfällen von den Aerzten vorgeschriebenen, Mittel für die Patienteu hervor, indem es die Aerzte allmählich bequemer fanden, jenen Männern auch dieses Geschäft, so viel thunlich zu überlassen und die eigne Last, die sie selbst bisher mit der Austheilung der Arzneimittel an die Kranken hatten, sich zu ersparen.

Den Namen Apotheken, worunter ursprünglich irgend eine Bude verstanden wurde *n*), behielten sie für ihre Werkstätten

---

l) Tittmann, a. a. O. S. 33.

m) Thomasius, l. c. Cap. II. §. 12. und 14.

n) Thomasius, l. c. Cap. I. §. 22.
Beckmann, a. a. O. S. 494.

bei, und eigneten sich ihn im Laufe der Zeit sogar vorzugsweise an. Auch sie mußten den von Friedrich II. für die früheren Confectionarien vorgeschriebenen Eid ableisten und in Mailand, Rom, Venedig und anderen Städten Italiens fürchtete man die Versuchung ihrer Gewinnlust so sehr, daß man das Bewußtseyn ihres Eides für leicht verlöschbar ansah, und selbst eine so kurze Dauer ihm zutraute, daß man sie jährlich ein bis zweimal ihren Schwur erneuern ließ o).

Aehnliche Ursachen riefen auch in Deutschland die Apotheken hervor p). Umherziehende Arzneikrämer und Materialisten erzeugten ähnliche Klagen, und als der Verkehr mit Italien häufiger und das Studiren der Deutschen auf den italienischen Universitäten Sitte wurde, so zeigten sich die zurückkehrenden jungen Doctoren unzufrieden mit dem Zustande und der geringeren Zahl der Arzneigemische, die der, auf der fremden Hochschule erlernten, Wissenschaft nicht genügten, welche sie in dem Vaterlande jetzt bewähren wollten. Anfänglich suchten die Materialisten die gerügten Mängel durch Verschreibungen aus Italien zu ersetzen, schickten auch Gehülfen dahin in die Lehre, bis einzelne Männer es unternahmen, das italienische Apothekerwesen nach Deutschland zu verpflanzen und hier ähnliche Werkstätten zu errichten q). Sie wurden natürlich von den Obrigkeiten der Städte, in denen sie sich niederließen, ebenso wie von den Aerzten begünstigt, während die Materialisten, die ihren bisherigen Handel dadurch gefährdet sahen, sich alle Mühe gaben, die gefürchteten Nebenbuhler niederzuhalten. So entstand ein Kampf zwischen den neuen Apothekern und den Materialisten, in welchem die Apotheker durch Erlangung von Privilegien gegen den Verkauf von Gemischen, welche sie in ihren Apotheken zu bereiten und feil zu halten pflegten, Sieger blieben. Die er-

---

o) Möhsen, a. a. O. S 375.

p) Tittmann, a. a. O. S. 21. Albrecht a. a. O. §. 14.

q) Möhsen, a. a. O. S. 375 und 377. Albrecht, a. a. O. §. 14.

sten Apotheken und Privilegien dieser Art kommen in Deutschland erst im fünfzehnten Jahrhundert vor *r*).

Solche Privilegien konnten damals um so weniger auffallen, als in jener Zeit fast alle Gewerbe mit Privilegien gegen die andern versehen zu seyn pflegten, dabei auch dieser Zustand allgemein als weit besser, wie der bisherige erkannt werden mußte. Neben ihnen erhielten jedoch auch noch umherziehende Arzneihändler Concessionen zum Verkauf *s*). Auf die Aerzte konnte dies alles keinen Einfluß haben. Ihre höhere Kunst war kein gemeines Gewerbe, und Niemand dachte daran, ihnen selbst das Mittel aus der Hand zu winden, durch welches sie dem Nothleidenden Hülfe zu bringen sich bestrebten; sie behielten völlig freie Hand im Abgeben von Arzneien an ihre Patienten, und sie mußten diese schon allein in der Rücksicht behalten, daß der Apotheken anfänglich nur sehr wenige waren, also eine Entziehung jener Befugniß zu Gunsten solcher einzelnen Anlagen die Patienten im allgemeinen einer wirksamen ärztlichen Hülfeleistung beraubt haben würde.

Wie allgemein das Selbstdarreichen der Arzneien durch die Aerzte noch in der ersten Hälfte des sechszehnten Jahrhunderts

---

r) Möhsen, a. a. O. S. 380. Beckmann, a. a. O. S. 500 504. Sprengel, a. a. O. Th. II. S. 677. Tittmann, a. a. O. S. 23. u. f. Albrecht, a. a. O. §. 14. Mittermaier, in d. Grunds. d. deutsch. Priv. R. §. 522. Note 1. (4. Aufl.) nimmt zwar ihre Existenz bereits im vierzehnten Jahrhundert an; indessen ist es nicht wahrscheinlich, daß sie so früh schon bekannt gewesen seyn sollten, da alsdann ein großer Zwischenraum angenommen werden müßte, in welchem die ersten Beispiele keine Nachahmung fanden. Es ist wahrscheinlicher, daß jene Apotheken die gewöhnlichen Verkaufsladen von Gewürzkrämern und nicht solche waren, welche zum Unterschied von jenen Medicinal- oder Doctorapotheken genannt wurden. Möhsen, a. a. O. S. 378. Beckmann, a. a. O. S. 505. ff. Kurt Sprengel, a. a. O. Th. II. S. 677.

s) Hebenstreit, Lehrsätze der medicin. Polizeiwissenschaft. §. 382. Schmieder, Polizeiverf. des Churfürstenthums Sachsen. Th. III. S. 1417. Tittmann, a. a. O. S. 26.

war, und wie wenig verbreitet damals noch die Apotheken waren, sehen wir besonders aus der peinlichen Halsgerichtsordnung Kaisers Karl V. (von 1530 und 1532), die im Art. 134. den Fall berücksichtigt, wenn ein Arzt, und besonders ein bloßer Empiriker durch seine Arznei tödtet. Um die Apotheker bekümmerte sich dieses Gesetzbuch nicht einmal *t*). Je mehr Apotheken aber entstanden, und je seltener nun die Aerzte theils zu Begünstigung solcher Anlagen, und theils zu eigner Bequemlichkeit, ängstliche unter ihnen vielleicht auch um hierdurch gegen Verfolgung nach jenem Strafgesetze sich zu sichern, und einen großen Theil der Verantwortlichkeit von sich auf die Person des Apothekers zu übertragen, von eignen Arzneibereitungen Gebrauch zu machen pflegten *u*): desto natürlicher war es, daß die nicht genügend überwachten und durch keine besondere Strafdrohung eingeschüchterten Apotheker, ungeachtet des Eides, den man auch in Deutschland schon frühe sie schwören ließ *v*), theils selbst die nämlichen Klagen über Nachläßigkeit und Gewissenslosigkeit wieder veranlaßten, welche früher die Materialisten und vagirenden Gewürz- und Arzneikrämer hervorgerufen hatten, und theils daß, wo die Aerzte dadurch sich bestimmt fühlten, wieder selbst häufigeren Gebrauch von eigner Arzneibereitung für ihre Patienten zu machen, die Apotheker dieses durch Mißdeutung ihrer Privilegien möglichst zu hindern suchten. Hierdurch zogen sie schon bald nach der peinlichen Halsgerichts-Ordnung die Aufmerksamkeit der Reichsgesetzgebung auf

---

t) Die Stelle lautet Art. 134. „So ein Arzt aus Unfleiß oder Unkunst, und doch unfürsätzlich jemand mit seiner Arznei tödtet — — — oder sich ungegründeter, unzuläßiger Arznei, die ihm nicht geziemt hat, unterstanden, und damit einem zum Tod Ursach geben — — und soll in diesem Falle allermeist Achtung gehabt werden, auf leichtfertige Leuth, die sich Arznei unterstehen, und der mit keinem Grund gelernt haben u. s. w.

u) v. Helmont, de febribus cap. XV. §. 9.
Möhsen, a. a. O. S. 377. Albrecht, a. a. O. §. 14. und 15.

v) Beckmann, a. a. O. S. 507 ff.

sich, welche durch die allgemeine Klage über ihre Gewissenlosigkeit und ihren Eigennutz sich gedrängt fühlte, eine strenge Aufsicht über sie anzuordnen. In der Reformation guter Polizei von 1548. Art. 23. wurden deswegen sechszehn Jahre nach der peinlichen Halsgerichtsordnung die Obrigkeiten, unter denen Apotheker seyen, ermahnt, dieselben jährlich zum wenigsten einmal zu visitiren, und den Materialien gebührlichen Werth setzen zu lassen, „damit ein jeder um sein Geld, gute und frische, taugliche Materialien und Arzneien bekommen und haben möge.“ Diese Ermahnung genügte aber nicht, denn die alten Klagen erneuerten sich bald wieder, und so wurde in der Polizeiordnung von 1577. Art. 34. wieder beklagt, daß in den Apotheken zu Zeiten verlegene und untaugliche Materialia gefunden würden, „dazu auch solche Materialien durch die Apotheker ihres selbst Gefallens übersetzt und unleidlich gesteigert würden.“ Auch hier wurde eine jährliche Visitation und Festsetzung von Preißen den Obrigkeiten wieder eingeschärft, „damit ein jeder um sein Geld gute, frische, taugliche Materialien und Arznei bekomme, und in dem nicht betrogen noch übernommen werde.“

Zweite Periode.

Mochte auch jene Ermahnung, so lange sie noch in frischem Andenken war, eine schärfere Aufsicht der Obrigkeiten auf die Apotheker erzeugt haben; so gerieth sie doch allmählich ausser Ansehen, und in dem nämlichen Grade tauchten auch die Anmaßungen und Ungebühren der Apotheker wieder auf. So finden wir denn in dem siebenzehnten Jahrhunderte die alten Klagen über sie wieder, und in ihrem Gefolge auch ein immer ärgeres Umsichgreifen der Quacksalberei, eine Folge der Uebertheurung der Kranken durch die Apotheker w). Ihre Ge-

---

w) Hommel, Rhaps. quaest. Obs. 504. No. 5.
Tittmann, a. a. O. S. 27. 28.
Albrecht, a. a. O. §. 16. Ueber d. Recht der homöop. Aerzte ihre Arzneimittel selbst zu bereiten und den Kranken zu reichen; mit Rücksicht auf die preuß. Gesetze erläutert, von einem prakt.

winnsucht und die Art und Weise, wie sie dieselbe geltend zu machen suchten, erzeugte eine niedrige Meinung von ihrem Gewerbe. In einer Zeit, in welcher jeder, der ein bürgerliches Gewerbe trieb, die Production dieses gleichsam als ein zünftiges Eigenthum ansah, in welches kein Andrer eingreifen dürfe *x*), mit häufigen Privilegien gegen den Handel anderer Krämer mit Apothekerwaaren begnadigt, lag es nahe, daß sie die schon vor der Reichspolizei-Ordnung gemachten Versuche, die jeweilige Abgabe von Arzneimitteln durch die Aerzte an ihre Patienten zu hindern, ebenfalls erneuerten und mit doppeltem Eifer verfolgten *y*). Den Mangel gesetzlicher Stützen für ihre Ansprüche suchten sie durch Bezug auf ihre Privilegien zu ersetzen; von einer unsicheren Justiz und der Kunst der Dienerschaft dieser, durch Auslegung das Recht und die Gesetze ihren eignen Vorurtheilen und Neigungen, wie den Interessen ihrer Günstlinge anzupassen, hofften sie gleiche Gunst, wie sie häufig den Zunftbriefen anderer Gewerbe zu Theil werden sahen. Inzwischen waren gleichwohl die Gerichte ihnen weniger gewogen. Wie sehr diese auch in Verlegenheit sich fühlen mochten, da die Gesetze von solchen Ansprüchen schwiegen; so behielt doch in soweit das natürliche Verhältniß zwischen Arzt und Apotheker die Oberhand, daß die Gerichte, wo sie auch das Verlangen der Apotheker für billig hielten, doch einen versöhnenden Weg einschlugen, gleichsam zu einer richtigen Mitte sich bekannten, und um es mit Niemanden ganz zu verderben, ihre Entschei-

Juristen. Berlin 1833. S. 8. So klagt namentlich das Brandenburgische Med. Edikt v. 12. Nov. 1685. „Nachdem aus der täglichen Erfahrung genugsam bekannt, welcher gestalt hin und wieder, sowohl in den Städten, als auf dem Lande in Verfertigung und Austheilung der Arzneien und Kuren der Kranken große und höchst gefährliche Mißbräuche eingerissen u. s. w." das.

x) Ueber die Homöopathik und ihre Beziehungen zu dem Selbstdispensiren der Aerzte, von Rupertus II. Leipzig 1833. S. 7 — 9.

y) Die Literatur für und gegen ihre Ansprüche, siehe bei Tittmann, a. a. O. Note 6. S. 7 Note, vergl. auch Albrecht, a. a. O. §. 16.

dungen so einrichteten, daß ihrer Meinung nach beide Theile damit zufrieden seyn könnten. Allein indem sie als Regel den Apothekern ausschließlich die Abgabe der Arznei an die Patienten überwiesen, ausnahmsweise jedoch die Aerzte zur Selbstabgabe befugt erklärten, wenn Nothfälle dies foderten, wenn die Aerzte Geheimmittel besäßen, oder wenn die Arznei überhaupt nicht gleich gut von dem Apotheker zu erhalten sey, über welche Ausnahmen sie den Aerzten selbst das Urtheil überließen, und überlassen mußten z); so konnten solche Entscheidungen in Wirklichkeit nicht versöhnen, sie konnten vielmehr nur den Grund zu neuen Verwicklungen und unendlichen Streitigkeiten legen. Von den Gesetzgebungen der einzelnen Territorien folgten einige diesen Ansichten, andere theilten die damalige geringe Meinung von dem Apothekergeschäft, suchten dasselbe den Aerzten verächtlich zu machen und hierdurch ihnen die eignen Arzneibereitungen zu verleiden; noch andere dagegen hielten rein und consequent die natürliche Eigenschaft des Apothekers als eines bloßen Gehülfen des Arztes aufrecht. Alle kommen übrigens darin überein, daß sie neben dem Bestreben, das Kurieren von Quacksalbern zu unterdrücken, (wobei sie jedoch den Vertrieb mit ärztlich erprobten oder beglaubigten Mitteln, die den Apothekern unbekannt oder von ihnen nicht zu haben waren, frei ließen) eine schärfere Aufsicht, wie die bisherige, über die Apotheker einzuführen sich bemühten. In jenem Geiste, um den Aerzten das Gewerbe der Apotheker verächtlich zu machen, disponirt namentlich die brandenburgische Ordnung für die medici vom 30. Aug. 1693. §. 6. „Wie einem rechtschaffenen Medico unanständlich sich, außer dem Nothfalle mit den gemeinen praeparationibus pharmaceuticis zu meliren und damit den Apothekern Abbruch zu thun," während ein Verbot, „sich mit dem Arznei-

z) Tittmann, a. a. O. S. 36 — 40.
Albrecht, a. a. O. §. 16. und die S. 93 — 95 abgedruckten Responsa der medic. Facultäten v Leipzig und Halle, vergl. auch Thomasius, l. c. Cap. II. §. 14. und 15. und Hommel, l. c. S. 10 — 14.

wesen zu vermengen," in dem preuß. Med. Edikt vom 27. Sept. 1725 ausgesprochen ist. Die Gothaische Medicinal-Ordnung von 1694 enthält: „Sollte aber ein oder der andere Medicus seine Medicamente vor sich präpariren wollen, so stehet es ihnen zwar frei, jedoch mit der Maaß, daß sie des Taxes halben Unserer Ordnung sich gemäß bezeugen a)." Auch die Gesetzgebung des Churfürstenthums Sachsen erhielt die Befugniß der Aerzte zur eignen Bereitung von Mittel für ihre Patienten aufrecht und suchte nur zu verhüten, daß dies in wirklichen Betrieb des Apothekergewerbes ausarte b). In diesem Sinne verfügt eine Verordnung vom 6. Dez. 1658 und ein erläuterndes Rescript vom 20. April 1659. „Gestalt Wir nun die von denen Medicis gesuchte Erläuterung nicht nöthig, noch in dem angezogenen §. befinden, daß die von ihnen präparirte singularia und experimenta bei ihren Patienten zugebrauchen verboten seyen u. s. w." Ein anderes Rescript vom 18. Juli 1659 sagt: „Sondern es geht Unsere besondere Meinung dahin, daß die Medici zwar ihre nachgelassene Singularia, jedoch bescheidentlich und mäßig, ohne gesuchten, ungeziemenden und ihrer Profession gar nicht anständigen Vortheils gebrauchen mögen. „Ferner verfügt ein Rescript vom 4. Jan. 1661. „Was aber anlanget diejenigen geheimen Arzneien, von denen in den Dispensatoriis publicis gar nichts zu befinden, oder deren Zubereitung die Medici, als ihre sonderbare arcana naturae et artis denen Apothekern zu offenbaren erheblich Bedenken tragen — — — — seynd und bleiben, vermöge Unsers Decrets denen Medicis privatim vor sich zu laboriren, auch ihren Patienten mit denenselben nach Gelegenheit der Umstände zu dienen — — — — allerdings unbenommen u. s. w. Nur den Quacksalbern war durch ein Generale vom 29. August

---

a) Thomasius, a. a. O. Cap. II. §. 15.
Tittmann, a. a. O. S. 34. Ueber d. Rechte d. homöopatischen Aerzte u. s. w. S. 10.

b) Bohn, de officio medic. duplici, clinici, nimirum ac forensis Lips. 1704. cap. XXI. p. 433.
Tittmann, S. 36 und 37.

1750 und Rescripte vom 2. Aug. 1752, und 7. Sept. 1758, so wie Mandat vom 13. Septemb. 1768 dies untersagt c). Die Braunschweigische Med. Ordn. von 1721. Cap. I. §. 16. läßt dem Arzt ebenfalls das Ausgeben geheimer Mittel an die Kranken frei, und sagt, er habe aber wohl zu bedenken, daß er nicht usum dispensationis in abusum verwandle, und mit Hintansetzung der Officinal-Medicamente, auf solche Weise den Apothekern das Brod und die Nahrung unverantwortlicher Weise und gewissenlos abzuwenden trachte d). Das Preuß. Medic. Edict vom 27. Sept. 1725. Abschn. de medicis §. 3. sagt, daß die Aerzte „des Dispensirens der medicamentorum officinalium sich gänzlich enthalten, und damit den Apothekern keinen Abbruch thun sollten," dazu erfolgte jedoch eine Declaration des Ober-Collegii medici vom 27. Sept. 1727," daß ihnen dadurch nicht untersagt sey, bessere medicamenta als in der Apotheke zu haben an eigne Patienten zu geben; und hiermit erscheint zugleich jener Ausdruck „des Dispensirens" als für allgemeines verkäufliches Ausgeben gebraucht und in diesem Sinne erläutert. Die Apothekerordnung vom 11. Octob. 1801 erkennt das Recht der Aerzte noch an, und verstattet ihnen zum Gebrauch in ihrer eignen Praxis eigne Hausapotheken zu halten, wo keine, oder keine nahe öffentliche Apotheke sey e). Die Hessen-Darmstädtische Medicinal-Ordnung vom 6. Aug. 1727 bezieht sich in ihrem Eingange auf die Reichspolizeiordnung und verfügt sodann, daß „allen Empyricis und Versuchsärzten, als da seynd Laboranten, Apotheker, Soldaten, Bader, Barbiers, Materialisten, alte Weiber, Köche, Juden, Landfahrer, Scharfrichter, Störger und Marktschreier u. dgl., das Kuriren dergestallt ganz niedergelegt seyn soll, daß in Unserm Fürstenthum und dazu gehörigen Graf- nnd Herrschaften, sich keiner Gewinnst oder anderer Ursachen halben, wie sie Namen haben mögen, unterste-

---

c) Albrecht, a. a. O §. 17.

d) Tittmann, a. a. O. S. 35.

e) Ueb. d. Recht d. homöop. Aerzte u. s. w. S. 16, 31 — 40.

hen soll, jemanden innerliche Arzneien fürzuschreiben und darzureichen u. s. w." In einer anderen Stelle heißt es: „Sonderbare circumspection, Treu und Fleiß soll ein jeder medicus anwenden, daß den Patienten mit guter heilsamer Arznei, welche in alle Wege, sie werde gleich von dem medico selbst dargegeben, oder in der Apotheke geholet, der Taxordnung gemäß anzuschlagen, sobald menschenmöglich ausgeholfen, und derselben mit Verordnung überflüssiger, allzuvieler, oder auch, wenn es die Noth nicht erfordert oder es die Patienten begehren, theurer und fremder Medicamenten, wodurch dem Apotheker der Säckel gefüllt, den Patienten aber schwere Kosten verursacht werden, geschonet werden.

In Gotha und Hessen-Darmstadt hat sich hiernach die Gesetzgebung ganz besonders frei von Nebenrücksichten gehalten und streng das Wohl der Patienten als Zweck in dem Auge behalten, und die natürliche Stellung des Arztes zu dem Apotheker, als Gehülfen nach seinem Bedarf, unverändert aufrecht erhalten und unverwirrt gelassen. In gleichem Sinne sind noch einige andere Hessen-Darmstädtische Verordnungen abgefaßt. Ein Generale an die Beamten vom 26. Oct. 1784 verordnet, daß die Unterthanen in Krankheitsfällen sich keiner Pfuscher und Quacksalber — oder auch auswärtiger Arzneien bedienen, sondern so weit es möglich bei inländischen recipirten Medicis und Chirurgis Rath und Hülfe suchen sollten. Nach einem anderen Generale vom 16. Juni 1788 sollen die Contravenienten gegen die Verordnung (das Generale) von 1784 mit 20 Thlr. Strafe belegt werden. Eine Verordnung vom 3. Mai 1796 ferner sagt, daß schlechterdings keine Hallische oder ähnliche Arzneien durch ununterrichtete Personen in sofern sie nicht in einem einzelnen Fall von einem Arzt besonders und eigends verordnet worden, verkauft werden sollten; es solle deswegen denen fremden Personen das Hausiren mit Arzneien nicht gestattet werden.

Aus den hervorgehobenen Momenten geht also in dieser Periode auf der einen Seite ein unablässiges Bestreben der Apotheker hervor, nach erlangter Unterdrückung des Handels der Materialisten und Hausirer mit Apothekerwaaren auch ein Zwangsrecht gegen die Aerzte dahin sich zu verschaffen, daß diese ihrer Hülfeleistung sich bedienen müßten; — auf der andern Seite hingegen ist die Aufrechthaltung der Befugniß der Aerzte zur Selbstabgabe eigner Heilmittel an ihre Patienten durch die Gesetzgebungen der einzelnen Landesregierungen zu bemerken, wobei jedoch diese Befugniß ihrem Umfange nach nicht überall gleich behandelt, sondern bald ganz unbeschränkt (wie in Gotha und Hessen-Darmstadt) gelassen, — bald so weit beschränkt wurde, wie mit der Aufgabe, die der Arzt zu erfüllen hatte, und mit dem Wohle der Patienten vereinbarlich schien, weßhalb diese Gesetzgebungen (wie in Preußen, Sachsen, Braunschweig,) es wenigstens dem Ermessen der Aerzte selbst anheim stellten, wo sie im Interesse ihrer Patienten ausnahmsweise eigne Arzneien reichen zu müssen glaubten. Die Gesetzgebung dieser Periode erlangte übrigens den guten Erfolg, daß die bisherigen Klagen über die Apotheker allmählich verstummten und diese selbst jetzt dahin strebten, sich und ihrem Geschäfte die früher verscherzte Achtung der Behörden und des Volks wieder zu verschaffen. Dieses Bestreben mußten sie als nothwendig erkennen, wollten sie hoffen, mit ihren Wünschen gegen die Aerzte Gehör zu finden.

So war die Lage dieser Angelegenheit in Deutschland, als der Reichsverband aufgelöst wurde.

Dritte Periode.

Indem die verschiedenen deutschen Staaten, welche bei Auflösung der Reichsverfassung die Souverainität erlangt hatten, sich damit beschäftigten, im Wege der Gesetzgebung manche Verhältnisse aufzulösen, andere umzugestalten, oder besser zu ordnen, oder neu zu gründen, so mußte auch das Medicinalwesen ihre Aufmerksamkeit auf sich ziehen. Die Umwälzung der Begriffe, die Veränderlichkeit der Ansichten, die leichte Behandlung der wichtigsten Lebensverhältnisse, welche das Ende des achtzehnten Jahrhunderts hervorgerufen hatte, mußten auch auf das Gesetzgebungswesen dieser Staaten im Anfange des neunzehnten Jahrhunderts von Einfluß seyn. Es konnte nicht fehlen, daß die in dieser Zeit eilig entstandenen Gesetze theils zwecklose, theils zweckwidrige, theils unvollständige, theils dunkle und theils unausführbare Bestimmungen enthielten, und dadurch selbst bald Emendationen, bald Declarationsrescripte, bald Ausnahmsgesetze und bald Nichtbeachtungen und Widerstrebungen hervorriefen.

Die Apotheker sahen sehr wohl ein, daß eine Zeit, in welcher es nichts Auffallendes war, das sonst Oberste zum Untersten umgekehrt zu sehen, dafür günstig sey, um ihre Jahrhunderte lang vergeblich gewesenen Bemühungen zu erneuern und sich für alle Zukunft von der Gefahr zu befreien, mit welcher sie durch das Dispensir-Recht der Aerzte sich fortdauernd bedroht fühlten, wie selten auch in der neusten Zeit davon noch Gebrauch gemacht wurde. Ihre bisherigen Bemühungen, durch ein ehrenwerthes Benehmen die öffentliche Meinung zu ihren Gunsten umzuwandeln, waren von gutem Erfolg gewesen; sie waren vorzüglich in größeren Städten zu Achtung und Wohlstand gelangt; die Aerzte waren häufig durch verschwägerte und verwandte Verhältnisse mit ihnen und ihrem Interesse verbunden, und diese Aerzte selbst waren die Rathgeber der Behörden bei ihren Anordnungen und Gesetzen im Medicinalwesen; die Ausübung der Apothekerkunst erforderte jetzt größere und bessere Kenntnisse wie früher, die Behörden achteten nicht mehr auf die alten Lehrbriefe, sondern unterwarfen die Apotheker förmlichen Prüfungen, und die jungen Pharmaceuten pflegten jetzt mitunter einen Theil der Kenntnisse, die von ihnen gefodert wurden, auf den Universitäten sich zu erwerben, und gleichsam als Halbstudirte angesehen zu werden. Dabei war die Arzneiwissenschaft so ausgedehnt geworden, daß die Aerzte von einer Selbstbereitung einzelner Arzneien und deren Darreichung an ihre Patienten, fast gar keinen Gebrauch mehr zu machen pflegten. Endlich hatte das finanzielle Prinzip in den einzelnen Staaten eine entschiedene Oberherrlichkeit gewonnen. Blick und Sorge waren vorzugsweise dahin gerichtet, die Quellen des Einkommens des Staates als Erwerbsquellen desselben möglichst zu vervielfältigen und zu erweitern; und wie das Gewerbwesen überhaupt, so konnte auch das Apothekerwesen, von diesem Standpunkte aus ins Auge gefaßt, hoffen, begünstigt zu werden, in wie weit nicht andere

Erwerbsquellen dadurch an Ergiebigkeit verlieren würden. Alle diese Rücksichten mußten den bedeutendsten Einfluß auf die neuen Gesetzgebungen ausüben. Deswegen kann es nicht auffallen, wenn diese den so lange unterhaltenen Ansprüchen der Apotheker in einer so combinirten Zeit sich günstiger zeigten, wie die Gesetzgebungen der früheren Jahrhunderte gethan hatten *f*). Jetzt erschienen unter anderen in Baiern *g*), Hannover *h*), Königreich Sachsen *i*), Sachsen-Weimar und Eisenach *k*), Hessen-Darmstadt *l*), Hessen-Kassel *m*) neuere Verordnungen, welche, wenn sie auch nicht absolut und ausdrücklich ihre Absicht erklärt haben, daß sie die natürliche und bisher anerkannte Befugniß der Aerzte zur Abgabe selbstbereiteter Arzneien an eigne Patienten vernichten wollten, doch theils dadurch, daß sie (wie in Baiern) den Verkauf der Arzneimittel ausschließlich nur den ordentlichen Apothekern vorbehielten, ohne sich darüber auszusprechen, ob sie hierdurch auch jenes Recht der Aerzte, in soweit dasselbe als ein Verkauf nicht erscheinen sollte, habe zerstören wollen, und theils durch vage und mehrdeutige Fassung Grund dazu gaben, sie auf verschiedene Weise auszulegen, und in ihnen zu finden, was jeder suchte. Anfänglich wurde dies im täglichen Leben weder übel empfunden, noch überhaupt bemerkt; denn diese Bestimmungen schienen ohne praktisches Interesse zu seyn, weil die Aerzte ohnehin mit einer Selbstbereitung von Arzneien sich nicht zu befassen pflegten, und wo dies hie und da wohl einmal geschah, die Apotheker sich hierdurch nicht be-

---

f) Tittmann, a. a. O. S. 40 — 41. Albrecht, a. a. O. S. 17.

g) Organ. Edict. über d. Medic. Wes. v. 8. Sept. 1808. Tit. II. §. 17. Lit. m. im Regier. Blatt 1808. S. 2201.

h) Verord. das Apothekerwesen u. s. w. betr. vom 19. Dez. 1820. §. 17. und 20. i. d. Gesetzsamml. von 1821. I. Abtheilung. S. 17. ff.

i) Mand. d. Verk. v. Arzn. betr. v. 30. Sept. 1823. §. 1. u. 27. i. d. Ges. Samml. v. 1823. S. 114.

k) Med. Ordn. v. 11. Jan. 1814. §. 28.

l) Med. Ordn. v. 14. Aug. 1822. §. 55.

m) Med. Ordn. v. 10. Juli 1830. §§. 122. 245. 260.

stimmt fühlten, Lärmen darüber zu machen, zumal da auch jene neueren Gesetze das Recht der Aerzte zur eignen Bereitung und Abgabe der Mittel an und für sich als ein nothwendiges und unzerstörbares anerkannt und blos dessen Ausübung zu Gunsten der Apotheker mehr oder weniger beschränkt hatten *n*). Als jedoch das homöopathische Verfahren, bei welchem die Aerzte, die es seinem Entdecker nach zu versuchen unternahmen, von Anfang an ihre selbstbereiteten Heilmittel ihren Patienten selbst darzureichen gewohnt waren, immer festeren Boden, und immer größere Ausdehnung gewann, und als hierdurch die Apotheker in hohem Grade um die Erhaltung ihres bisherigen Wohlbefindens besorgt wurden; so erhielt die Frage einer Befugniß der Aerzte zu dem bisher ausgeübten, sogenannten Selbstdispensiren homöopathischer Heilmittel, in Beziehung auf diese das nämliche Interesse wieder, welches sie in früheren Zeiten rücksichtlich der alten Arzneibereitung gehabt hatte.

Bei dem großen und theilweis wahrhaft fanatischen Widerspruche, den die neue Heilkunst bei dem größten und besonders dem vornehmsten Theile der Aerzte in Deutschland erfahr, erhielten die Apotheker in diesen letzteren mächtige Bundesgenossen, die gleich ihnen erklärte Feinde der neuen Lehre und deren Bekenner, mit ihnen gegen die kleine Zahl dieser kämpften und, indem sie ihr Partei-Interesse durch die ganze Macht ihres Einflusses bei den einzelnen Regierungen geltend zu machen suchten, dahin strebten, der neuen Heilkunst dadurch ihr Grab zu graben, daß sie die Apotheker zu Herren der Wirksamkeit der homöopathischen Heilmittel zu machen sich bemühten. Als Leibärzte der Fürsten, als obere und oberste Medicinalbeamten wußten sie das Gewicht und das Zutrauen, das ihre Stellung ihnen verlieh, bestens für ihre Zwecke zu benutzen, und ihre Fürsprache in die gefälligen Redensarten der Zeit zu kleiden. Dieser entsprach es freilich

---

n) Tittmann, a. a. O. S. 42 — 44.
Albrecht, a. a. O. §. 15. und 17.

nicht, wie früher die Schmälerung des Gewinns der Apotheker als Stützpunkt für deren Anspruch öffentlich geltend zu machen; die gesetzliche Einrichtung der Gewerbe und die Unzulässigkeit einer unversteuerten Beeinträchtigung derselben, die Anordnung und Bedeutung der Apotheker als Controleure gegen die Aerzte und die vorzügliche Nothwendigkeit einer solchen Controle gegen die, je nachdem es zweckdienlicher schien, bald als wirkungslos und bald als gefährlich geschilderte neue Heilmethode — das waren im wesentlichen die Gründe, welche man jetzt geltend machte, um den homöopathischen Aerzten das Mittel zu entreißen, welches ihrer Versicherung nach, nothwendig in ihrer Hand bleiben mußte, um mit Sicherheit ihren Beruf zu erfüllen und die Wahrheit und Wohlthätigkeit der neuen Entdeckung zu bewähren. Mit solchen Waffen, von solchen Gegnern bekämpft, mußten zwar die homöopathischen Aerzte hier und da unterliegen; in mehreren Staaten ergiengen Verfügungen der Medicinalbehörden, welche ihnen das Selbstdispensiren ihrer Mittel untersagten, obgleich sie diese unentgeldlich ihren Patienten reichten: allein ein solcher Sieg zeigte sich, als er sich dem Volke fühlbar machen wollte, als der menschlichen Natur widerstreitend, und jene Verfügungen, unter ihnen namentlich das Rescript des Preuß. Ministeriums der Geistlichen-Unterrichts- und Medicinal-Angelegenheiten vom 31. März 1832, wurden bald in ihrem Princip als fehlerhaft, durch die bestehende Gesetzgebung nicht zu rechtfertigend, und zugleich als unausführbar erkannt *). Deswegen gelang es nirgends, für jene Ansprüche den Boden empfänglich zu machen; im Gegentheil, wie die Natur, wenn sie ihre Schöpfungen kräftigen will, durch mächtige Feinde sie bekämpfen läßt, als wollte sie in einem ungleichen Kampfe ihre Kraft und edle Natur beweisen und bewähren, — so schien auch hier von der Vorsehung ein solcher

*) In Beziehung auf die Gesetzgebung in Preußen s. vorzüglich: Ueb. d. Recht d. homöop. Aerzte u. s. w. S. 31 — 40 und 46 — 50. Eine Vertheidigung ist versucht von Link in einem Gutachten, dessen unten in der 3. Abtheil. nähere Erwähnung geschieht.

Kampf der neuen Heilkunst zu ihrem desto besseren Gedeihen bestimmt worden zu seyn. Denn wie viele und wie große Hindernisse ihr auch entgegen geworfen wurden, sie überwand sie alle; je bedenklicher der Kampf sich für sie zu gestalten schien, desto überraschender war die Entwickelung ihrer Gegenkraft, und wer wollte, der konnte es klar sehen, daß die Zeit, welche die neue Heilkunst hervorgerufen hat, dieses ihr Kind mit derjenigen Lebenskraft ausgestattet hatte, die demselben bestimmt war, um das ihm vorgesteckte Ziel, trotz allen Gegenstrebens zu erreichen und zum Nutzen der Menschen aus Licht getreten zu seyn. — — Es ist eine unbezweifelte Thatsache, daß das Resultat des bisherigen Kampfes eine Zunahme des Wachsthums, eine fortwährende Eroberung der neuen Heilkunst im Gebiete der alten gewesen ist.

Doch gab es auch einzelne deutsche Regierungen, welche dem Verlangen der Gegner der aufblühenden Homöopathie sich nicht geneigt zeigten, sondern die in frei erhaltener Stellung die Bestrebungen und Erfolge der neuen Heilkunst nur beobachteten. Das erste Beispiel gab der Herzog von Köthen, der schon im Jahre 1822 die neue Heilkunst seinen Unterthanen sogar empfahl. Als diese in der Folge im südlichen Deutschland sich ausbreitete, so zeichnete sich hier besonders Baden aus, dessen edler Großherzog ihr persönlich gewogen war, und einen freundlichen und aufmunternden Antheil an dem Gedeihen eines Heilverfahrens nahm, welches für das Wohl seines Volks von dem bedeutendsten Interesse zu werden versprach. Als in der Badischen zweiten Kammer der Landstände der Abgeordnete Herr sie zur Sprache brachte, und die Mitwirkung der Stände zum Unter-

---

r) In der 39. Sitzung der Kammer vom 12. Aug. 1833; der Beschluß, die Regierung zu bitten, bis zum nächsten Landtage durch eine Commission die zweckmäßige Art und Weise des Unterrichts erforschen zu lassen, erfolgte mit dem Beschluß über einen weiteren Antrag, daß die Candidaten der Medicin auch in der homöopath. Methode examinirt werden möchten, in der 72. Sitzung vom 2. Oct. Die erste Kammer trat dem Beschlusse bei. Ueb. d. Verh.

richt darüber auf den Badischen Hochschulen mit Erfolg in Anspruch nahm p), so konnte es mit Wahrheit gerühmt werden, daß die Regierung der Sache freien Lauf gelassen habe, wodurch sie mindestens sich nicht übler wie andere Regierungen befunden hatte, die dem Rathe der Gegner gefolgt waren. Auch in dem Großherzogthum Hessen wurde die neue Heilkunst gegen Bedrückung durch Apothekerzwang in Schutz genommen, nachdem sie eine kurze Zeit hindurch diesem unterworfen worden war.

---

in der zweiten Kammer s. Zeit. d. homöop. Heilkunst v. 1833 od. 31, vergl. auch: Kampf und Sieg der Homöopathlehrer und Reinarzneilehrer bei den Badischen und Hessen-Darmstädtischen Ständeversammlungen, nebst II. III. XIV., vorzüglich aber: Griesselich, vollständ. Samml. aller Verhandlungen und Aktenstücke der Kammern Badens und Darmstadts über die Ausübung des homöop. Heilverf. (Karlsruhe 1834.) S. 97 ff.

Zweite Abtheilung.

Entstehung und geschichtliche Entwickelung des Streites in dem Großherzogthum Hessen.

Zu der Zeit der Auflösung des Reichsverbandes bestand in der Landgrafschaft Hessen-Darmstadt fortdauernd die Medicinal-Ordnung vom 6. Aug. 1727, und damit die gesetzliche Anerkennung des natürlichen Rechts der Aerzte zur Selbstabgabe von Arzneien an ihre Patienten.

Im Laufe eines Jahrhunderts hatte sich Vieles anders gestaltet, Manches war unnütz, und Manches zweckwidrig geworden. Auch das Medicinalwesen hielt die Großherzogliche Staatsregierung einer Revision für bedürftig, und sie erließ unter dem 14. Aug. 1822 eine neue Medicinal-Ordnung a). Als Motiv war vorangestellt, daß Se. Königl. Hoh. der Großherzog bezwecke, der Verwaltung der Gesundheitspolizei noch diejenigen organischen Einrichtungen zu geben, welche diesen wichtigen Zweig der allgemeinen Landespolizei mit dem ganzen System der Verwaltung in Uebereinstimmung setzten, und beabsichtige, jedem Unterthanen die bestmöglichste ärztliche Hülfe zu geben und zu sichern. Sie handelte im Abschnitt XI. von den Apothekern und enthielt die Bestimmung §. 55. „der Betrieb

---

a) Im Regierungsblatt v. 1822. S. 425.

einer Apotheke, die Bereitung und der Verkauf von Arzneien, ist nur denjenigen erlaubt, welche die Apothekerkunst ordnungsmäßig erlernt haben, in der Kräuter-, Thier- und Foßilienkunde, in der Physik, Chemie, Pharmaceutik und Waarenkunde gehörig unterrichtet, von einem der Medicinal-Collegien hierüber geprüft, und mit einem Approbations-Decret versehen sind. Allen andern bleibt der Handel mit Arzneien, die Bereitung und Abgabe derselben bei gesetzlicher Strafe verboten *b*). Auch den Materialisten ist bei ihrem Handel mit Materialwaaren das Dispensiren von Arzneien bei gleicher Strafe untersagt.“ Niemand fand hierin anfänglich mehr, als die Verfügung, daß wer das Apothekergewerb betreiben wolle, ein gelernter Apotheker seyn müsse, und daß andere, und namentlich Materialisten, des Handels mit Arzneien sich enthalten müßten. Da nach der Steuergesetzgebung ohnehin Niemand ein Gewerbe ohne eine Concession betreiben durfte, und jeder unconcessionirte Betrieb als Defraudation der Gewerbsteuer angesehen und mit gewissen Strafen geahndet wurde; so konnte jene Bestimmung nicht auffallen, und Niemand fühlte sich durch sie benachtheiligt. Zu dieser Zeit und noch mehrere Jahre lang nachher sprach man in dem Großherzogthum Hessen noch nicht von der Homöopathie, obgleich Hofrath Dr. Rau damals in Lauterbach und gleichzeitig, mehr im Stillen Dr. Glasor in Grünberg schon angefangen hatten, sie zu versuchen, und gleich allen homöopathischen Aerzten ihren Kranken eigne Mittel unentgeldlich zu geben. Da beide auch als allöopathische Aerzte schon lange in dem Rufe großer Geschicklichkeit standen, so fielen ihre glücklichen und schnellen homöopatischen Heilungen nicht besonders auf, wenigstens nicht im Publikum. Auch zu Darmstadt versuchte einige Zeit nachher der Staabsarzt Dr. Amman die neue Heilkunst, ebenfalls mit gutem Erfolge; aber auch dieses wurde in der ersten Zeit schweigend übersehen. Unterdessen hatte der Fürst zu

---

b) Diese Verordnung selbst enthält keine Strafe die ihrer Bezugnahme zu Grund liegen könnte.

Solms-Lich, welcher selbst ihr die Wiederherstellung seiner Gesundheit verdankte, hierdurch Vertrauen zu ihr gewonnen und den Dr. G. A. Weber, damals praktischen Arzt zu Braunschweig, als seinen Leibarzt nach Lich gerufen. Diesem ging der Ruf eines unbedingten Homöopathen voraus, er mußte deswegen die besondere Aufmerksamkeit der Gegner des homöopathischen Systems in der Nähe seines neuen Wohnorts auf sich ziehen. Die ersten Hindernisse, welche seiner Ausübung der neuen Heilkunst entgegengesetzt werden wollten, wurden indessen durch den Einfluß des Fürsten und die Einsicht des Ministers des Innern und der Justiz, Frhrn. du Thil, kurz und einfach beseitigt, und von diesem Augenblicke an blieb Weber eine geraume Zeit unangefochten. Da er wirklich nur nach den Grundsätzen der Homöopathie verfuhr und alle Patienten, welche hierzu noch kein Vertrauen hatten, seinen allöopathischen Collegen ausschließend überließ, so wurde durch seine, häufige Aufmerksamkeit erregenden, Leistungen die Erkenntniß der neuen Heilkunst in dieser Gegend wesentlich gefördert.

Die ersten mißfälligen Aeußerungen über die ärztliche Selbstabgabe homöopathischer Heilmittel an die Patienten giengen von der Provinzial-Regierung zu Gießen aus. Sie nahm Veranlassung dazu von einem Berichte des Hofraths Dr. Rau, worin dieser darauf angetragen hatte, auch die homöopathischen Mittel, welche aus Apotheken bezogen werden wollten, einer bestimmten Taxe zu unterwerfen. Dieser Bericht erfuhr in einem Erlasse vom 7. Dec. 1830 von ihr die Auslegung, daß der Berichtsteller diese Taxen für selbst zu gebende Mittel in Anspruch nehme. In dieser Unterstellung erließ sie ein Generale, worin sie den homöopatischen Aerzten mit Beziehung auf die Medicinal-Ordnung vorschrieb, alle Arzneien, ohne Ausnahmen von den Apothekern bereiten und austheilen zu lassen; sie bedrohte sie zugleich darin, daß sie eine Nichtbeachtung ihrer Vorschrift als Afterpraxis betrachten und bestrafen werde. In Folge einer Protestation von Dr. Rau gegen eine solche Auslegung, entschuldigte sie zwar später dieselbe als auf einem Mißverständniß seiner Absicht beruhend, sie wiederholte jedoch dabei ihre frühere Vorschrift nochmals, auch versäumte sie nicht, neben den Physicatsärzten auch den Apothekern Nachricht von diesem Erlasse durch die Großherzoglichen Landräthe geben zu lassen. Eine natürliche Folge davon war es, daß bei denselben die Ansicht hervorgerufen wurde, die Regierung habe die Abgabe homöopathischer Heilmittel durch die Aerzte für medicinische Afterpraxis (Quacksalberei) erklärt, und werde eine ihr gegebene Gelegenheit benutzen, um die Strafe, welche dem unbefugten Kuriren von Medicastern in einer alten Verfügung gedroht war c), nun gegen autorisirte Aerzte selbst kehren.

So wenig auch anzunehmen ist, daß eine Aufregung der Apotheker in der Absicht der Behörde gelegen haben könne, die den guten Ruf der Humanität für sich hatte; so waren doch die Apotheker immer zu entschuldigen, wenn sie jenen Erlaß und dessen Bekanntmachung an sie als eine Aufforderung deuteten, daß sie Beschwerden gegen die homöopathischen Aerzte einbringen möchten. Bei dem bedeutenden Rufe, welchen Hofrath Weber der neuen Heilmethode bald erworben hatte, mußte besonders der Arzneivertrieb der Apotheke in Lich abnehmen, und ihr Besitzer Besorgnisse für die Zukunft erhalten. Durch eine Beschwerde vom 10. Sept. 1831 gegen Dr. Weber über Abgabe homöopathischer Heilmittel an seine Patienten, führte deshalb der Verwalter dieser Apotheke für die Regierung zu Gießen die Gelegenheit herbei, die in ihren Erlassen an Hofrath Dr. Rau ausgesprochenen Grundsätze zu verwirklichen. Sie ließ den Dr. Weber, welcher sich darauf zu stützen suchte, daß er durch unentgeldliche Darreichungen kein Gewerbe betriebe und kein solches beeinträchtige, durch das Regierungsamt in Hungen mit einer Strafe von 30 fl. belegen und bestätigte diese Strafe in der Rekursinstanz an sie selbst, worauf die Sache in höchster Instanz an das Großherzogliche Ministerium des Innern und der Justiz kam. Um denselben unterdessen an der Fortsetzung der

c) Siehe das oben in Abhandlung, Nro. I. in d. 2. Periode angezeigte Hessen-Darmst. Generale v. 16. Juni 1788. In den Souverainitätslanden ist dasselbe nicht publizirt, und schon aus diesem Grunde nach rechtlichen Grundsätzen hier unanwendbar gewesen.

Darreichungen seiner homöopathischen Mittel zu verhindern, ließ die Regierung jetzt plötzlich eine Hinwegnahme seiner Vorräthe versuchen. Diese Unternehmung hatte jedoch des erwarteten Erfolgs sich nicht zu erfreuen. Die hiernach dem Hofrath Dr. Weber zugekommene Nachricht, daß es nun sogar im Plan sey, seine Suspension von der ärztlichen Praxis zu beantragen, mußte er zwar, da sie ihm aus guter Quelle zukam, für glaubwürdig halten; aber zugleich konnte er auch mit Zuversicht erwarten, daß ein solcher Versuch bei dem humanen Großherzoglichen Ministerium keine Genehmigung finden werde. Und er irrte sich hierin nicht. Während andere Aerzte, in Einverständniß mit ihren Patienten, das Interesse der Apotheker dadurch zu beschwichtigen wußten, daß sie einen Theil der Mittel zur Bereitung in die Officinen verschrieben, die erhaltenen Mittel aber häufig vernichteten oder durch die Kranken vernichten ließen, und auf die Weise sich einen Weg verschafften, um gleichwohl unbelästigt ihre eignen Zubereitungen den letzteren darzureichen, so erlaubten es dem Hofrath Weber seine Verhältnisse, einen andern Weg zu wählen, um einstweilen allen weiteren Unannehmlichkeiten auszuweichen. Er stellte seine allgemeinere Praxis bis zu einer günstigeren Zeit freiwillig ein, und beschränkte seine Sorge neben der Fürstlichen Familie, auf diejenigen, welche eigne homöopathische Apotheken besaßen, oder denen er aus dergleichen die Mittel verschaffen konnte. Denn er wollte lieber die neue Heilkunst gar nicht ausüben, als dazu mitwirken, Gesundheit und Leben von Patienten der Discretion feindlich gesinnter oder unkundiger Apotheker zu überweißen *d*). Daß hierdurch das Interesse für die neue Heilkunst in der Gegend seiner bisherigen Wirksamkeit nicht erstickt werden konnte, zeigte sich sehr bald. Kaum wurde das Geschehene bekannt, so fühlte sich eine große Menge leidender Menschen auf das empfindlichste verletzt. Zu-

d) Die Muße, die ihm hierdurch zu Theil wurde, benutzte er zu literarischen Beschäftigungen, besonders zu Vollendung seines Werks: Systematische Darstellung der reinen Arzneiwirkungen aller bisher geprüften Mittel. Braunschweig, bei Vieweg.

rückgewiesen auf das Verbot der Regierung erkannten sie als Wirkung dieses eine Gefährdung ihres kostbarsten Guts, ihrer Gesundheit und deren bestmöglicher Pflege. Sie fühlten einen unüberwindlichen Widerwillen gegen den Inhalt jener Verfügung, die nun immer bekannter und immer mehr besprochen und mißbilligt wurde. Unterdessen war das Großherzogl. Ministerium von den Gegnern des neuen Heilverfahrens gedrängt worden, durch ein höchstes Verbot im ganzen Lande alle Bereitung und Selbstabgabe homöopathischer Mittel den Aerzten zu untersagen, und diese Mittel unbedingt und ausschließlich den gewöhnlichen Apothekern in die Hände zu geben. Dabei war vorzüglich die hohe Bedeutung und Unentbehrlichkeit der Apotheken als Controle gegen die Aerzte hervorgehoben worden. Wie bedenklich auch dem Ministerium eine solche Maßregel anfänglich erscheinen mochte, wie ungerne es sich zu ihr entschloß, so glaubte es doch endlich den immer dringenderen officiellen Aufforderungen und dem nicht officiellen Ueberlaufe einiger eifrigen Gegner der neuen Heilkunst nachgeben zu müssen, als nicht allein in Preußen das Verbot vom 31. März 1832 erlassen worden war, sondern auch die Medicinal-Collegien des Großherzogthums sich entschieden gegen das Selbstdispensiren der homöopathischen Heilmittel durch die Aerzte erklärten. Selbst die medicinische Facultät zu Gießen schlug sich auf die Seite der erklärten Gegner. Auf diese Weise erschien ähnlich wie in Preußen ein Verbot vom 13. Juni 1832 *e*).

Das Leben in einem constitutionellen Lande ist sehr verschieden von demjenigen in einem nicht constitutionellen Staate. Was hier vielleicht mit schweigendem Schmerz vernommen wird, das regt dort zur Prüfung an, und führt einen Kampf herbei, der mit desto größerer Beharrlichkeit geführt wird, je größer die Aufklärung des Volkes und sein Bewußtseyn ist, daß die Verfassung ihm Wege biete, auf denen der bedrückte Bürger mit Vertrauen erwarten könne, daß dem verkannten Rechte und der verdunkelten Wahrheit doch endlich der Sieg zu Theil werden

---

e) Siehe dasselbe in meiner Schrift über Maaßregeln gegen die Ausübung des homöop. Heilverfahrens. Gießen 1833. S. 25.

müsse, wie vielfach auch die zu bekämpfenden Hindernisse seyn möchten.

Sobald das von Preußen, dessen Behörden man überall Aufklärung und die Interessen des Volks freundlich unterstützen zu sehen gewohnt war, ausgegangene Verbot in einem constitutionellen Lande Nachfolge fand, so konnte es nicht fehlen, daß es hier in hohem Grade die Aufmerksamkeit der Staatsbürger in Anspruch nahm, und als tief eingreifend in ihr innerstes Familienleben zu einer Vergleichuug desselben mit ihren Interessen und Befugnissen sie anregte. Schon die Anordnungen der Regierung zu Gießen gegen den Hofrath Dr. Weber hatten eine große Zahl von Freunden des homöopathischen Heilverfahrens, denen sich auch viele Ausländer anschlossen (zusammen über 1300) veranlaßt, wegen ihres eignen Interesses bei der Sache mit einer Intervention an das Ministerium sich zu wenden. Als ihnen aber das kurz vor ihrer Eingabe von der höchsten Verwaltungs-Behörde erlassene allgemeine Verbot bekannt wurde, so bezogen sie sich dagegen auf ihre weiteren Rechtszuständigkeiten und wendeten sich an die Landstände des Großherzogthums *f*). Doch

---

f) Die Eingabe an die zweite Kammer dieser, an welche sie sich zunächst wandten, ist im Anhange unter der Beilage Lit. A. abgedruckt. Es erschienen hierbei einige Schriften, zuerst meine schon vorhin angeführte Schrift: über Maaßregeln gegen die Ausübung des homöopath. Heilverfahrens. Gießen, bei Heyer 1833 Diese wurde bei der Vorstellung, unter Beziehung darauf, überreicht. Was darin über die Grundsätze des homöopath. Heilverfahrens gesagt ist, verdanke ich größtentheils den Mittheilungen des Hrn. Dr. Glasor; damals verboten mir Rücksichten ihn zu nennen, die jetzt weggefallen sind. Ferner: Sind die Einwürfe gegen das Selbstdispensiren der Aerzte auch auf das Selbstdispensiren der homöopathischer Aerzte anwendbar? Darmstadt 1833, (anonym). Gegen meine Schrift als Widerlegung erschien: Abwehr homöopathischen Angriffe und Anmaßungen von einem Freunde der Wahrheit und Ordnung. Gießen, bei Ricker 1833. Ihr wurden entgegengesetzt: meine Bemerkungen zu der Schrift: Abwehr hom. Angriffe und Anmaßungen u. s. w. Gießen, bei Heyer 1833, und sie veranlaßte zugleich Hrn. Hofrath Dr. Rau zu einer Schrift: Geschichte und Bedeutung des homöopath. Heilverfahrens, in kurzem Abrisse. Gießen, bei Heyer 1833.

traten hier nur Inländer auf aus den Orten: Stadt Lich, Steinbach, Grüningen, Muschenheim, Stadt Münzenberg, Eberstadt, Oberhörchern, Holzheim, Hattenrod, Annerod, Burkhardsfelden, Stadt Hungen, Langgöns, Grossenlinden, Kleinlinden, Lollar, Bettenhausen, Heuchelheim, Utphe, Bellersheim, Waldgirmes, zusammen 826 Petenten. Daß jetzt die, bei der Vorstellung an das Ministerium mit ihnen vereinigt gewesenen Nichthessen nicht mehr zugezogen wurden, hatte darin seinen Grund, weil man auf die Weise einen, im Falle einer Gemeinschaft mit diesen als möglich angenommenen Streit über die Zuläßigkeit einer gemeinschaftlichen Beschwerde mit Ausländern vermeiden wollte. Ein großes Verdienst, sowohl bei den Einleitungen zu diesem Schritte, wie überhaupt bei dem Kampfe, welchen die Homöopathie zu bestehen hatte, erwarb sich namentlich der Fürstliche Kammer-Director Seidel zu Lich. Von dem ersten Augenblicke der Gefahr an trat er seinem Freunde Weber zur Seite. Mit eben so unermüdlichem Eifer als Umsicht wirkte er für den Sieg dieser Sache, und sein Rath und Beispiel war um so gewichtiger, da seine Einsicht und Redlichkeit fest stand in der Meinung seiner Gegend. Auch an dem Landrichter Dr. Schulz daselbst, fand die Sache einen warmen und eifrigen Freund ihres Rechts, und hatte sich vielfach seines nützlichen Rathes und seiner Unterstützung zu erfreuen. Obgleich es an Versuchen zu Verdächtigungen nicht gefehlt zu haben scheint, so legte doch das Ministerium diesen Bemühungen keine Schwierigkeiten in den Weg, es gewann selbst das Ansehen, als wenn es demselben nicht unerfreulich sey, durch Herbeiführung von Verhandlungen über die Sache in den landständischen Kammern etwas Anderes für wahr und zweckmäßig zu erkennen, als die Behörden, deren Zeugnissen es sein Vertrauen geschenkt hatte, bisher geltend gemacht hatten. Ein vielleicht entgegengesetzter Antrag der Vertreter des Volks mußte die Wünsche und Interessen der Gegner der neuen Heilkunst überwinden, und die Staatsregierung gegen jeden Vorwurf rechtfertigen, wenn sie der so ausgesprochenen Volksstimme Gehör gab. Mit Bereitwilligkeit verstattete darum auch das Großherzogl. Ministerium den Kammern die Einsicht der von den Medicinal-Behörden gegen das Selbstdispensiren eingelaufenen Berichte.

Wie wenig dieses Ministerium selbst der neuen Heilkunst abhold war, während es dem abgeneigten Rathe der Medicinal-Behörden genügt hatte, davon hatte dasselbe auch schon bei einer früheren Gelegenheit einen Beweis gegeben. Der Fürst zu Solms Lich hatte bald Grund und Zweck der verschiedenen Insinuationen gegen das Selbstdispensiren bei dem Ministerium erkannt gehabt; unter seinen Augen hatte die neue Heilkunst bisher in hohem Grade als wohlthätig sich bewährt, eine große Zufriedenheit mit ihren Leistungen hatte sich innerhalb seiner Standesherrschaft ausgesprochen; der Fürst beschloß deßwegen wenigstens den Angehörigen dieser, deren Wohl und Beruhigung ihm zunächst am Herzen lag, die Vortheile der neuen Heilkunst so weit möglich in unverkrüppelter Wirksamkeit zu erhalten zu suchen, bis die fortschreitende Zeit die Ansichten allgemeiner geläutert haben werde. Zu diesem Zwecke suchte er bei des Großherzogs K. H. die Erlaubniß zu Anlegung einer besonderen homöopathischen Apotheke zu Lich nach, und er erhielt dieselbe unter Vermittelung des Ministeriums. So wußte der Fürst seine bevorzugte Stellung im Staate nicht allein zum Wohl der Bewohner seiner Standesherrschaft geltend zu machen, indem er ihnen ein Obdach gegen die Besorgnisse darbot, denen sie unterworfen waren; sondern er bot auch gleichzeitig darin der Homöopathie in dem Großherzogthum Hessen überhaupt eine erhaltende Stütze dar. Denn von einer homöopathischen Apotheke in Lich aus konnten in dem ganzen Großherzogthum, frei von dem Zwange der allöopathischen Apotheken, kleinere Hausapotheken leicht bezogen werden, und außerdem konnten, da ohnehin keine Apotheke gesetzlich ein Zwangsrecht zur Mittelbereitung grade in ihr hatte, für nicht eilende Fälle die Heilmittel selbst aus größerer Ferne hier bereitet werden, während, sobald Gefahr bei einem Verzuge war, ohnehin keinem Arzte ein Vorwurf gemacht werden durfte, wenn er dort bereitete und im Voraus bezogene Mittel seinen Patienten selbst verabreichte, und das Leben dieser höher achtete, als Geldgewinn einer Apotheke.

Obgleich die Errichtung dieser Apotheke unterblieb, weil die Verhältnisse der Homöopathie durch die Verhandlungen auf dem bald zusammengerufenen Landtage eine günstige Umgestaltung erhielten: so blieb dennoch jene Concession für die Sache der neuen Heilkunst von ersprießlichem Vortheil. Denn als die Angelegenheit dieser in der ersten Kammer der Landstände zur Sprache kam, so konnte jetzt der Fürst, der als gebornes Mitglied in dieser hohen Kammer saß, um so wirksamer das Wort für sie nehmen, da er in dem Bewußtseyn zu reden im Stande war, in seinem Standesbezirk ihre Unabhängigkeit gesichert zu haben.

Doch auch das Großherzogl. Ministerium, indem es willfährig jenes Gesuch vermittelte, zeigte hierdurch, daß es keine hinterlistige Untergrabung der neuen Heilkunst habe unterstützen, sondern nur in der Meinung der Möglichkeit, Nützlichkeit und Nothwendigkeit einer Controle gegen den Arzt, irgend eine solche habe einführen wollen, ohne gerade den Homöopathiker an die allöopathische Officin ketten zu mögen.

Die an die Landstände gerichtete Bitte war auf Verstattung unentgeldlicher Abgabe homöopathischer Heilmittel durch die Aerzte beschränkt.

An dem Abgeordneten Wolff *g*) fand diese Angelegenheit in der 2. Kammer einen warmen und sehr unterrichteten Vertheidiger. Unterstützt durch die Bemühungen des Staabsarztes Dr. Amman zu Darmstadt *h*), wußte derselbe ihr das Wohlwollen seiner Collegen in dem Grade zuzuwenden, in welchem sie dasselbe verdiente. Gleichzeitig fühlte auch der Referent in dem Großh. Ministerium, der Großh. Ministerialrath Dr. Linde *i*) sich veranlaßt, die Homöopathie in seiner eignen Familie zu ver-

g) Rentamtmann, jetzt Hofrath und Hospitalmeister des Hospitals Hofheim.

h) Derselbe hatte nach dem Verbote ebenfalls die Nothwendigkeit des Selbstdispensirens in einer an das Großh. Ministerium gerichteten Vorstellung ausgeführt. S. diese i. d. Zeit. d. hom. Heilk. v. 1833. Nr. 5. u. 6.

i) jetzt Kanzler der Universität Gießen.

suchen; er wurde hierdurch ihr Freund. Der dritte Ausschuß der zweiten Kammer genehmigte den Bericht *k*) seines Referenten, des Abgeordneten Schacht *l*), der durch eine ebenso gründliche, als lichtvolle Behandlung des Gegenstandes den nützlichsten Einfluß auf die Verhandlungen darüber ausübte. „Britannien sagte er darin unter anderem — ehrte sich selbst, indem es den Erfinder der Vaccine zu ehren verstand;" in einer deutschen Ständeversammlung glaubte er mit Zuversicht nur zu Gunsten eines freien, unverkümmerten Entwickelungsrechtes der in Deutschland entstandenen neuen Heilkunst sich erklären zu müssen. Der Abgeordnete Wolff empfahl diese Angelegenheit noch in einer sehr gehaltreichen Rede *m*), in welcher er zugleich auf den großen und guten Einfluß hinwieß, den die neue Heilkunst auf die Lebensweise der Menschen im allgemeinen, auf die Kräftigkeit der Nation äussere, der Kammer zur Beherzigung. Er hob namentlich hervor, wie sie die Schöpferin einer natürlichen Lebensweise, der Nüchternheit und Mäßigkeit sey, die nur den verwöhnten Schwächlingen als Entbehrung erscheinen könne. Ausser ihm nahmen sich ihrer bei der Diskussion *n*) auch die Abgeordneten Höpfner *o*), Graf v. Lehrbach *p*), Emmerling *q*), Heß *r*), Reeb *s*), E. E. Hoffmann *t*), Jaup *u*), W. Hoffmann *v*), Fr. Schenck *w*)

---

k) Dieses wichtige Actenstück ist im Anhange unter Lit B. abgedruckt.

l) Professor in Mainz, jetzt Oberstudienrath.

m) Sie ist unter Lit. C. abgedruckt, auch besonders in Druck erschienen.

n) Sie ist unter Lit. D. beigedruckt.

o) Oberapp. u. Cassations = Gerichts = Rath.

p) Obrist u. Flügeladjutant Sr. K. H. des Großherzogs, jetzt Hofmarschall.

q) Hofgerichtsadvokat.

r) Hofgerichtsadvokat.

s) Gutsbesitzer und Bürgermeister zu Niedersaulheim.

t) Großhändler.

u) Geheimer = Staatsrath.

v) Staabsauditeur.

w) Hofgerichtsrath.

mit besonderem Interesse an. Blos der Abgeordnete Hardy *x*) sprach dagegen. Die Kammer erklärte sich in ihrer LXXVI. Sitzung am 8. Juny 1833 dafür und theilte der ersten Kammer diesen ihren Beschluß auf dem verfassungsmäßigen Wege mit.

In der ersten Kammer erhielt die Sache ihren beharrlichen und warmen Freund, den Fürsten zu Solms Lich zum Berichterstatter; sie durfte hieran die schönsten Hoffnungen knüpfen. Der Bericht Sr. Durchlaucht *y*) zollte dem Berichte in der zweiten Kammer vollen Beifall und legte mit noch weiteren Gründen der hohen Kammer die Zwecklosigkeit und Unmöglichkeit einer Controle des homöopathischen Heilverfahrens durch die Apotheker vor Augen. In der Diskussion *z*), an welcher des Prinzen Emil v. Hessen H., der Prälat Dr. Schwabe, der Staatsrath Frhr. v. Gagern, der Universitäts-Canzler Frhr. v. Arens und der Frhr. v. Breidenstein Theil nahmen, widerlegte der Fürst die Einwendungen der Gegner und wurde hierin kräftig von dem Frhr. v. Breidenstein unterstützt. Auch der Frhr. v. Gagern sprach sich zu Gunsten der Sache aus. Die erste Kammer trat in Folge hiervon dem Beschlusse der zweiten Kammer bei und nach einer beiderseitigen Verständigung darüber, daß für den Fall, wenn homöopathische Aerzte glaubten, die Bereitung und Verabreichung ihrer Mittel einzelnen Officinen anvertrauen zu dürfen, eine billige Taxe für den Verkauf der neuen Medicamente entworfen werden möge, verwendeten sich beide Kammern durch eine gemeinschaftliche Adresse an des Großherzogs K. H. für die Freiheit des unentgeldlichen Selbstdispensirens homöopathischer Heilmittel durch die Aerzte.

Der Landtag wurde zwar in der Folge aufgelöst; die Verwendung der Stände in dieser Angelegenheit erhielt jedoch einige Zeit nachher Willfahrung. Durch eine Verfügung des Großh. Ministeriums des Innern und der Justiz vom 5. Dec. 1833 wurde das frühere Verbot aufgehoben *a*).

---

x) Landrichter.

y) Es befindet sich unter Lit. E. der Actenstücke beigefügt.

z) Sie ist unter Lit. F. abgedruckt.

a) Sie ist unter Lit. G. beigedruckt.

In ihrem deutschen Vaterlande vom Norden her in dem Grade verdächtigt, bedrängt und verfolgt, in welchem sich ihre Eroberungen im Gebiete der alten Heilkunst in 3 Welttheilen mehrten, fand die neue Heilkunst und in ihr die Freiheit der Wissenschaft in den constitutionellen Staaten des südlichen Deutschlands einen günstigeren Boden. Gegen die von ihren Gegnern erwirkte Verpflanzung des Dispensir-Verbots der Aerzte in das Großherzogthum Hessen konnte sie hier unbesorgt und unbehindert zu der öffentlichen Meinung ihre Zuflucht nehmen. Von 826 Hessen vor ihre Volksvertreter gebracht, erlangte die neue Heilkunst durch die Fürsprache dieser von der Staatsregierung Schutz für freie Wirksamkeit. Welches Schicksal ihr auch von der Zukunft bestimmt seyn mag, die Entscheidung der hessischen Kammern wird in der Geschichte der Wissenschaft ein unverlöschbares ehrenvolles Denkmal des Sinnes der hessischen Volksvertreter von 1833 für Freiheit im Gebiete der Wissenschaft bleiben; — sie kann als Mahnung zu der Nachwelt reden, dieses Beispiels eingedenk zu bleiben. Aber eben so ehrend wird es die Geschichte dabei auch anerkennen müssen, wie günstig die Staatsregierung des Großherzogthums den Schritt seiner Stände aufnahm, und wie bereitwillig sie gewährte, was so viele Stimmen aus einem der Aufklärung befreundeten Volke als eine Wohlthat erbeten hatten.

Dritte Abtheilung.

Prüfung der Gründe für und gegen das Selbstdispensiren homöopathischer Aerzte.

In der Hitze eines Kampfes wird gewöhnlich geltend gemacht, was nur irgend nützen oder blenden zu können scheint. Nicht selten sieht man zugleich die Kämpfer zu leidenschaftlichen Ergießungen ihre Zuflucht nehmen. Beides fand in dem Kampfe um die Beachtungswürdigkeit der neuen Heilkunst, ganz besonders auch in demjenigen um das Selbstdispensiren der homöopathischen Aerzte statt. Nur einige wenige Anhänger der alten Medicin äußerten sich in ihren Schriften mit Milde und Vorsicht über den Werth der neuen Heilkunst a), andere traten als eifrige Gegner von ihr hervor und verdammten nicht allein die neue Lehre ungeprüft, sondern sie verschmähten es auch theilweis nicht, deren Schüler zu verdächtigen und herabzuwürdigen b). Noch

a) Vergl. Hufeland die Homöopathie.
Kopp Denkwürdigkeiten in der ärztlichen Praxis 2r Band.

b) Vergl. Jörg Dr. Hahnemanns Homöopathie in deß. krit. Hefte für Aerzte und Wnndärzte 2 Heft. Heinroth Antiorganon, v. Wedekind Prüf. des hom. Systems; Abwehr hom. Anmaßungen und Angriffe von einem Freunde der Wahrheit und Ordnung (Gießen 1833). Als Beispiele von Schmäh-Denunciations- und Entstellungssucht: Simon jun. Hahnemann Pseudo-Messias medicus etc. Derselbe: der unsterblichen Narrheit Sam. Hahnemanni medici Scabiosi κατ᾽ ἐξοχήν des Verdünners anderer andere endlich nahmen die Stelle bloßer Zuschauer ein, und von diesen waren wieder manche feindlich und gehässig gesinnt, manche gleichgültige und manche aufmerksame und theilnehmende Beobachter. Die Homöopathiker drangen durchgängig auf practische und gewissenhafte Prüfungen, sie wießen hergebrachte Vorstellungen, willkührliche Voraussetzungen und böswillige Beschuldigungen ihrer Gegner zurück, und sie vertheidigten ihre Lehre *c*) und deren Recht, und beriefen sich auf das Urtheil des Volks, das bereits nach Thatsachen richten könne und möge. Aus diesem erklärten sich auch bald mehrere Stimmen öffentlich für die Rechtmäßigkeit des Anspruchs der Homöopathiker auf Verschonung ihrer Heilkunst mit feindlichen und hemmenden Maaßregeln; und so gewann jener, zwischen den beiden sich entgegenstrebenden Systemen eröffnete Kampf ein allgemeineres Interesse *d*).

Während in dem Großherzogthum Hessen der Freiheit des Selbstdispensirens der homöopathischen Aerzte ein entschiede-

---

Theil u. s. w. Balz die phantastische und besonders lebensgefährliche Seite d. hom. Theor. und Kurmethode. Becker und Gräger Beitr. zur Würd. d. Hom. Ueber das Benehmen der alten Schule überhaupt siehe: die Homöopathie der gesunden Vernunft so wie dem Staats- und Privatrechte gegenüber (Quedlinburg 1832) Th. I. S. 52 ff.

c) S. Hahnemann's Organon, so wie fast alle Schriften d. Homöopathiker. Aus neuster Zeit Stüler die Homöop. und die hom. Apotheke in ihrer wahren Bedeutung (Berlin 1834) und vorzügl. Rau Ideen zur wissenschaftlichen Begründung des Systems d. hom. Heilk. (Gießen 1834.)

d) Die Schriften in dem Streite über das Selbstdispensiren sind zusammengestellt in: Vertheidigung der Staatswissenschaften gegen Eingriffe der Mediciner bei der Sache der Homöopathie von einem homöopathisch geheilten, herausgegeben v. Dr. Fr. Rummel, Magdeburg 1834. S. 13 — 15. Zu diesen sind neuerlich gekommen: die Homöopath. und die hom. Apotheke in ihrer wahren Bedeutung v. Dr. Stüler 1834. Die Homöopathik, der gesunden Vernunft so wie dem Staats- und Privat-Rechte gegenüber. Quedlinb. 1834. Die meisten dieser Schriften werden unten an den geeigneten Stellen näher angeführt werden.

ner Sieg zu Theil geworden ist, während die neue Heilkunst in Baden die Anerkennung der Landstände erhalten hat und des Wohlwollens der Regierung sich erfreut, und während auch bereits in dem Herzogthum Meiningen das Selbstdispensiren homöopathischer Heilmittel freigegeben ist, — sieht man in anderen Staaten die neue Heilkunst gleichwohl noch theils mit gleichgültigen, und theils selbst mit ungünstigen Augen ansehen. Es läßt dieß auf bedeutende Gründe schließen, welche dem Anspruche der Homöopathiker auf freie Hand in Bereitung und Ausgabe ihrer Mittel entgegen zu stehen scheinen; die bis jetzt geltend gemachten hauptsächlichsten Gründe und Gegengründe verdienen deswegen wohl nähere und wiederholte Prüfungen; die Wahrheit kann nur auf diesem Wege ins Licht treten und Anerkennung finden e).

Gegen das Selbstdispensiren sind vorzüglich Privilegien der Apotheker, bestehende Gesetzgebung, Nothwendigkeit besonderer Verbote der Staatsregierung, — dafür seine Nothwendigkeit zur Erhaltung und Entwickelung der Homöopathie, gemeinschaftliches Interesse der Patienten und des Staates, und natürliches Recht der Aerzte geltend gemacht worden. Nach dieser Ordnung sind diese Gründe jetzt einzeln zu beleuchten.

A. Gründe gegen das Selbstdispensiren.

I. Privilegien der Apotheker.

Wie in dem Verhältniß, in welchem die alte Arzneiwissenschaft an Umfang zugenommen hat, das Geschäft der mit derselben allmählich zusammengewachsenen Apotheker ausgedehnter und schwieriger geworden war, ist schon oben (in d. I. Abhdl.) näher gezeigt worden. Sie haben bedeutende Kapitalien in ihrem Gewerbe stecken, sie sind des Selbstdispensirens der Aerzte allmählig entwöhnt worden, sie fühlten sich bisher reichlich durch ihr Geschäft genährt und waren mit ihrer Lage zufrieden.

---

e) Vergl. in dieser Hinsicht vorzüglich die beyden Schriften, die Homöopathie d. ges. Vern. u. s. w. und die Vertheidigung d. Staatswissenschaften u. s. w. Beide verdienen eine allgemeine Beachtung.

Das Selbstdispensiren homöopathischer Heilmittel durch die Aerzte müssen sie darum für ihrem Interesse zuwiderlaufend halten; aber nicht so sehr dieses Selbstdispensiren an und für sich ist es, was sie beunruhigen kann, wenn es in seinem bisherigen Umfang bliebe, sondern es ist vielmehr die ganze neue Heilkunst, die ihnen Besorgnisse einflößen muß; denn sollte diese eine weitere Ausdehnung gewinnen, sollte sie gar herrschend werden; so würden die Apotheker, wenn sie auch alle homöopathischen Mittel zur Bereitung erhielten, doch von dem Gewinn an diesen nicht leben können, wenn sie nicht einen Preiß machen dürften, welcher mit der Waare, die sie liefern, in dem Verhältniß der auffallendsten Uebertheurung stünde. Da sie die Möglichkeit so nahe vor Augen sehen, einen bedeutenden Theil des Kapitalwerths ihrer gegenwärtigen Besitzungen einzubüßen, und überdies für die Zukunft ihr Einkommen sehr geschmälert zu erhalten *f*); so ist ihre Lage allerdings geeignet, Mitgefühl für sie in Anspruch zu nehmen, zumal da ihnen nicht vorgeworfen werden kann, dieselbe verschuldet zu haben. Allein dieses begründet nicht zugleich ein Verbietungsrecht für sie gegen die Aerzte. Sie haben sich auf Privilegien ihrer Apotheken bezogen, denen jenes Selbstdispensiren der Aerzte entgegenlaufe. Wo wirkliche Privilegien einzelner Apotheken, oder singuläre Rechte der Apotheken eines Bezirks oder auch eines ganzen Landes das Selbstdispensiren der Aerzte in einer Weise verbieten, daß das Verbot auch auf die homöopathischen Mittel bezüglich wäre, da würde allerdings ein Verbietungsrecht so lange existiren, als solche Privilegien und Rechte von der Staatsregierung bestehen gelassen werden *g*); allein dieses ist gewiß ein seltner, vielleicht nirgends vorhandener Fall; bis zu klarem Beweise steht ihm die rechtliche Vermuthung entgegen. Gewöhnlich

---

f) Vertheidig. d Staatswissensch. u s. w. S. 32.

g) Der Aufhebung derselben stehen keine guten Gründe entgegen. Rupertus II über die Homöopathik und ihre Beziehungen zu dem Selbstdispensiren d. Aerzte. S. 93 — 96 und meine Bemerkungen S. 36 und 37.

wird sich aber nicht einmal auf den Inhalt eines bestimmten Privilegiums gestützt, sondern nur auf Privilegien und deren Gültigkeit im allgemeinen, oder in thesi sich berufen. Daß dieses durchaus unstatthaft sey, kann keinen Zweifel leiden. Denn Privilegien sind specielle Ausnahmsbestimmungen, welche der Gesetzgeber von allgemeinen natürlichen Rechten oder positiven Gesetzen gemacht hat *h*); aus ihrem Namen folgt deswegen für einzelne angesprochene Berechtigungen gar nichts, und eben darum kann ein allgemeines Berufen auf Privilegien von unerwiesenem Inhalte keine rechtliche Beachtung verdienen. Wenn man, wo nicht etwa ein specielles Landes-Gesetz den Apotheken eines Bezirks gemeinschaftlich gewisse besondere Rechte ausschließlich verliehen hat, sämmtliche Apotheker auffodern wollte, ihre speciellen Privilegien vorzulegen; so würde es sich bald zeigen, daß ein Theil von ihnen gar keine besitzt, ein anderer Theil zwar dergleichen hat, die aber weder ein verkäufliches Dispensiren der Aerzte, noch ein unentgeldliches Darreichen von Arzneien an ihre Patienten ausschließen *i*). In einer Zeit, aus welcher die vorhandenen Privilegien der Apotheker meistens abstammen, dachte nicht allein keine Regierung daran, die Befugniß der Aerzte zur Abgabe von Arzneien an die Kranken abzuschneiden, sondern diese Befugniß wurde sogar für den Zweck des Heilgeschäfts als eine durchaus nothwendige betrachtet, was sie auch schon blos in der Rücksicht war, daß damals die Apotheker in Kenntnissen

---

h) Hufeland über den eigentl. Geist d. Röm. Rechts I. Th. III. Abh. §. II.
Mackeldey Lehrb. d. Röm. R. §. 187. (10. Aufl.)

i) Auch das Recht, welches in der Kurfürstlich Hessischen Medicinalordnung vom 10. Juli 1830 den Apotheken zugleich gegen die Aerzte verliehen worden ist, geht nur gegen Verkauf von Apothekerwaaren. Der §. 122 untersagt den Aerzten blos das Selbstausgeben und Verkaufen; nur in einem ausschließlichen Verkaufsrechte besteht auch §. 245 das Privilegium der Apotheken. Es heißt hierin: „Den Apothekern soll der ausschließliche Kleinverkauf aller in der Apothekertaxe und deren Nachträgen aufgeführten Waaren, welche allein zum Arzneigebrauche dienen, zustehen.“

und Pflichtgefühl noch sehr zurück waren, wie die früheren Gesetze zeigen. Bey ihrer damaligen Sinnesart, bei dem häufig erbärmlichen Zustande ihrer Apotheken, würde es auch unverantwortlich gewesen seyn, durch Vernichtung der natürlichen Befugniß der Aerzte zur Selbstdarreichung von Arzneien, Gesundheit und Leben der Menschen der Willkühr der Apotheker preiß zu geben. Kein Landesfürst würde ein solches Privileg mit seinem Gewissen zu vereinigen gewußt haben. Mit jenem Zustande des Apothekerwesens waren nur Privilegien gegen Gewerbseingriffe anderer Gewerbe, oder gegen den Verkauf von Apothekerwaaren durch die Angehörigen anderer Gilden und Zünfte vereinbar, und mehr wird nicht leicht ein Apothekerprivileg sagen *k*). So z. B. geht auch dasjenige der Apotheke in Lich *l*), von welcher oben (II. Abh.) die Rede gewesen ist, dahin: „daß außer ihm (dem Apotheker) Niemand anders, eine Apotheke in Unserer Stadt Lich aufrichten und Medicin als: Alexipharmaca destillata, olea cocta, Kräuter, Wurzeln oder was sonsten in den statutis medicis benahmt ist, außer hierzu nicht gehörige materialia, bei schwerer Strafe und Confiscation der Waaren zu verkaufen erlaubt . . . . . seyn."

Es kann überhaupt nur ein trübes Gefühl erwecken, wenn man sieht Privilegien der Vorzeit wie Gespenster citiren, um Früchte einer neueren Zeit in ihrer Entwickelung zu hemmen oder zu unterdrücken. Oft wird auf ewige Zeiten ein Privilegium auf den Verkauf einer gewissen Waare gegeben; wenn die Waare nicht mehr gesucht, nicht mehr gekauft wird, so zerfällt das Privilegium. Der Ertheiler eines Privilegii auf ewige Zeiten muß in dem Glauben stehen, daß er die Macht habe, den Richtungen des menschlichen Erfindungsgeistes in Kunst und Wissenschaften ihre Bahn vor-

---

k) Vergl. d. I. Abh.

l) v. Graf Carl zu Solms dd. Hohensolms den 7. Aug. 1753.

zuschreiben *m*). Der Aerzte geschah darin gar keiner Erwähnung; und da deren Abgabe an eigne Patienten kein Verkauf in dem gewöhnlichen Wortsinne, überhaupt kein Gewerbsbetrieb war; so blieb ihnen hierdurch ihre natürliche besondere Befugniß ungeschwächt, bei ihren eignen Kuren auch eigner Mittel nach eignem pflichtmäßigen Ermessen sich zu bedienen. Selbst wenn eine Darreichung, wobei sie einen Gewinn über den Werth der Substanz hinaus machen würden, als Verkauf und als dem Privileg einer Apotheke zuwiderlaufend anzusehen wäre: so würde doch eine bloße Berechnung der Auslagen eines Arztes für die einzelnen Bestandtheile, durch ein solches Privileg als unberührt gelassen anzusehen seyn, weil nur der Verkauf verboten ist, dieses aber als Mandat oder Geschäftsführung zu behandeln wäre *n*). Das Recht der Aerzte zur Selbstgabe von eignen Arzneien an ihre Patienten ist demnach durch solche Privilegien bis zum vollständigen Beweise des Gegentheils, als an und für sich rechtlich nicht vernichtet, sondern nur in so weit als beschränkt zu betrachten, daß es nicht in einen wirklichen Verkauf ausarten darf *o*). In völligem Einklang hiermit steht es, daß die

---

m) Worte eines Nachkommen des Grafen Carl, des Fürsten zu Solms Lich in dem Ausschußberichte der 1. Kammer der Großherzogl. Hess. Landstände (Beil. F.)

n) Wie bündig auch ein Apothekerprivileg seyn mag, so ist doch eine Abgabe von Arzneimitteln an eigne Patienten in solcher Weise auch für den allöopathischen Arzt nicht als verboten anzusehen, wenn dieß nicht ausdrücklich darin bestimmt ist. Es giebt Dinge, welche sich von selbst verstehen, und dahin gehört alles, was jeder vernünftige Mensch ohne ausdrückliche Bestimmung als durch die Natur der Sache geboten erkennt. Es gehört namentlich alles dahin, was, wenn es wäre, ungereimt oder moralisch schändlich seyn würde. Omnis interpretatio ita facienda est ut absurdum evitetur. Wo z. B. der Arzt nicht schnell oder gut genug das Mittel vom Apotheker erhalten kann, muß ihm die Selbstabgabe erlaubt bleiben, und kein redlicher Apotheker wird etwas dagegen erinnern mögen

o) L. 122. vergl. mit LL. 9 und 20. D. de R. J. (50, 17.) Die Hom. d. gesund. Vern. Th. II. S. 81 ff.

Medicinalverordnungen aller Zeiten das Recht der Aerzte an und für sich meistens noch ausdrücklich anerkannt haben, wenn auch seine Ausübung hier und da eingeschränkt wurde *p*). Dergleichen Privilegien können daher im allgemeinen nicht einmal als einem Selbstdispensiren der allöopathischen Aerzte absolut entgegenstehend rechtlich geltend gemacht werden, wo nicht eins oder das andere von ihnen unzweideutig das Gegentheil bestimmt, oder gar das natürliche Verhältniß vollends so umgekehrt hat, daß der Arzt gewissermaßen als Diener und Arbeiter für den Apotheker anzusehen seyn müßte, was indessen wohl nirgends der Fall seyn wird, wenigstens nicht seyn sollte. Ohnehin muß man bei der Beurtheilung eines Privilegii genau darauf achten, gegen wen dasselbe gerichtet war *q*).

Untersagt aber auch entweder ein in früherer Zeit entstandenes Privileg oder ein solches, wobei es nicht klar vor Augen liegt, daß bereits das homöopathische Heilverfahren ebenfalls berücksichtigt wurde, das Selbstdispensiren der Aerzte zum Vortheil der Apotheker absolut; so entsteht doch noch die andere Frage: ob ein solches Verbot nach rechtlichen Regeln auch auf homöopathische Heilmittel bezüglich sey? Daß diese zur Zeit der älteren Privilegien nicht berücksichtigt worden sind, ist gewiß; denn damals wußte man von der Homöopathie noch nichts, man konnte also an deren Mittel nicht denken. Diese sind deswegen als nicht gedacht und als ausdrücklich nicht verboten anzusehen. Wo es sich von einem Wortverstande handelt, ist immer auf die Zeit zurückzusehen, in welcher das Wort gebraucht worden war; nur was damals damit bezeichnet wurde, ist als durch dasselbe ausgedrückt anzusehen *r*); da nun in jener Zeit die Ausdrücke „Apothekerwaaren" und „Arzneien" von den verschiedenartigen homöopathischen

---

p) S. Abh. I.

q) Worte des Fürsten zu Solms Lich in der Ständevers. zu Darmstadt (Beil. F.)

r) Hufeland a. a. O I. Th. II. Abh. §§. V. XI. S. auch: Die Homöop. d. ges. Vern. T. II. S. 83 — 89.

Heilmitteln nicht gebraucht worden sind, so ergiebt es sich hieraus, das jene Ausdrücke in dem damals gebrauchten Sinne auf hom. Mittel nicht gerichtet gewesen sind. Inzwischen wirft sich hierbei wieder eine andere Frage auf, nemlich die, ob nicht durch logische Auslegung nachgeholfen und auf diese Weise jene in den Privilegien gebrauchten Ausdrücke jetzt auch auf homöopathische Heilmittel bezogen werden müssen, weil doch diese ebenfalls Heilmittel, und mithin so gut Arzneien seyen, wie das, was ehemals hierunter verstanden wurde? Wir haben wohl die gesetzliche Vorschrift, daß wo ein Gesetz eine oder die andere Anordnung getroffen habe, diese auch auf übergegangene Gegenstände zu beziehen sey, wenn dieß denselben Nutzen gewähre, den das Gesetz habe erzielen wollen *s*); wir haben auch noch eine ähnliche andere Bestimmung, daß wenn die Absicht eines Gesetzes ausgedrückt, aber ein oder der andere Fall ausgelassen sey, die gesetzliche Anordnung auch auf solche gleichartige Fälle bezogen werden solle *t*); allein diese Verfügungen passen für solche Privilegien nicht. Einmal darum nicht, weil sie blos als Auslegungsregeln für allgemeine, umfassende Gesetze gegeben sind, welche die Absicht hatten, alles zu begreifen, was zu ihrem Gegenstande als ein Theil gehörte; sodann ist es aber auch nichts weniger wie ermittelt, daß grade jener nämliche Zweck und Nutzen, welcher rücksichtlich der allöopathischen Arzneien eine Bestimmung jener Art rechtlich motivirt haben konnte, zu seiner Erreichung auch eine gleiche Behandlung der homöopathischen Mittel fodre, während nach dem Widerspruche der homöopathischen Aerzte, dem bis zu dem vollständigen Beweise einer solchen Nothwendigkeit die rechtliche Vermuthung zur Seite steht, eine wesentliche Verschiedenheit zwischen den Mitteln beider, bis jetzt noch feindlich sich gegenüber stehender, Heilmethoden obwaltet und eine gleiche Behandlung derselben als zweckwidrig dar-

---

s) L. 13. D. de LL. (1. 3.) vergl. Thibaut Theorie d. logischen Ausleg. d. Röm. Rechts 2. Ausg. §. 17.

t) L. 12. D. de LL. Thibaut a. a. O.

stellt und als rechtswidrig verbietet u). Es ist namentlich a) der bisherigen Apothekerkunst die Zubereitung der homöopathischen Heilmittel selbst ihrer Art nach fremd und so fremd geblieben, daß der bisherige Apotheker als solcher sie gar nicht einmal versteht; auch können b) die homöopathischen Heilmittel selbst nicht einmal eine Bereitung und Aufbewahrung in der Officin des Apothekers ertragen, weil die Arzneigerüche, womit diese und ihr Personal durchdrungen zu seyn pflegen, nach der Versicherung der in der neuen Heilkunst erfahrenen Aerzte ihre Heil-

---

u) Thibaut a. a. O. §. 18. Einen Beweis, wie leicht selbst solche Gegner der Homöopathie, denen es um den Namen der Unbefangenheit zu thun ist, durch die nemlichen Standes-Vorurtheile sich irre leiten lassen, denen sie mit Unbefangenheit entgegen zu kämpfen wähnen, liefert Links Gutachten über diesen Gegenstand (in Hufelands Journ. f. practische Heilk. Junyheft 1833. S. 62 ff. und in Nr. 19 d. Berliner medic. Zeitung v. 1833). Herr Link hat dort die Unzuläßigkeit einer Einmischung des Staats und einer Beeinträchtigung des Rechts der Homöopathen, die neue Heilkunst zu bewähren, entwickelt und gezeigt, daß da, wo es sich von deren Bedürfnissen handle, der Staat dem Ausspruch ihrer Gegner mistrauen müsse. Aus diesen Prämissen und der weiteren, daß die homöopathischen Aerzte das Selbstdispensiren für ein Bedürfniß zur Bewährung der neuen Heilkunst erklären, folgt natürlich und nothwendig, daß das Selbstdispensiren ihnen zu belassen und von dem Staate dem Ausspruche der Gegner zu mißtrauen sey. Herr Link aber sucht das Gegentheil zu folgern, weil — man denke — doch umgekehrt die homöopathischen Aerzte keine Begünstigung vor allen andern Aerzten, mithin auch keine Ausnahme von Gesetzen verlangen könnten! Nachdem er kaum erst davor gewarnt hatte, dem Ausspruche allöopathischer Aerzte gegen die Homöopathie zu glauben; so verfällt mithin er selbst in den nemlichen Fehler seiner Collegen und beweißt dadurch, daß seine Warnung gegen ihn zuerst beherzigt werden müsse. Mit diesem Gutachten ist zu vergleichen in rechtlicher Beziehung die Schrift: Ueb. d. Recht d. hom. Aerzte, ihre Arzneimittel selbst zu bereiten und den Kranken zu reichen; mit Rücksicht auf die Preuß. Gesetze erörtert v. einem pract. Juristen (Berlin 1833 bei W. Logier) ferner d. rechtl. Erkenntniß des Oberlandesger. in Paderborn v. 14. Aug. 1833 (i. d. allgem. hom. Zeit. v. 1833. 3r Bd. Nr. 8 und in d. Zeitung der hom. Heilkunst Nr. 29 v. 1833) auch dasjenige d. Regierung kräftigkeit schwächen oder wohl gar vernichten v) und c) bieten sie nicht, wie die allöopathischen Arzneien eine der Prüfung eines Dritten fähige Masse dar; sie können daher auch nicht auf gleiche Weise, wie diese letzteren, ohne große Gefahr für den Patienten einer anderen Person, als dem Arzte, zur Zubereitung anvertraut und überlassen werden w). Es kann wohl ein und der andere Apotheker durch seine Persönlichkeit Zutrauen einflößen und durch eignes Studium selbst vorzügliche Kenntnisse sich erwerben; indessen grade daraus, daß er dieses erst thun muß, geht hervor, daß die Bereitung der homöopathischen Mittel der eigentlichen Apotheker-Kunst (der Pharmacie oder Mischkunst) fremd geblieben ist. Als Beweis für die Gleichartigkeit der allöopathischen und homöopathischen Heilmittel hat zwar angeführt werden wollen, daß die letzteren ebenfalls durch Vermischung mit Weingeist oder Milchzucker auf ähnliche Weise zu Kunstgemischen gemacht würden, wie die allöopathischen Arzneien; allein hiergegen wird von den Homöopathikern bemerkt, daß Weingeist und Milchzucker bei ihnen keine Arzneikörper seyen, sondern bloße Vermittler und Träger der Entwickelungen dieser, und daß die der Homöopathie ganz eigenthümlichen Entwickelungen überhaupt weder Arzneigemische im bisher gewohnten Sinne dieses Worts seyen, noch daß sie damit Aehnlichkeit hätten. Um die nachtheiligen Einwirkungen der Officin zu entfernen, hat man endlich die Apotheker verpflichtet erklären wollen und es haben sich diese auch hier und da erboten, abgesonderte homöopathische Apotheken einzurichten und bei den Zubereitungen besondere Individuen zu verwenden:

---

in Erfurt Abthl. d. Innern v. 13. April 1833 (i. d. Zeit für hom. Heilkn. Nr. 22 v. 1833), und in medicinischer Beziehung Stüler die Homöopathie u. d. hom. Apotheke in ihrer wahren Bedeutung (Berlin 1834.) und die Aufsätze in d. allgem. hom. Zeitung v. 1833. Band 3. Nr. 5 und Nr. 7.

v) Rau Gesch. u. Bedeutung d. hom. Heilverf. in kurzem Abrisse. S. 17.
Stüler a. a. O. S 58 ff.

w) Vertheidigung d. Staatswissenschaft u. s. w. S. 36.

allein dieser Behelf selbst zeigt die Gehaltlosigkeit eines Anspruchs der bisherigen Apotheker auf ausschließliche Bereitung der homöopathischen Heilmittel nur wiederholt, weil es moralisch unmöglich und eben darum zugleich rechtlich unstatthaft ist, daß jemand wegen einer gewissen Qualität ein Zwangsrecht auf Handlungen haben kann, mit welchen seine Qualität selbst so sehr in Widerspruch steht, daß ein Individuum, welches in dieser letzteren handeln will, die in Anspruch genommenen Handlungen wirsam nicht einmal ausüben kann.

Andere Vorschriften weisen dazu an, darauf zu sehen, was der Billigkeit entsprechender und weniger lästig sey *x*), sie erklären Bestimmungen da für unanwendbar, wo deren Zweck nicht zu erreichen sey *y*). Ganz besonders aber ist eine jede Auslegung und Anwendung einer zum Zwecke des Wohls der Menschen gemachten Anordnung für wesentlich fehlerhaft und falsch von unseren Gesetzen erklärt, wenn durch Beziehung der Bestimmung auf einen Fall die Anordnung mit dem Wohl der Menschen in Widerspruch gerathen, oder überhaupt dieses nur hemmen und erschweren würde *z*). Deswegen müßte grade hier, wo der Gesetzgeber nicht etwa das Interesse einzelner Individuen auf Kosten des Volks konnte begünstigen, sondern wo er hauptsächlich nur für dieses letztere konnte sorgen wollen, eine Beziehung von Vorschriften jenes Inhalts auf die Heilmittel der Homöopathie schlechterdings fehlerhaft erscheinen, so lange es nicht außer Zweifel gestellt ist, daß dieß dem Wohle der Patienten nicht allein völlig unschädlich, sondern auch förderlich sey. Die allöopathischen Aerzte behaupten dieses zwar: ihnen gegenüber

---

x) L. 56. L. 90. D. de R. J. (50, 17)
L. 8 (de jud (3, 1)
L. 9. L. 183. D. de R. J.

y) L. 6. §. 2 D. de jure patron. (37, 14.)
L. 11. D. de in jus vocando (2, 4)

z) L 25. D. de LL. (1. 3.) L. 6. C. eod. (1, 14.) L. 19. i f. C. de fide instrum (4, 21.) Ueberhaupt s. Hufeland a. a. O. Th. I Abh. II. §. XII.

leugnen es aber die Homöopathiker. Man hat behaupten wollen, daß die Aerzte beider Heilmethoden widersprechende sachverständige Zeugen seyen, und daß in diesem Widerspruche das Zeugniß der Homöopathiker überwiege a); diese Ansicht ist indessen unrichtig, weil zum Begriffe eines Zeugen gehört, daß er ein unbetheiligter Dritter sey; dieses sind die Aerzte beider Partheien nicht b). Sachverständige bleiben jedoch beide, und jeder vorzüglicher in dem Kreise seiner specielleren Kunst. Hiernach verdienen folglich die Allöopathiker da, wo es sich von den Bedürfnissen der Allöopathie handelt, mehr Glauben, wie die Homöopathiker; dagegen die Homöopathiker verdienen da, wo die Bedürfnisse der Homöopathie in Frage liegen mehr Zutrauen wie die Allöopathiker c). Man muß hierin ganz an das alltägliche Leben sich halten, in welchem man findet, daß, wer der Allöopathie sich vertrauen will, an einen Allöopathiker, und wer der Homöopathie sich vertrauen will, an einen Homöopathiker sich wendet. Daß diese beiden Sachverständigen in dem Streite über das Selbstdispensiren sich mehr oder weniger feindlich gegenüber stehen, berechtigt nicht, das Verhältniß umzukehren; im Gegentheile giebt es einen doppelten Grund, den Behauptungen der einen zu mißtrauen, wo von den Bedürfnissen der anderen Heilkunst die Rede ist. Denn während sie die Feinde dieser sind, können sie con-

---

a) Rupertus a. a. O. S. 23 — 27.

b) In dem Falle, wenn sie durch ihr Benehmen Gründe zu Vertrauen in die Redlichkeit ihrer Aeußerungen darböten, will sie zwar auch die Homöop. d. ges. Vern. Th. I. S. 50 — 52. ausnahmsweise als Zeugen gelten lassen: allein ihr Benehmen kann eine solche Eigenschaft nicht begründen, so lange sie Anhänger des feindlichen Systems bleiben. Nur für redliche und billig denkende, also für sehr achtungswürdige Männer sind solche Gegner, und ihre Aeußerungen sind als Einräumungen von Mitgliedern der Gegenparthei anzusehen, die in ihr vortheilhaft hervorragen.

c) Rupertus a. a. O. S. 55 — 57. d. Homöop. d. gesund. Vern. Th. I. S. 60. 85 — 99. Vertheidig. d. Staatswissenschaften. S. 87 — 93.

sequenter Weise kein Mittel empfehlen, welches dazu abzwecken soll, die neue Heilmethode, ihre Feindin zu erhalten und zu fördern; sie würden ja auf die Weise mit ihrer eignen Ueberzeugung, mit ihrem ganzen Streben in Widerspruch gerathen. Alles dieses gilt natürlich auch von Privilegien aus neuerer Zeit, bei denen es ungewiß ist, ob sie bereits an das neue homöopathische Heilverfahren gedacht und ob sie beabsichtigt haben, ihre Bestimmungen auch gegen dieses zu richten.

Wären die Grundsätze von der Auslegung allgemeiner Gesetze auf Privilegien unbedingt anwendbar, so würden, wie aus der bisherigen Untersuchung hervorgeht, die Ansprüche der Apotheker gegen das Selbstdispensiren der homöopathischen Aerzte unbegründet seyn. Da wir aber für die Auslegung der Privilegien noch einige besondere gesetzliche Regeln haben; so müssen auch diese noch einer näheren Prüfung unterworfen werden.

Wir haben die Bestimmung, daß Verleihungen eines Regenten, die ein Ausfluß seiner Gnade sind, so verstanden werden sollen, daß dem Begnadigten diese Gnade im vollen Sinne des gebrauchten Ausdruckes zu Theil werde *d*). Wo keine Collision von Rechten und Interessen Dritter vorliegt, mit anderen Worten, bei Verleihungen, welche lediglich Gnadensachen sind, steht einer Auslegung nach dem weitesten Sinne des gebrauchten Ausdruckes nichts im Wege: ein Anderes ist es aber, wo durch sie eine Beeinträchtigung und Gefährdung der Interessen und Rechte Dritter bewirkt werden würde. Für solche Fälle haben die Gesetze andere Regeln aufgestellt. Nach diesen sind die Freiheit und die Rechte Dritter durch besondere Verleihungen nicht weiter als beschränkt anzunehmen, wie dieses unzweifelhaft klar gesagt ist, weshalb im Falle eines Zweifels stets gegen eine Beschränkung und Verletzung der Rechte Dritter zu erkennen *e*), und wo es zweifelhaft ist, ob mehr oder weniger

---

d) L. 3. D. de const. princ. (1, 4).
Thibaut a. a. O. §. 15.

e) L. 122. D. de R. J. (50, 17);
vergl. mit L. 4. de emancip. (8, 49).

habe verliehen werden wollen, nur das Weniger als verliehen anzunehmen ist, bis ein vollständiger Beweis für das Mehr erbracht wird *f*). In Ansehung der Ausdrücke gelten bei den Privilegien die nehmlichen Grundsätze, wie bei der Wortauslegung der Gesetze, es ist mithin auch hier darauf zu sehen, was unter einem Ausdrucke zu der Zeit begriffen wurde, aus welcher er herrührt; nur was damals bekannt war, kann gewollt worden seyn. Es ist also überhaupt bei Privilegien, welche mit Rechten und Interessen Anderer in Beziehung stehen und wohl gar dieselben mehr oder weniger zum Gegenstande haben, nur eine stricte Auslegung zuläßig, und eben darum streng bei den Worten und ihrer Bedeutung zur Zeit des Gebrauchs stehen zu bleiben und keine Ausdehnung auf damals unbekannte Gegenstände, auf Entdeckungen der neueren Zeit vorzunehmen *g*). Bei Privilegien gilt deswegen ganz vorzüglich der Grundsatz, daß jede Auslegung fehlerhaft sey, wodurch Anordnungen, welche die Wohlfahrt der Menschen bezwecken, als eine Last dieser erscheinen, was rücksichtlich der homöopathischen Heilmittel der Fall seyn würde.

Aber auch in dem Falle, wenn die allöopathischen und die homöopathischen Heilmittel ganz gleich zu behandeln wären, würde doch den Aerzten beider Schulen wenigstens das unentgeldliche Darreichen ihrer Mittel nach jenen nehmlichen Privilegien nicht verwehrt werden können, wo nicht solche unzweideutig gegen Geschenke gerichtet sind. Denn ein Verbot eines unentgeldlichen Abgebens, eines Verschenkens, ist in der Regel kein Gegenstand von Privilegien gewesen; diese pflegten nur gegen gewerbliches Verkaufen gerichtet zu seyn; durch Schenken wird kein Gewerbe betrieben, und kein solches

---

f) L. 9. D. de R. J. (50, 17.) L. 3. D de his, quae in testam. delentur. (28, 8.)
Thibaut a. a. O. §. 19.

g) L. 3. C. i. f. de LL. (1, 14.)
Thibaut a. a. O. §§. 15 u. 49.
Hufeland a. a. O. III. Abh. §. V.

beeinträchtigt. Damals dachte Niemand daran, den Kranken die Arzneien zu schenken; nur das Verkaufen war üblich und lag bei den Privilegien und Verordnungen den Urhebern dieser im Sinne, und besonders das Verkaufen von Materialisten und unzuverläsigen Arzneikrämern, wie die Geschichte hinreichend belegt *h*). Daß eine Zeit kommen werde, in welcher Aerzte den Kranken die Heilmittel unentgeldlich darreichen könnten und würden, das konnte man früher nicht ahnden; und anzunehmen, daß, hätte man es gedacht und vorgesehen, man gleichwohl auch hiergegen jene Privilegien gerichtet haben würde, hieße den Geist jener Zeit gänzlich verkennen, ja wahrhaft herabwürdigen und schmähen: denn es hieße mit anderen Worten, Privilegien die Absicht unterlegen, künftige Entdeckungen zu hemmen und das Fortschreiten der Zeit aus Rücksichten für kleinliche Gewerbsinteressen zu hintertreiben. Von Privilegien aus neuerer Zeit, welche die Homöopathie mit Stillschweigen übergangen haben, mag man bei ihnen nichts von ihr gewußt, oder sie übersehen haben, gilt natürlich alles dieses in gleicher Weise, da sie in dem einen, wie in dem anderen Falle eben so wenig bedacht worden ist, als in den alten Privilegien.

Es ist freilich nicht zu verkennen, daß die Homöopathie ihrem ganzen Wesen und Umfange nach mit dem Interesse der Apotheker in einem Gegensatze steht, und daß die Lage dieser in demselben Verhältnisse sich verschlimmert, in welchem die neue Heilkunst sich ausbreitet. Aber wie sehr auch die Apotheker persönlich zu beklagen sind; so ist doch das Interesse, das sie haben, nicht gleich=bedeutend mit einem rechtmäßigen Anspruche auf die neue Entdeckung oder irgend einen Theil derselben *i*).

Als die Lithographie entdeckt war, so ließ sich wohl sagen, ihr Zweck sey der nehmliche, wie derjenige der Buchdruckerkunst, sie gebrauche auch Buchstaben u. s. w.; aber dennoch war sie

---

h) Vergl. d. I. Abh.

i) Tittmann, die Homöopathie u. s. w. S. 87. d. Homöop. d. gesund. Vern. Th. II. S. 89 ff.

etwas Anderes, und wer die Buchdruckerkunst noch so gründlich verstand, konnte darum nicht die neue Erfindung ausüben, ganz ähnlich wie nach Entdeckung der Homöopathie der geschickteste Apotheker, als solcher die homöopathische Mittelbereitung nicht verstand; und doch konnte jener wie dieser auch für das Neue die nöthigen Kenntnisse sich erwerben! Den alten Buchdruckern, so sehr sie auch Schaden litten, ist es nicht eingefallen, Ansprüche gegen die neue Entdeckung aus ihren Privilegien geltend zu machen und nirgends sind ihnen dergleichen eingeräumt worden: in Vergleichung hiermit ist es deswegen eine sehr auffallende Erscheinung, ähnlichen Ansprüchen der Apotheker sich geneigt zeigen zu wollen, während hier viel triftigere Gründe wie dort vorliegen, solche Ansprüche zurückzuweisen. Es ist, wie Graf Lehrbach in der Ständeversammlung zu Darmstadt sehr wahr bemerkt hat *k*), die Waffe des Eigennutzes, womit das Aufkommen der neuen Heilkunst bekämpft wird; — nicht etwa weil man diese für werthlos und verächtlich hält, nein, weil man mit Besorgniß sie Fortschritte machen sieht.

Gegen die Erzeugnisse und Umwälzungen, welche die Zeit den Menschen gewährt, giebt es überhaupt keine Rechte: was sie bringt, sind eben so Producte von ihr, wie die Menschen selbst dieses sind. Ihr gebührt es, die Sterblichen an ihre Unvollkommenheit und Beschränktheit zu erinnern, sie zu rütteln und zu schütteln, und wo dieselben das Neue, was sie wohlwollend darbot, schnöde verachten, anstatt es weise zu nützen, oder wo sie in alte Formen es einzwängen und verkrüppeln wollen, — da muß sie solche Fehler und Verkehrtheiten unschädlich zu machen suchen. Die Geschichte aber pflegt diese pünktlich aufzuzeichnen, zum Tadel der Zeitgenossen, und zum warnenden Denkmal für die spätesten Geschlechter.

Aus den bisherigen Untersuchungen gehen hiernach folgende Säze als Resultate hervor:

---

k) Siehe die Beil. D.

1) Privilegien der Apotheker sind in der Regel und wo ein Zweifel in einzelnen Fällen entsteht, nur als gegen ganzen oder theilweisen Betrieb des Apothekergewerbes durch dazu nicht concessionirte Subjecte gerichtet anzusehen;

2) eben darum sind sie nur als gegen gewerblichen Verkauf von Apothekerwaaren und Arzneien gerichtet, rechtlich zu vermuthen, wenn sie nicht unzweideutig auch auf eine gewinnlose Uebernahme von Aufträgen zu Besorgungen und auf Verschenkungen ausgedehnt sind;

3) Apothekerprivilegien aus einer Zeit, wo die Homöopathie noch unbekannt war, sind nach den Grundsätzen der rechtlichen Auslegung auf die, von der bisherigen Arzneiwissenschaft wesentlich verschiedenartigen Heilmittel der Homöopathie nicht auszudehnen;

4) auch Privilegien aus neuerer Zeit, welche der Homöopathie keine Erwähnung thun, sind wegen Nichtberücksichtigung derselben auf sie und ihre eigenthümlichen Heilmittel nicht bezüglich und anwendbar;

5) wo aber auch Privilegien der Apotheker die homöopathischen Heilmittel zum Gegenstande haben, da sind sie doch nur als gegen gewerblichen Verkauf gerichtet anzusehen, es wäre denn, daß sie ein ausdrückliches Verbot des Schenkens oder anderer nicht gewerblicher Geschäfte enthielten.

II. Bestehende Gesetzgebung.

Auch auf die Schwäche und Eitelkeit der Menschen, welche ihren menschlichen Gebilden so gerne den Rang über den Schöpfungen der Natur und der Zeit eingeräumt sehen, hat man hier und da die Hoffnung gestützt, daß das Aufblühen der Homöopathie ihnen zuwider seyn werde. Dem Wahne eines Vorrangs positiver Anordnungen vor den Erzeugnissen der umgestaltenden

Zeit schmeichelnd, Anordnungen, mit welchen man einige deren Vorsteher und Diener ihr eignes Leben wie verschmolzen betrachten sah, — glaubte man hier und da versichert mit der Behauptung hervortreten zu können, das Selbstdispensiren der homöopathischen Aerzte sey mit der bestehenden Gesetzgebung überhaupt und zunächst mit der Medicinalgesetzgebung unvereinbarlich, weil von dieser kein Theil wegfallen könne, ohne daß dadurch für das Ganze die Nothwendigkeit einer Umgestaltung herbeigeführt werde. Da, wo man auf Beifall für einen solchen Grund rechnete, scheint man eine eigentliche Würdigung desselben nicht erwartet zu haben. Sie hätte seine gänzliche Seichtigkeit auf der Stelle ins Licht gestellt. Denn grade weil die Homöopathie ihrem ganzen Umfange nach etwas Neues war, so konnte sie keinen Einfluß auf jene Gesetzgebung gehabt haben, sie konnte kein Theil dieser gewesen, und es konnte durch sie kein Theil davon ausgefallen seyn. Außerdem widerspricht es auch eben so der gesunden Vernunft, wie der täglichen Erfahrung, daß ein abgenutzter, verschwundener, oder wesentlich veränderter Theil einer Sache nicht sich selbst überlassen werden, oder eine Verbesserung des betreffenden Theils veranlassen könne, ohne eine totale Umgestaltung des Ganzen gebieterisch zu fodern. Es ist darum kein vernünftiger Grund aufzufinden, warum nicht der Homöopathie durch Verbesserung eines, dem Selbstdispensiren homöopathischer Mittel von Seiten der Aerzte etwa entgegenstehenden, Theils einer Medicinalgesetzgebung sollte geholfen werden können, und warum vielmehr eine totale Umgestaltung dieser Gesetzgebung für einen solchen Zweck nothwendig seyn sollte. Von diesem Gesichtspunkte aus betrachtet erscheint deshalb jene Behauptung als eine blose Voraussetzung eines Beweissatzes. Bei einer näheren Prüfung sieht man übrigens leicht, daß sie mit den, aus den Privilegien der Apotheker und der Controle gegen die Aerzte entnommenen Gründen eigentlich zusammenfällt; denn außer Bestimmungen, die auf diese Gründe hindeuten, ist in keiner Medicinalordnung etwas über die Unzulässigkeit des Selbstdispensirens der Aerzte zu finden. Es sind also in der That nur diese nehmlichen Gründe, welche in einer anderen Gestalt nochmals geltend gemacht werden, in einer mystischen Hülle, durch welche ihre Urheber sie gegen die Entdekkung ihres gänzlichen Unwerthes sicher wähnten.

Den nehmlichen Satz hatte man in dem Großherzogthum Hessen aufgestellt; die Erfahrung hat hier seinen Ungrund bereits erwiesen. Man hat hier das Dispensirverbot aufgehoben, und weit entfernt, daß die bestehende Medicinalgesetzgebung wie eine morsche Brücke zusammengestürzt wäre, blieb sie vielmehr in dem nehmlichen Verhältnisse bestehen, in welchem sie vor der Homöopathie existirte und ohne diese existiren kann. Im gemeinen Leben zweifelt ja Niemand daran, daß die Vernunft den Menschen lehre, einzelne schadhafte Theile abzunehmen, um von dem Ganzen nur noch das Uebrige zu erhalten; grade so muß ein weiser Gesetzgeber auch bei der Gesetzgebung handeln. Auf die Medicinalgesetzgebung selbst sind übrigens die oben entwickelten Auslegungsregeln der Gesetze ebenfalls anwendbar, da für sie keine Ausnahme begründet ist. Bei einer solchen Anwendung wird es sich aber zeigen, daß es in ganz Deutschland keine einzige bestehende Medicinalgesetzgebung giebt, welche dem unentgeldlichen Selbstdispensiren der homöopathischen Aerzte hindernd entgegenstünde.

Alles dieses gilt eben so auch rücksichtlich der Rechtsgesetzgebung und namentlich der Criminaljustiz, welche man gleichfalls zur Hülfeleistung gegen die Homöopathie hat aufrufen wollen *l*).

Stützte sich diese auf die Nothwendigkeit der Concurrenz einer Apotheke, so würde höchstens daraus folgen, daß bei criminellen Verletzungen eine allöpathische Behandlung eintreten müsse: allein die Justiz ehrte und achtete von jeher die Freiheit der Wissenschaft in vollem Maaße *m*); sie verläßt sich auf den wissenschaftlich gebildeten Arzt als zutrauungswürdigen Sachverständigen, und vermuthet, daß er nach redlicher Ueberzeugung handle, welcher Heilmethode er auch zugethan seyn mag.

---

l) s. meine Bemerkungen u. s. w. S. 32.

m) s. d. Bemerkung d. Abgeordn. Schenk (Hofger.-Raths in d. Ständeversammlung zu Darmstadt) (Beil. D.).

Die Justiz achtet jeden in seiner Eigenthümlichkeit. Das gemeine Recht unterstellt sogar das Selbstdispensiren der Aerzte überhaupt als Regel; der Art. 134. der Halsger.-Ordn. von Kaiser Karl V. weiß nichts von einer Zwischenperson n).

III. Die Nothwendigkeit besonderer Verbote der Staats-Verwaltung.

Mögen auch die Privilegien der Apotheker, mögen auch die bestehenden Gesetze dem Selbstdispensiren der Homöopathiker als Hindernisse nicht entgegenstehen; so soll doch die Staatsregierung nach der Behauptung vieler und selbst ausgezeichneter Männer aus Gründen der Medicinalpolizei dasselbe nicht leiden dürfen, und sie soll, wo keine verbietenden Verordnungen schon existiren, dergleichen erlassen.

Auf den ersten Blick scheint kein Grund dazu aufzufodern. Denn der Zweck des Selbstdispensirens, eine bestmögliche und wohlfeile Gesundheitspflege den Menschen zu gewähren, ist objectiv nicht allein ein guter, sondern selbst ein sehr gemeinnütziger; es ist grade derselbe, den die Gesetzgeber für alle ihre Medicinalverordnungen als Endzweck anzugeben pflegen. Niemanden wird ein natürliches Recht dadurch verletzt oder gefährdet; die Aerzte, welche dasselbe ausüben, sind Sachverständige, welche der Staat für fähig und zutrauenswürdig erkannt und authorisirt hat, und es steht jedem Menschen in seinem freien Willen, ob er sich der neuen Heilkunst anvertrauen will oder nicht, da sie Niemanden aufgedrungen wird. Eben deswegen scheint das Selbstdispensiren der Aerzte weit eher Begünstigung, wie Hinderung von Seiten der Staatsverwaltung zu verdienen, und diejenigen Regierungen, welche sich zu förmlichen Dispensirverboten haben bestimmen lassen, scheinen gefehlt zu haben.

Um die Obliegenheiten und Befugnisse der Staatsverwaltung in Beziehung auf die Gesundheitspflege deutlich zu erken-

---

n) die Stelle ist oben in d. I. Abh. (I. Per.) abgedruckt.

nen, muß man zunächst ihr Verhältniß zu den Menschen als Staatsangehörigen im Allgemeinen ins Auge fassen.

Gerechtigkeit muß die Grundlage des Staates selbst und seiner ganzen Verwaltung seyn. Möglichst guten Schutz für ihre verschiedenen Güter zu erhalten, darum haben die Menschen in Staaten sich vereinigt. Durch diese Vereinigung selbst entstehen zwar verschiedene Rechte und Pflichten; allein im Allgemeinen ist nicht sie, sondern es ist der Begriff und die Existenz des Menschen im Staate ihre Quelle. Unter diesen Rechten giebt es einige, deren der Mensch sich nicht entäußern kann, ohne hierdurch entweder seine physische Existenz, oder seine menschliche Natur zu vernichten, z. B. das Recht, seine natürlichen Bedürfnisse zu befriedigen, das Recht der Vertheidigung gegen unbefugte Gewalt oder das Recht der Nothwehr, das Recht zu denken u. s. w. Rechte dieser Art sind deswegen als wesentliche oder unveräußerliche Menschenrechte anzusehen, deren der Mensch durch den Eintritt in den Staat als vernünftiges Wesen sich gar nicht einmal begeben konnte. Andere Rechte giebt es, die zwar nicht als wesentlich erscheinen, die aber gleichwohl so sehr in der Natur des Menschen begründet sind, daß sie in der innigsten Beziehung mit dieser stehen. Sie erscheinen darum als natürliche Menschenrechte, und ihre Beschaffenheit ist von der Art, daß der Mensch, wollte er eine Verletzung ihrer anerkennen, seinen moralischen Werth großen Theils selbst herabsetzen würde. Fehlt es ihm auch an der Kraft und Möglichkeit einer Ueberwindung feindlicher Einwirkung; so vermag er sich doch nie mit einer solchen zu versöhnen und sie für gerecht zu halten; es widerstrebt deswegen seine Natur so lange, als sie selbst noch Thätigkeit zu üben im Stande ist o). Zu den Rechten der letzteren Art gehört unter anderen das Recht auf persönliche Freiheit, die Herrschaft über seinen Körper und dessen Pflege, über seine Lebensweise u. dgl. Weit entfernt, daß die wesentlichen und natürlichen Menschenrechte durch den Eintritt des Menschen in

o) Naturam expellas furca, tamen usque recurret. Horat.

den Staat einen Eintrag erleiden dürften, in so ferne nicht vielleicht diese Vereinigung selbst eine theilweise Beschränkung nothwendig macht; so muß vielmehr der Staat diesen Rechten in möglichst großem Umfange einen vorzüglichen Schutz gewähren; er muß seiner Seits besonders alles unterlassen, was sie beeinträchtigen und verletzen würde, falls nicht die Erhaltung und Erreichung des Staatszweckes unabweislich eine Beschränkung fodert, in welchem Falle jedoch die Grenze der Nothwendigkeit nicht überschritten werden darf. Darum darf wohl die Staatsverwaltung das Wohl der Menschen fördern, so gut sie vermag, ohne irgend einem Staatsangehörigen zu nahe zu treten: allein wo sie eingreifen, wo sie die Handlungen der Menschen beschränken und untersagen will, da muß ein besonderer Grund der Nothwendigkeit dieß rechtfertigen, und dieser Grund kann nur in der Gefahr bedrohter Güter Anderer oder in einer bereits geschehenen Verletzung derselben liegen.

Die Gesetzgebung, indem sie die Normen aufstellt, welche die Verwaltung beachten soll, muß natürlich ebenfalls jene Rechte in gleichem Umfange schonen, wie der Staat überhaupt dieß zu thun verpflichtet ist. Für die Verhältnisse der Menschen soll sie, ihnen angemessen, die geeigneten Regeln aufstellen und den möglichst freien Spielraum zu fortschreitender Verbesserung den Menschen offen lassen *p*). Diese Vervollkommnung beobachtend und pflegend, soll sie mit der Zeit gleichen Schritt halten und sich selbst umgestalten und modificiren nach der Zeit und nach den Bedürfnissen der Menschen, nicht aber umgekehrt diesen zumuthen, daß sie nach ihr sich einrichten und mit Fortschritten warten, bis die Gesetzgebung der Zeit nachhinken könne und wolle, oder bis sie durch Erfahrung den Beweis gefunden habe, daß es gegen die Zeit, — die nie das folgende Jahr dem vergangenen gleich seyn läßt, verschwüren sich auch alle Geschöpfe der Erde gegen sie, -- keinen glücklichen dauernden Widerstand gebe.

---

p) Vergl. Zachariä Vierzig Bücher vom Staate. Regierungslehre II. Band 2. Abthl. S. 9.

Alles dieses gilt namentlich von der Polizeigesetzgebung. Die Aufgabe der Polizei besteht darin, Verletzungen der verschiedenen Güter im Staate durch factischen Schutz vorzubeugen, mögen nun die Gefahren, die denselben drohen, aus der Willkühr anderer Menschen, aus der Macht der Elemente, oder aus andern Gründen entspringen. Man sieht zwar freilich bisweilen unter dem Namen Polizeigewalt alles begreifen, was auf sonst keine Weise zu rechtfertigen ist; man sieht unter diesem Namen oft eine Gewalt auftreten, die befiehlt oder verbietet, was ihr zweckmäßig und gut scheint, ohne Rücksicht ob und welche Verletzungen und Wunden sie selbst schlagen möchte. Allein dieß ist keine Polizei: wo solches geschieht, da ist nur Willkühr und Mißbrauch der Polizeigewalt vorhanden; denn die wahre Polizei, die Schutz gegen Verletzungen gewähren will, muß sich selbst Rechtlichkeit zur Grundlage nehmen, was sie gegen Andere als Unrecht geltend macht, das muß sie zunächst auch gegen sich selbst als solches anerkennen. Will sie den verschiedenen Gütern redlich Schutz verleihen, so muß sie zunächst sich selbst fern halten von jeder Verletzung und Gefährdung dieser nemlichen Güter. Indem sie ihre Sorge dem kostbarsten Gute der Menschen, deren Gesundheit zuwendet, so hat sie deswegen als Medicinalpolizei die Gefahren zu erforschen, welche die Gesundheit der Menschen bedrohen; sie hat in soweit deren Abwendung zu erwirken, als es in ihrer rechtlichen Befugniß und Kraft liegt, ohne selbst willkührlich Rechte ohne Nothwendigkeit zu verletzen. Sie darf darum den Menschen keinen größeren Zwang auflegen, wie die Gefahr für Andere erfordert. Während sie mit Recht dafür sorgt, daß kunstverständige Aerzte überall vertheilt sind, über die sie zugleich eine stete Aufsicht führen muß, so darf sie jedoch Kranke weder direct noch indirect zwingen wollen, deren Hülfe überhaupt, oder nach dieser oder jener Methode sich bedienen zu müssen, es wäre denn, daß aus der Unterlassung eine gemeine Gefahr zu besorgen seyn sollte. Aus dem Grunde einer solchen befiehlt sie mit Recht die Impfung der Kuhpocken und eben so die Nothwendigkeit ärztlicher Hülfe in pestartigen Krankheiten q).

q) Zachariä a. a. O. S. 49 — 53.

Wissenschaft und Kunst in ihren Principien und Entwickelungen als frei über sich erkennend, muß sie deren Zweck und Mittel achten, und so lange solche nicht selbst in einem oder dem anderen Stücke als verletzend oder Gefahr drohend für die Rechte der Menschen erwiesen sind, so lange muß sie bei größt möglicher Freiheit sie schützen *r*). Daher darf sie auch dem Arzte keine gewisse Heilmethode aufdringen, selbst wo er ein ihren Instructionen unterworfener Beamter ist, zumal da durch den Zwang des Arztes dieser selbst nur als ein Mittel zum weiteren Zwang gegen den Patienten gebraucht werden würde.

Aus gleichen Gründen darf sie auch nicht dem Arzte Gehülfen aufdringen, die dieser nicht bedarf; sie darf dem Kranken nicht mehr Personal aufnöthigen, wie dieser braucht und haben will. Erklärt sich hingegen der Arzt selbst einer Hülfe benöthigt, dann richtet sie mit Recht ihre Sorge darauf, daß er sie erhält; sie authorisirt darum mit vollem Fuge solche Gehülfen und nimmt auch diese unter Aufsicht. Allein sie darf dabei nie vergessen, daß der Arzt hierdurch nur unterstützt und gefördert, nicht gehemmt und beherrscht werden wollte und sollte; und was Erleichterung und Wohlthat seyn sollte, das darf sie ihrer Seits nicht unweise umgestalten in eine Last und Plage *s*).

Blicken wir zurück auf die Geschichte des Medicinalwesens in Deutschland, so sehen wir darin wirklich diese Grundsätze bis zur Auflösung des Reichsverbandes gewissenhaft befolgt *t*), auch in den neueren Medicinalgesetzgebungen anerkannt, und dennoch

---

r) Vertheidigung d. Staatswissenschaften u. s. w. S. 19. 25.

s) Nur eine solche würde auch die von Schulz in s. Schrift „Ueber d. Recht d. hom. Aerzte, ihre Arzneien selbst zubereiten u. s. w. 1833" vorgeschlagene Staatsmedicin seyn. Ihre practische Unausführbarkeit erweißt sie als eine leere Theorie. Staatsmedicin, Staatspoesie, Staatsmusik, Staatskochkunst u. s. w. sind Projecte zum Zuvielregieren, die keinen Beifall verdienen. Uebrigens s. dagegen d. Vertheid. d. Staatswissensch. S. 57 ff.

t) Vergl. d. I. Abh.

bei der Handhabung häufig mißdeutet. Als die Aerzte das Bedürfniß besonderer Apotheker fühlten und deren Entstehung wünschten, suchte die Medicinalpolizei mit Recht diese Einrichtung aufzumuntern und zu unterstützen. Mit Recht nahm sie die Apotheker unter ihre besondere Aufsicht; mit Recht verbot sie die Quacksalberei, als tüchtige Aerzte sich vermehrten, mit Recht untersagte sie den gefährlichen Handel vagirender Arzneihändler in dem Verhältniß wie die Apotheken sich ausbreiteten; und mit Recht verbot sie endlich selbst den Aerzten zur Verhütung von Prellereien der Patienten besondere Apotheken für ihre Rechnung zu betreiben oder betreiben zu lassen. Aber sie würde gefehlt haben, wenn sie dem Arzte und dem Patienten hätte zumuthen wollen, der Hülfe des Apothekers sich bedienen zu müssen, wo die erforderlichen Mittel von diesem nicht zeitig genug, oder nicht zutrauenswürdig zu erhalten seyn möchten, wo überhaupt Arzt und Patient zu den Mitteln der Apotheke aus höheren Gründen des Heilgeschäfts ihre Zuflucht nicht nehmen, ihr Vertrauen in sie nicht setzen konnten. Darum haben die früheren Medicinalgesetzgebungen, selbst diejenigen, welche das Interesse der Apotheker am meisten begünstigen wollten, sehr richtig die Befugniß der Aerzte zur Selbstdarreichung der Heilmittel an sich zu allen Zeiten anerkannt, und es dem Ermessen und Gewissen der Aerzte überlassen, wo sie glaubten, aus Gründen des Wohls ihrer Patienten selbst davon Gebrauch machen zu müssen.

Es ist jetzt weiter zu untersuchen, in wie weit diese Grundsätze von Einfluß auf die Frage sind: ob die Medicinalpolizei das Selbstdispensiren der homöopathischen Heilmittel durch die Aerzte rechtlich verbieten dürfe? Das Wohl der Patienten, die Nothwendigkeit einer Controle gegen die Aerzte, die Erhaltung der Apotheker, und die Gleichstellung sämmtlicher Aerzte sind hauptsächlich als Gründe für ein solches Verbot angeführt worden *u*), und deswegen der Reihe nach jetzt zu beleuchten.

---

u) Auch noch theilweis in den Landtagsverhandlungen zu Darmstadt, namentlich in Ir Kammer, vergl. bes. die Bemerk. d. Universitäts-Kanzlers Frhr. v. Arens (Beil. F.)

1) Das Wohl der Patienten.

Das Wohl der Patienten verdient allerdings die vorzüglichste Rücksicht: allein aus ihm kann nach den so eben entwickelten Principien für die Staatsverwaltung kein Recht zu einem directen oder indirecten Zwang gegen die Patienten selbst abgeleitet werden. Um die Befugniß zu einem solchen zu begründen, hat man die homöopathischen Mittel bald als starke Gifte verschrieen, bald als ein absolutes Nichts sie hingestellt, um dort sie als positiv, hier als negativ gefährlich für Leben und Gesundheit der Menschen zu verdächtigen. Die Beschuldigung der Gifteigenschaft ist indessen jetzt beinahe ganz aufgegeben v), und bei der Beschuldigung der Unterlassungsfehler vergißt man, daß die bisherige Heilkunst von diesem Vorwurfe nicht allein selbst sich nicht frei zählen, sondern sich auch noch den weiteren machen konnte, einer beträchtlichen Zahl Begehungsfehler unterworfen zu seyn, so, daß wenn alte und neue Heilkunst mit einander abrechnen wollten, der Abschluß der Rechnung, wie es scheint, zu Gunsten der neuen Heilkunst ausfallen müßte.

Die Homöopathie läßt daher keinen Grund der Nothwendigkeit zu einem Verbot der Staatsverwaltung erkennen, die, zumal nachdem sie so vielen wirklich schädlichen und heroischen Versuchen der alten Heilkunst freies Feld gelassen hat, zu Eingriffen in die Entwickelung und eigenthümliche Bildung der neuen Heilkunst keine Befugniß zu begründen im Stande ist w). Im Gegentheil fallen die triftigsten Gründe in die Augen, die neue Heilkunst in ihrem Anspruche auf Selbstdarreichung ihrer Heilmittel nach Kräften zu unterstützen; denn die leichte Möglichkeit der Bestreitung dieses Geschäfts liegt vor Augen und es kann nicht zweifelhaft seyn, daß es dem Wohl der Patienten mehr

---

v) Sie ist nur noch in Schriften wie die schon oben angeführte „phantastische und lebensgefährliche Seite der hom. Kurmethode v. Balz" zu finden. Durch eine Widerlegung in d. Vertheid. d. Staatswissensch. S. 63 ff. ist derselben eine unverdiente und ganz unnöthige Aufmerksamkeit erzeigt worden.

w) Vergl. meine Schrift über Maaßregeln 2c. S. 32—34 meine Bemerkungen S. 24. und die Homöop. d. ges. Vern. Th. II. S. 12.

entspreche, die Mittel aus der Hand ihres Arztes, des Meisters im Heilgeschäft selbst, dessen Ehre und guter Ruf ihn zur höchsten Sorgfalt anspornen, möglichst schnell und unentgeldlich zu empfangen, als sie mit Zeitverlust und größeren Kosten aus der Werkstätte eines Apothekers zu kaufen, der nur mechanisch arbeitet nach Vorschrift des Arztes, der seinen Geldgewinn als hauptsächlichsten Zweck seiner Arbeit betrachtet *x*) und der selbst bei dem redlichsten eignen Willen doch immer unzuverlässiger bleibt wie der Arzt, zumal da er vieles seinen Gehülfen überlassen wird und muß, für die er nicht einstehen und deren Fehler er bei den homöop. Bereitungen nicht ähnlich wie bei den allöopathischen erkennen und verbessern kann *y*).

Bei der Entbehrlichkeit der Hülfe des Apothekers; bei dem Mangel an Zutrauen des Arztes und des Patienten zu ihm; bei der Zufriedenheit des letzteren mit dem Empfange der Mittel aus der Hand des Arztes, dem er sich vertraute; endlich bei dem gänzlichen Mangel irgend eines Beweggrundes für den Arzt um den Patienten zu täuschen, ist kein Rechtfertigungsgrund für die Staatsverwaltung aufzufinden, Beiden den Beistand eines überflüssigen Apothekers aufzudringen und auf solche Weise nicht allein den Patienten in seinem gemeinen Interesse zu verletzen, sondern auch möglicher Weise dessen Gesundheit ihrer Seits zu gefährden, oder doch sein Leiden im Interesse des Apothekers nach dessen Belieben verlängern zu lassen *z*). Das feindliche Verhältniß aber, in welchem die bisherige Apotheke zur Homöopathie unverkennbar steht, gewährt einen doppelten Grund, eines jeden Zwangs sich zu enthalten; denn einen Menschen oder eine Kunst dem natürlichen Feinde

x) Tittmann, die Homöop. ꝛc. S. 8[illegible] 85. d. Homöop. d. ges. Vern. Th. II. S. 45 — 49.

y) Vertheid. d. Staatswissenschaften. S. 33.

z) Als gutes Mittel, einen guten Eifer an den Tag zu legen, hat man sogar das Verbot homöop. Hausapotheken empfehlen sehen: Knauer, das Verbot des Selbstdispensirens der hom. Aerzte ꝛc. 1833. Ein Verbot d. Lectüre homöop. Schriften hätte auch noch gerathen werden können.

und sogar dem Todfeinde wissentlich in die Hände liefern, das ist der Sache nach eine eigne feindselige Handlung; die Staatsverwaltung aber muß selbst des entferntesten Scheins einer solchen gegen die neue Heilkunst sich schlechterdings enthalten *a*). Es ist freilich möglich, daß im Laufe der künftigen Zeit eine homöopathische Apotheke in ähnlicher Weise nützlich oder nöthig werden kann, wie die allöopathische es in der Vergangenheit geworden ist; dieses muß inzwischen eben so wie bei der letzteren abgewartet werden. Es ziemt sich nicht der Zeit vorgreifen und diese in ihrer natürlichen Entwickelung stören und hemmen zu wollen. Deswegen erscheint es als ein Verstoß gegen die Grundsätze einer gerechten und weisen Gesetzgebung, unter dem Vorwande des Wohls der Patienten gegen ein unentgeldliches Selbstdispensiren der homöopathischen Aerzte durch Verbote einzuschreiten *b*); und wo dieß geschieht, da kann es von der Nachwelt nur als Verblendung und Verirrung unserer jetzigen Zeit getadelt werden. Die Wirkung aber, welche solche Verbote in der Gegenwart bei edelgesinnten, unbefangenen und geistig kräftigen Menschen hervorbringen, kann nur die Erregung des Gefühls eines Widerspruchs gegen natürliche Menschenrechte, und in Folge davon das Hervorrufen entweder eines offenen Kampfes dagegen, oder, wo dieser gescheut wird, einer mannigfaltigen Umgehung seyn, — bis die Wiederherstellung des natürlichen Rechts in seiner gebührenden Freiheit erfolgt seyn wird. Die Erfahrung hat bereits den Beweis hiervon geliefert.

Als Resultat ergiebt sich der Satz:

1) das Wohl der Patienten als Grund zu einem Verbot des Selbstdispensirens homöopathischer

---

a) Vertheid. d. Staatswissensch. S. 40 ff.

b) Vergl. bes. die Bemerk. Sr. D. des Fürsten zu Solms Lich u. d. Frhrn. v. Breidenstein (in d. Beil. F.) u. der Abgeordn. Schacht, Graf Lehrbach, Höpfner, Jaup, W. Hofmann, Emmerling (in Beil. D.).

Heilmittel kann nur als ein nichtiger Vorwand angesehen werden.

2) Die Nothwendigkeit einer Controle gegen die Aerzte.

Man hat ferner behaupten wollen, die Apotheke sey die Controle gegen den Arzt und als solche unentbehrlich; deswegen müsse auch gegen den homöopathischen Arzt eine solche Controle seyn c). Hieraus folgt nun aber erstens nicht, daß die bisherige allöopathische Apotheke die Controle gegen den homöopathischen Arzt seyn könne und seyn müsse; zweitens fehlt der Beweis, daß die Verhältnisse der allöopathischen und der homöopathischen Aerzte sich gleich seyen d); und drittens mangelt auch noch derjenige, daß ein Apotheker größeres Zutrauen verdiene, wie der Arzt, und daß der Staat ein Recht habe, dem Patienten gegen Willen ein solches Zutrauen aufzunöthigen. Die Geschichte beweißt unwiderleglich, daß die Idee einer solchen Controle eine Erfindung der neueren Zeit ist e) die, wenn man sie näher ins Auge faßt, keinen reellen Werth hat. Kaiser Friedrich II. ließ nicht die Aerzte durch Arzneifabricanten controliren; er fand umgekehrt nöthig, die letzteren bei ihren Bereitungen durch die Gegenwart von zwei besonders verpflichteten Aerzten überwachen zu lassen. Auch die späteren Gesetze aus der Zeit, in welcher schon die neueren Apotheken entstanden waren, haben diesen die Bedeutung von Controle-Anstalten nicht beigelegt; sie haben vielmehr die Apotheker als Leute hingestellt, über welche wegen ihrer Gewinnsucht und Gewissenlosigkeit eine scharfe Aufsicht geführt werden müsse, wie dieses

c) Vergl. die Bemerk. d. Frhr. v. Arens in d. I. Kammer d. Landst. d. Großh. Hessen (Beil. F.) und des Abg. Hardy in d. II. Kammer (Beil. D.)

d) Tittmann a. a. O. S. 96 — 102.
Albrecht die Homöopathie u. s. w. §§. 23. 24.
d. Homöopath. d. ges. Bern. Th. II. S. 58 — 69.

e) Vergl. d. I. Abh.

aus der oben (I. Abh.) gelieferten geschichtlichen Darstellung hervorgeht. In neuerer Zeit, wo sie ihren Ruf zu verbessern gewußt haben, gewöhnte man sich gerne an eine bessere Meinung von ihnen; und wie man in dieser Zeit untergeordnete Gehülfen ihren Meistern und bisherigen Gebietern überhaupt gerne an die Seite oder gegenüber treten und sie wohl gar aus ihrem bisherigen Besitzthum verdrängen sah: so wollte man jetzt auch die Apotheker, die bisherigen mechanischen Gehülfen und Diener der Aerzte, diesen letzteren als Controleure geben. In die Idee des Controlirens schien diese Zeit wahrhaft verliebt zu seyn, überall sollte eine Controle seyn; und so brauchte in Beziehung auf das Heilgeschäft nur die Idee der Controle geäußert zu seyn, um alsbald mit Begierde aufgegriffen zu werden. Untersucht man näher, was die Controle des Apothekers gegen den Arzt wirken und nützen **könne**, so findet man bald, daß diese Idee es nicht verdient, eine ernstliche Aufmerksamkeit zu finden. Der ganze Nutzen soll im Wesentlichen darauf hinaus laufen, daß, wenn der Arzt eine fehlerhafte Kur gemacht habe, man durch den Apotheker — **die Recepte** erhalten und so den Arzt überführen könne! Dem Kranken nützt dieses vorerst nichts, und wenn man darauf sieht, daß nur **geschickte und zuverlässige Leute zur Ausübung der Heilkunst authorisirt werden**; so muß jener Zweck ohne allen practischen Erfolg bleiben, weil jeder wissenschaftlich gebildete Arzt wohl zu wissen pflegt, seine Behandlung so zu vertheidigen, daß er **von den Recepten nichts** zu besorgen hat. Zudem ist er grade in den wichtigsten Fällen ohne diese Controle, z. B. bei Operationen, Aderlassen u. s. w., die also in dieser Rücksicht eben hierdurch zu einer **ganz werthlosen Vorstellung** herabsinkt, durch die nur der **Unkundige** zu dem Glauben verleitet werden kann, als bezahle er in dem Apotheker einen nothwendigen und sichernden Controleur gegen seinen Arzt *f*)!

---

f) Ist das Selbstdarreichen hom. Arzn. von Seiten der Aerzte (als gefährlich) zu verbieten und kann man eine Controle derselben durch den Apotheker wünschen und wirklich erlangen? in d. Zeitung d. hom. Heilkunst Nr. 49 v. 1833.
Stüler die Homöop. und die hom. Apotheke S. 60 ff.

Man kann darum diese gepriesene Controle mit vollem Fug eine Fabel nennen, denn in der That ist sie nichts anders g). Zu einem Controleur mangeln dem Apotheker überdies alle nöthigen Eigenschaften.

Wo man sich von einer Controle etwas versprechen will, darf auch der Cortroleur zu dem Controlirten weder in einem persönlichen, noch in einem dinglichen Abhängigkeitsverhältniß stehen, noch endlich gar seinen Verdienst durch ihn beziehen, wie hier der Fall ist: ein solches Individuum ist stets ein schlechter Controleur. Bei weiterem Verfolg der Frage stößt man auch noch auf eine andere Sonderbarkeit, die nemlich, daß der Apotheker es ist, der das Mittel liefert, mithin durch seine Maßen eine viel leichtere Gelegenheit hat, den Patienten unentdeckt zu schaden, wie der Arzt durch seine Schriftzüge, die der Patient nicht einzunehmen hat! Eine eigentliche Gefahr droht deswegen dem Patienten hauptsächlich nur von dem Apotheker h). Der Arzt wäre hiergegen keine Controle, denn dieser sieht meistens die Arznei nicht eher, als bis sie genommen ist, er sieht oft selbst den Patienten gar nicht wieder, wie dieß namentlich auf dem Lande, wo der Arzt entfernt wohnt, häufig der Fall ist i). Der Apotheker ist deswegen offenbar diejenige Person, auf welche, wenn man sie nicht ganz entbehrlich machen kann, soweit man ihrer bedürftig bleibt, die schärfste Aufsicht und Controle geführt werden muß. Dieses haben auch die Gesetzgeber der vorigen Jahrhunderte wohl erkannt und gethan k). Den Apotheker für einen nothwendigen Controleur gegen den

---

g) S. die Hom. d. ges. Vern. a. a. O.
Griesselich Skizzen aus der Mappe eines reisenden Homöop. S. 141. 142.

h) Vergl. d. I. Abth.
Rupertus II. über d. Homöopathik u. s. w. S. 62 — 65. Verth. d. Staatswiss. S. 33. 34.

i) Worte des Frhr. v. Breidenstein in der I. Kammer d. Landst. zu Darmstadt (Beil. F.)

k) S. d. I. Abh.

Arzt ausgeben und als solchen aufstellen zu wollen, heißt deswegen offenbar die Ordnung umkehren. Es darf übrigens hierbei auch die Verbindlichkeit der Staatsverwaltung nicht übersehen werden, daß wo sie die Unterthanen zwingen will, eine Anstalt von ihr zu benutzen, sie denselben dagegen auch ihrer Seits eine vollständige Sicherheit gegen alle daraus ihnen erwachsende Gefahren geben muß, und daß sie, wo sie hierzu nicht im Stande ist, schon blos aus diesem Grunde alles Zwangs sich enthalten muß *l*). Gewiß ist es, daß sie in Beziehung auf die Apotheker eine solche Garantie nicht geben kann; denn die jeweiligen Visitationen, die ohnehin nur den Erfolg zu haben pflegen, die Apotheker zu bewegen, dem Visitator die Meinung beizubringen, als sey es hier immer so hübsch geputzt und vollständig ausgestellt, wie an dem Tage des Augenscheins, schützen die Patienten nicht im Geringsten gegen die Gefahren, denen sie durch den Bezug der Arzneien aus der Apotheke ausgesetzt sind. Wo mehrere Personen verschiedenartig thätig sind, ist es natürlich, daß wenn aus dem Produkte ihrer Thätigkeit ein Unheil entsteht, Jeder dem Anderen die Schuld zu geben und sie von sich abzuwälzen sucht: mit je wenigeren solcher Personen man zu thun hat, desto besser ist es deswegen, und am allerbesten, wenn man nur mit einem einzigen zu verkehren hat und an diesen allein sich halten kann *m*). Daher sollte es in keinen Zweifel gezogen werden mögen, daß die Kranken viel gesicherter sind, wenn sie es nur mit dem Arzte allein zu thun haben, der sich alsdann, wenn ein Fehler zur Sprache kommt, zu seiner Entschuldigung niemals auf geschriebene Recepte berufen kann, aus denen gegen ihn ohnehin nicht leicht irgend etwas zu erweisen

---

l) Rupertus a. a. O. S. 81—84. d. Homöop. d. ges. Vern. Th. II. S. 47. Vertheid. d. Staatswissensch. S. 29.

m) Vergl. Ueb. Maaßregeln gegen die Ausüb. d. hom. Heilverf S. 17—19 und Bemerkungen zu der Schrift: Abwehr hom. Angriffe rc. S. 31 und 32.
Verth. d. Staatswissensch. S. 48.

ist n). Hieraus ergiebt es sich, daß die Mitwirkung eines Apothekers eigentlich blos für den Arzt von dem vorzüglichsten Nutzen ist, weil sie ihm ein Mittel giebt, Beschuldigungen von wirklich begangenen Fehlern durch Vorschützung des Apothekers von sich abzuwehren und dadurch von einer weiteren Nachforschung abzuschrecken. Die Möglichkeit einer Prüfung der Arzneigemische durch chemische Reagentien mildert die Gefahr der Apotheker für den Patienten durchaus nicht; denn diese Gemische pflegen vor dem Gebrauche nicht untersucht zu werden, vielmehr entsteht erst durch die nachtheilige Wirkung der Verdacht einer Ungehörigkeit, die in der Regel alsdann nicht einmal zu ergründen ist. Auch erstreckt sich die Möglichkeit der Prüfung der Arzneien durch chemische Reagentien nur auf die dem Mineralreiche angehörigen Präparate; die Arzneien aus dem Pflanzenreiche, deren Vorrath bei weitem größer und deren Anwendung häufiger ist, sind nur selten durch den Geruch und Geschmack und größtentheils gar nicht zu prüfen. Unter solchen Verhältnissen können die Patienten in dem moralisch guten Character und in der strengsten Aufsicht des Apothekers in seiner Werkstätte, so wie in seinem Eigennutze und Interesse für Erhaltung der Kunden wohl Gründe der Hoffnung finden, daß sie durch ihn keine Gefahr erleiden würden; aber eine Controle gegen den Arzt haben sie in ihm offenbar gar nicht o). Gegen diesen bedürfen sie auch außer derjenigen, welche sein nothwendiges Interesse für das Gelingen seiner Kuren ihnen gewährt, keiner andern.

Bei der Discussion der zweiten Kammer der Landstände zu Darmstadt ist unter andern gesagt worden p): „Die wahre und einzige Controle liegt nur in der Ehre und dem Rufe, so wie der Pflicht und Gewissenhaftigkeit der Aerzte, und wahrhaft

---

n) Stüler die Homöop. und die hom. Apotheke in ihrer wahren Bedeutung (Berlin 1834) S. 48 — 50.

o) Stüler a. a. O. S. 60 ff.
Griesselich a. a. O. S. 141. 142.

p) In der Rede des Abgeordneten Wolff (Beil. C.)

zu bedauern ist es, wenn diese (die Aerzte) und ihre Medicinalbehörden — durch die Nothwendigkeit jener Controle mittelst der so ganz von ihnen abhängigen Apotheken — aussprechen, welches Zutrauens sie (die Aerzte) würdig seyen." Diese Bemerkung ist treffend und beschämend zugleich.

Der Werth einer besonderen Apotheke gegen die Aerzte beschränkt sich im Wesentlichen blos darauf, daß die Aerzte kein Interesse haben, des Gewinns an ihren Arzneien wegen die Kranken länger hinzuhalten und mit theuereren Medicamenten, wie nöthig, zu behandeln q). Betrachten wir hiernach die Eigenthümlichkeit der homöopathischen Heilmittel und des Verhältnisses der Apotheker zu der neuen Heilkunst; so finden wir, daß diese Mittel keine den bisher bekannten Arzneien auch nur ähnliche Massen sind, daß sie vielmehr nur nach Weise der Electricitäts-Entwickelung gewonnen, an wenigen Milchzucker oder Weingeist gebundene, unwägbare Kräfte sind, deren Grundstoffe, aus denen sie gewonnen wurden, ihnen nicht mehr angesehen, auch durch keine chemische Reagentien entdeckt werden können. Wir finden ferner, daß der Apotheker als Besitzer einer allöopathischen Officin seinem Interesse nach ein Todfeind der neuen Heilkunst und der Wirksamkeit ihrer Mittel seyn muß, mithin weder dem Arzte, noch dem Patienten auch nur die geringste Garantie oder Zutrauen einflößen kann, beiden vielmehr nur als sehr gefahrdrohend erscheinen muß r). Die homöopathischen Mittel können nicht, wie die allöopathischen Arzneigemische als Gifte wirken, denn sie sind keine Massen, wie diese; und da sie in so kleinen Gaben gereicht werden, daß sie nur im Falle wenn sie die entsprechenden sind (homöopathisch passen), sich wirksam zeigen können, so sind sie in allen Fällen wenigstens

q) Siehe d. Bemerkungen des Abgeordneten W. Hoffmann in d. Ständeverf. zu Darmstadt (Beil. D.)

r) Vergl. d. oben in not. f. a. Auff. u. Stüler a. a. O. S. 60 ff. d Hom. d. ges. Vern. Th. II. S. 45—47. Vertheid. d. Staatswissensch. S. 37. 40 ff.

unschädlich *s*). Wenn die Gegner der neuen Heilkunst den homöopathischen Heilmitteln den Vorwurf machen, daß sie durchaus unwirksam seyen; so gerathen sie dadurch mit ihrer Behauptung der Nothwendigkeit einer Controle in einen offenbaren Widerspruch, da, wie auch in der Diskussion der zweiten Kammer der Landstände zu Darmstadt über diese Sache sehr wahr erinnert worden ist, das, was nach allöopathischen Begriffen ein Nichts ist, keine Controle braucht *t*). Endlich geben die Homöopathiker ihre Mittel unentgeldlich und entfernen so das einzige wahre Interesse, welches für den Staat und für die Patienten die Existenz einer abgesonderten Apotheke hat, nemlich das Interesse, bei einem Verkaufe der Arzneien durch den Arzt nicht der Gefahr von Prellereien von Seiten dieses ausgesetzt zu seyn.

Arzt und Patienten wollen und brauchen daher die besonderen Apotheken nicht; zu einem Aufnöthigen giebt es aber (wie oben ausführlich gezeigt worden ist) für den Staat keine rechtliche Befugniß. Außer dem Interesse, welches der homöopathische Arzt für die Herstellung seiner Patienten hat, und das ihm die dringendsten Motive zur höchsten Sorgfalt giebt, hat der Staat zugleich noch eine Bürgschaft seines Eifers, die bisher ganz unbeachtet gelassen worden ist. Sie liegt in der Eifersucht der Allöopathiker. So lange diese existirt, kann er sicher seyn, daß die homöopathischen Aerzte keinen bemerkbaren Fehler machen dürfen, der nicht schonungslos ins Licht gesetzt würde: denn in seinem Feinde findet jeder Mensch den aufmerksamsten Beobachter und Tadler seiner Handlungen. Wollte man aber die Möglichkeit verhüten, in der Form homöopathischer Mittel zerstörende Gifte zu reichen; so sollte man doch wohl bedenken, daß gegen grobe

---

s) Man hört wohl mitunter behaupten, was wirksam seyn könne, das könne auch schädlich seyn, dieß ist jedoch ein Irrthum. Es giebt gar mancherlei, was unter Bedingungen nützlich seyn kann, ohne Wirksamkeit zu haben, wo solche Bedingungen nicht existiren.

t) Vergl. d. Abgeordneten Emmerling (S. d. Beil. D.)

Verbrechen keine einzige Controle schützt, und daß, so lange überhaupt ein Gebrauch verstattet ist, Misbrauch immer möglich bleibt u). Mit Messern, mit Gabeln, mit Gewehren sind Verbrechen leichter möglich und häufiger geschehen, wie durch Vergiftungen von Aerzten, und doch verbietet man Niemanden den Gebrauch v).

Es gehen aus dieser Untersuchung die Sätze hervor:

die Nothwendigkeit einer Controle des Arztes durch einen Apotheker ist eine bloße Idee aus neuerer Zeit; der Nutzen einer solchen Controle besteht im wesentlchen nur in einer Sicherung gegen Vervortheilung im Kaufpreise der Arz-

u) Ueber die Nichtigkeit des Vorwandes der Controle und deren Zwecklosigkeit s. besond. noch den mehrerwähnten Bericht Sr. Durchlaucht d. Fürsten zu Solms Lich (in d. Beil. F.)

v) Für den Fall, daß die Idee einer Controle nicht aufgegeben werden wolle, ist der Vorschlag gemacht worden, den hom. Aerzten und Patienten nachzulassen, der Obrigkeit einen oder zwei zutrauenswürdige Männer vorzuschlagen, welche unter Aufsicht der Obrigkeit und eines homöopath. Arztes, einen Vorrath hom. Mittel zu halten und sie auf Recepte der Aerzte auszugeben hätten, dabei jedoch den Aerzten die Befugniß zu lassen, in Nothfällen oder wo sie unbekannte Mittel hätten, ihre Mittel selbst ihren Patienten zu verabreichen (Vertheid. d. Staatswissensch. S. 52. 53.). Auf diese Weise würde freilich diejenige Besorgniß ausgeschlossen, welche durch das feindliche Verhältniß der allöopathischen Apotheke begründet wird, aber nicht diejenige, welche aus den bei solchen Candidaten besonderer homöopath. Apotheken leichter, wie bei den Aerzten selbst möglichen Mißgriffen und Mißverständnissen entspringt. Es würde also dieses Auskunftsmittel immer eine zwecklose Belästigung bleiben, wenn auch den Aerzten ein großes Feld zu Ausnahmen bleibt, zumal bei ihren Besuchen auf dem Lande. Da wo man zu sehr an der Idee einer Controle hängt, um deren Grundlosigkeit einzusehen oder offen anerkennen zu wollen, mag immerhin ein solcher Versuch gemacht nnd durch Erfahrung der Beweis seiner Nutzlosigkeit erlangt werden; im übrigen ist es besser von halben Maaßregeln abzustehen und sogleich vollständige Freiheit zu gewähren. Im Großherzogthum Hessen hat die Regierung dieß gethan, und sie hat dadurch in der öffentlichen Meinung nur gewonnen.

neimittel, er existirt folglich blos in Beziehung auf verkäufliches Darreichen, nicht aber in Beziehung auf unentgeldliches, rücksichtlich des homöopathischen Heilverfahrens dagegen gewährt ein allöopathischer Apotheker auch selbst diesen Nutzen nicht, weil solcher durch das feindliche Verhältniß überwogen wird, in welchem das Interesse der neuen Heilkunst und der alten Apotheker zu einander stehen.

3) Die Erhaltung der Apotheken.

Wenn auch die Privilegien der Apotheker der Darreichung homöopathischer Heilmittel durch die Aerzte an ihre Patienten nicht entgegen stehen sollen; so soll doch nach Manchen wenigstens das Interesse, welches der Staat an Erhaltung der Apotheken haben müsse, ein Grund für ihn seyn, das Selbstdispensiren der Homöopathiker zu unterdrücken.

Es läßt sich allerdings nicht verkennen, daß es für den Staat von Interesse sey, unter den gegenwärtigen Verhältnissen die Apotheken zu erhalten zu suchen; allein es ist durch ein solches Interesse keineswegs ein jedes Mittel gerechtfertigt: nur an sich selbst gerechter Mittel darf er sich für einen solchen Zweck bedienen, und dabei darf er nie außer Augen setzen, daß die Apotheken selbst niemals Zweck seiner Anordnungen waren und werden dürfen, sondern daß sie bloße Mittel für einen höheren Zweck, die möglichst gute Gesundheitspflege der Unterthanen sind.

Hieraus folgt, daß eine Erhaltung nur in soweit und nur in solchen Beziehungen ihnen zu Theil werden darf, wie sie diesen Zweck erfüllen, und dafür nöthig bleiben. Da nun dieses, nach den vorhergehenden Untersuchungen, hinsichtlich der Homöopathie nicht allein der Fall nicht ist, ein Zwangsrecht gegen die homöopathischen Aerzte und Patienten vielmehr für den Heilzweck schon in der Rücksicht als nachtheilig und gefährlich erscheint, weil der Apotheker der neuen Heilkunst aus Gewerbsinteresse nur feind seyn kann; auch überhaupt kein Rechtfertigungsgrund zu einer Verletzung der Rechte der homöopathischen Patienten aufzufinden ist: so müssen andere Weze aufgesucht werden, um den Apotheken zu Hülfe zu kommen, wenn diese ohne Unterstützung von Seiten des Staats sich nicht sollten erhalten können und der Staat eine Erhaltung seinem Interesse entsprechend hält. Nur bei sehr wenigen wird indessen dieß der Fall seyn können, weil es den Inhabern an Gelegenheit nicht fehlen wird, sobald sie nur wollen, auf andere Weise zu ersetzen, was ihnen durch Ausbreitung des homöopathischen Heilverfahrens entgeht. Sie dürfen sich übrigens nicht darauf berufen, daß sie dem Staate bisher großen Nutzen geleistet hätten und noch leisteten, daß sie sich harten Bedingungen durch die Vorschriften, die ihnen gemacht seyen, unterworfen fühlten u. dgl.; diese Bedingungen, die Taxen, Verpflichtung zu guten Waaren u. s. w. sind Folgen ihrer Concessionen, mit denen sie stehen und fallen. Sie haben sich dabei nicht übel befunden, und der eigne Nutzen, den sie mit gutem Fug gehabt haben, ist für sie immer der Hauptzweck, und keineswegs gering gewesen, so daß sie füglich darauf zurückgewiesen werden können. Auch wird es, wo etwa eine Apotheke aus Mangel an Arbeit zu Grund gehen sollte, nicht an Leuten fehlen, ein solches Etablissement wieder neu zu errichten, sobald sein Bedarf wieder entstehen sollte. Deßwegen kann es denn auch für den Staat nicht einmal ein Interesse haben, bestehende Etablissements dieser Art gegen das Ueberflüssigwerden in Schutz zu nehmen: denn dieses Ueberflüssigwerden ist ein thatsächlicher und sicherer Beweis von der Vereinfachung und Verbesserung der Gesundheitspflege der Staatsangehörigen. Aus diesem Grunde muß er dasselbe sogar begünstigen.

Hieraus ergiebt sich das weitere Resultat:

daß der Zweck einer Erhaltung der Apotheken zu Gunsten der alten Heilkunst es nicht rechtfertigen kann, sie der neuen Heilkunst als eine nicht allein überflüssige, sondern selbst schädliche Last aufzunöthigen.

4) Die gleiche Behandlung aller Aerzte.

Unter den Gründen, aus welchen verlangt worden ist, daß

die Staatsverwaltung gegen das Selbstdispensiren der Homöopathiker sich erklären solle, ist auch ein Anspruch der allöopathischen Aerzte auf gleiche Behandlung gewesen. Wo nicht ein Verschenken der Arzneien den Allöopathikern gesetzlich besonders verboten ist, da kann es ihnen auch, wie oben gezeigt worden ist, mit Recht nicht gewehrt werden, allöopathische Arzneien, in der Art wie die Homöopathiker thun, ihren Patienten unentgeldlich darzureichen. Fühlen sie sich jedoch wegen der Kostspieligkeit dieser Mittel hierzu außer Stande; so müssen sie dieß als eine Folge der Verschiedenartigkeit beider Heilmethoden ansehen, und können nicht über rechtlich ungleiche Behandlung klagen w). Zudem steht es ihnen eben so gut wie rein homöopathischen Aerzten frei, homöopathische Mittel selbst zu geben; sie haben mithin in der Wirklichkeit eine völlig gleiche Behandlung, da auch die homöopathischen Aerzte, sobald sie allöopathische Mittel geben wollen, gleich ihnen ihre Zuflucht zu dem Apotheker nehmen müssen.

Im Rechte stehen sich auf diese Weise alle Aerzte gleich; die Ungleichheit über welche die Allöopathiker sich beschweren, liegt nur in der Benutzung des Rechts, darin, daß ein Theil der Aerzte (die Homöopathiker) es gebrauchen, während ein anderer Theil (die Allöopathiker) eines gleichen Gebrauchs sich freiwillig enthalten x).

Nur die eigne Willkühr der Allöopathiker oder die Beschaffenheit ihrer Wissenschaft ist es deßwegen, auf welche die Schuld fällt, über die sie klagen. Ein Anspruch auf gleiche Rechte kann ohnehin nur da begründet erscheinen, wo gleiche Verhältnisse existiren; jede Gleichheit der Rechte kann deßwegen

w) Rupertus a. a. O. S. 81. meine Bemerk. zu d. Schrift: Abwehr u. s. w. S. 33 — 36. die Hom. d. ges. Vern. Th. II. S. — 78.

x) Siehe die Bemerk. d. Abgeordn. Schacht in d. Ständeversf. zu Darmstadt (Beil. D.)
So haben auch alle Reisende ein gleiches Recht zu ihrem Fortkommen eines Fuhrwerks sich zu bedienen; wer aber kein solches bezahlen will oder kann, darf sich nicht über ungleiche Behandlung beklagen.

nur eine relative seyn. Ungleichheit der Verhältnisse begründet eine natürliche Ungleichheit der Rechte, man muß deßwegen auch diese letztere gelten lassen, wenn man jene erstere nicht vernichten kann. Das Verlangen einer absoluten Gleichheit der Rechte von Seiten der Allöopathiker mit den Homöopathikern enthält also ein Widerstreben gegen die natürliche Ungleichheit der Verhältnisse, welche durch die Verschiedenartigkeit der beiden Heilmethoden begründet wird. So lange sie aber kein Recht erweisen können, die Entstehung ungleicher Verhältnisse hindern zu dürfen, so lange kann ein Anspruch, welcher in der That auf ein solches Recht gerichtet ist, nur verwerflich erscheinen.

Im Hintergrunde scheint inzwischen hauptsächlich die Besorgniß von ihrer Seite zu liegen, daß die größere Wohlfeilheit der homöopathischen Behandlung viele Patienten bestimmen möchte, an homöopathische Aerzte sich zu wenden. Wenn sie aber an die Wirksamkeit der neuen Heilkunst ernstlich nicht glauben, so haben sie von diesem Grunde nichts zu fürchten. Am allerwohlfeilsten ist es gewiß gar keine ärztliche Hülfe zu brauchen; wer aber das Bedürfniß einer solchen fühlt, der wird, wenn er sieht daß die Homöopathie sie ihm nicht leistet, trotz der größeren Kostspieligkeit an die allöopathischen Aerzte sich wieder wenden, wie man auch umgekehrt die Menschen nach vergeblichen Versuchen in der alten Heilkunst zu der neuen sich flüchten, mithin selbst doppelte Kosten aufwenden sieht *y*).

Es ergiebt sich hieraus der Satz:

der Anspruch der Aerzte auf eine gleiche Behandlung der allöopathischen Mittel mit den homöopathischen kann nicht allein der Freilassung des Selstdispensirens homöopath. Mit-

---

y) Sehr richtig ist die Bemerkung in d. Vertheidigung d. Staatswissensch. S. 72. „Auch würde es offenbar für eine gemeinschädliche Anmaßung anzusehen seyn, wenn Mediciner Rechte ihres Standes als den Mittelpunkt darstellen wollten, von welchem aus die Gesundheitspflege geregelt werden müsse."

tel nicht entgegengestellt werden, sondern es existirt auch selbst eine vollständige Gleichheit in Ansehung des **Rechts**, indem jeder Arzt in Beziehung auf homöopathische Mittel ganz gleiche Rechte genießt, und keiner vor dem anderen etwas voraus hat.

So sind denn so wenig triftige Motive zu Verboten des Selbstdispensirens homöopathischer Heilmittel aufzufinden, daß, wo dergleichen Verbote erlassen gewesen sind, dieß nur durch Mißkennen der Verhältnisse entschuldigt werden kann. Nach Erkenntniß des Irrthums darf daher eine Aufhebung solcher Verbote und eine Emancipation des homöopathischen Heilverfahrens aus dem Apothekerzwange mit Recht erwartet werden; denn von jeder Regierung läßt sich voraussetzen, daß sie der Wohlfahrt ihrer Unterthanen auf keine Weise in den Weg treten wolle, daß also, wo dieß gleichwohl der Fall ist, es nur auf unrichtgien Vorstellungen beruhen könne, mit deren Verschwinden dasjenige wieder wegfallen muß, was aus ihnen hervorgegangen war.

B. Gründe für das Selbstdispensiren.

Die Untersuchung führt jetzt noch auf einige Gründe, aus welchen die Staatsverwaltung selbst besonders verpflichtet ist, die Freiheit jenes Selbstdispensirens in Schutz zu nehmen. Diese Gründe entspringen aus der Nothwendigkeit des Selbstdispensirens zur Erhaltung und Entwickelung der Homöopathie überhaupt, aus dem gemeinschaftlichen Interesse der Patienten und des Staates, und aus dem Rechte der homöopathischen Aerzte.

I. Die Nothwendigkeit des Selbstdispensirens zur Erhaltung und Entwickelung der Homöopathie.

Wissenschaft verdient keine Art von Druck und Zwang; ihre Freiheit muß der Staat achten, sie kann ihm in seinen wahren Interessen niemals schaden, sondern nur nützen. Dieses wird zwar überall anerkannt, gleichwohl will eine Unterdrückung des Selbstdispensirens theils mit den oben geprüften Gründen, und theils mit der Bemerkung vertheidigt werden, daß dasselbe als bloßes Mittel der Anwendung der Wissenschaft, der Gesetzgebung des Staates sich unterwerfen müsse z)

Hierüber ist deswegen noch Einiges zu sagen.

Wenn von Beginn der Arzneiwissenschaft an die Aerzte von der eignen Bereitung ihrer Arzneien ausgeschlossen gewesen wären, so würde diese Wissenschaft gewiß noch sehr weit zurück seyn; denn sie ist eine reine Erfahrungswissenschaft, die Erfahrungen der Aerzte konnten sie allein aufbauen, und die Aufsuchung und Entdeckung der Arzneimittel ist im allgemeinen von diesen ausgegangen a) Erst als auf solche Weise durch einen Zeitraum von mehr wie tausend Jahren hindurch eine so große Menge lang erprobter Mittel gesammelt worden war, daß die Aerzte die Arzneibereitung nicht mehr selbst bestreiten konnten, und als diese zu einem Geschäft sich ausgedehnt hatte, welches besonderen Leuten eine gewisse Nahrung sicherte, — da erst entstanden die Apotheken b).

Die Homöopathie aber ist, wie viel sie auch schon leisten mag, doch noch in ihrer Jugend; von den homöopathischen Aerzten müssen also die Mittel der neuen Heilkunst aufgesucht und entdeckt werden, und daß sie hierzu der nemlichen Freiheit bedürfen, welcher die Aerzte der Vorzeit sich erfreut haben, ist natürlich und bis jetzt noch nicht widerlegt worden. Viele ihrer Mittel sind zwar schon allgemein bekannt, viele sind es aber auch

z) Sehr wahr ist, was in dieser Beziehung in d. Vertheid. d. Staatswissensch. S. 73 bemerkt wird: Diejenigen stehen mit sich selbst im Widerspruche, welche auf der einen Seite die Freiheit der Wissenschaft auch in Beziehung auf die Homöop. vertheidigen und auf der andern Seite dieser die nothwendige Bedingung ihrer Existenz und Fortbildung absprechen wollen. Jene Freiheit ist in einer reinen Erfahrungswissenschaft illusorisch, wenn sie sich auf die Speculation beschränken und nicht auch auf die Ausübung erstrecken soll.

a) Vergl. d. Abhandl. I. und über die Geschichte der inneren Entwickelung.
Rummel Ideen zur Geschichte d. Med. im Arch. f. hom. Heilk. B. XII. H. 1. Rau Ideen zur wissenschaftl. Begründ. d. Syst. d. hom. Heilk. S. 1 — 25.

b) Die Geschichte liefert den unumstößlich. Beweis dafür S. d. Abh. I.

noch nicht, und täglich werden neue gesucht und gefunden. Von den schon allgemein bekannten bedarf noch ein großer Theil wiederholter Nachversuche der Aerzte, und jedes Mittel muß sorgfältig versucht werden, von welchem in einem Falle die erwartete Wirkung nicht gefunden wurde. Denn hierdurch ist es zweifelhaft geworden, ob das Mittel fehlerlos bereitet war? ob in der Angabe seiner Wirkungen ein Irrthum untergelaufen war? oder ob der ausübende Arzt sich hinsichtlich der Erscheinungen geirrt hatte? Will der Arzt diese Untersuchungen zuverlässig machen, so muß er es natürlich vom Anfange an selbst thun; denn sonst ist er niemals sicher auf den Grund zu kommen und in künftigen Fällen mit Vertrauen seine Kunst auszuüben. Da ein Ablauf von hundert oder tausend Jahren bis jetzt noch nicht rücksichtlich eines einzigen homöopathischen Heilmittels als sicherer Grund geschichtlichen Bewährtseyns angeführt werden kann; so liegt auch für den Staat hinsichtlich des homöopathischen Heilverfahrens noch gar nicht einmal ein Rechtfertigungsgrund vor, dem Apotheker durch eine Pharmakopoe von Staatswegen eine gewisse unabweichlich zu befolgende Bereitungsweise zur Pflicht zu machen, was denn auch noch in keinem Staate geschehen ist.

Es existirt mithin überhaupt noch kein solcher geschichtlich bewährter, und auf die jetzige Generation gekommener, homöopathischer Arzneischatz, über welchen der Staat eine Verfügung vornehmen könnte; täglich noch werden ganz neue Mittel von den Aerzten entdeckt. Eine solche Entdeckung ist aber augenscheinlich nur alsdann möglich, wenn den Aerzten die Freiheit gelassen wird, Mittel selbst aufzusuchen und in ihrer Praxis zu prüfen. Denn in den Apotheken können natürlich nur die schon allgemein bekannten Stoffe seyn, und nur die allgemein schon bekannten Bereitungen können hier begehrt werden; soll nun dem Arzte jedes Selbstdispensiren untersagt seyn, so begreift es sich leicht, daß dieses mit anderen Worten hieße: Stillstand der Wissenschaft gebieten und ihre Vervollkommnung hindern *). Auch

*) S. d. Bericht Sr. Durchl. des Fürsten zu Solms-Lich, (Beil. E.)

in dem oben hervorgehobenen ersten Falle (erforderlicher Nachversuche) würde das Verbot des Selbstdispensirens die nämliche Wirkung erzeugen, weil, wenn der Fehler nicht auf sicherem Wege aufgesucht werden darf, dadurch seine Ergründung überhaupt, und mithin eine vollständige Entwickelung der Wissenschaft untersagt ist. Ein absolutes Verbot des Selbstdispensirens steht demnach mit der Eigenthümlichkeit des homöopathischen Heilverfahrens und seiner gegenwärtigen Beschaffenheit, so offenbar in Widerspruch, daß ein solches der That nach als ein indirectes Verbot der Ausbildung und Vervollkommnung der Homöopathie erscheint d).

Will man eine solche Folge nicht herbeiführen, so müßte man zum mindesten jene verschiedenen Fälle davon ausnehmen, man müßte das Nachversuchen von Mitteln, man müßte das Entdecken und den Gebrauch neuer frei lassen. Wenn man aber dieses thut, so kann man auch nicht einmal als Regel ein Verbot practisch durchführen, weil der Arzt stets sich darauf berufen kann, entweder, daß er bekannte Mittel nachversucht, oder, daß er neu entdeckte fremde oder eigne angewendet habe. So geräth denn eine Staatsverwaltung, die ein Verbot des Selbstdispensirens erläßt, in die Verlegenheit, entweder den Schein anzunehmen, als wolle sie indirect die neue Heilkunst zum Nutzen der alten und der Apotheker unterdrücken, oder nothwendige Ausnahmen zur Regel werden, und das Verbot selbst in Nichtigkeit verfallen zu sehen e). In Uebereinstimmung hiermit hat auch

---

und die Bemerkungen des Freih. v. Breidenstein, (Beil. F.) des Abg. Schacht, (Beil. B.) Wolf, (Beil. C.) und Höpfner, Graf Lehrbach, Emmerling, Jaup, (Beil. D.)

d) Vergl. den Bericht in der zweiten Kammer der Landstände des Großherzogth. Hessen, (Beil. B.)

e) Die Billigkeitsgründe, welche Braun: die Medizin unsrer Tage in ihrer Vervollkommnung durch das homöopathische Heilsystem (Leipzig 1834) — zum Zweck der Bemühung, eine Annäherung beider Heilmethoden an einander herbeizuführen, S. 143 — 146 zu Gunsten der Apotheker geltend gemacht hat, sind zwar gut gemeint, und ganz im Geiste des Vermittleramtes, in dem er auch die

die Erfahrung bereits zur Genüge bewiesen, daß wo dergleichen Verbote erlassen worden waren, sie überall wirkungslos geblieben sind. Die Aerzte und Patienten wußten sie zu umgehen *f*), und von den Behörden, welche sie zur Anwendung bringen sollten, suchten manche keine Notiz von Contraventionen zu nehmen; andere suchten durch Unterscheidungen die Klage der Apotheker zurückzuweisen; noch andere aber, welche blindlings zufuhren, sahen bald, daß sie den Tadel der öffentlichen Meinung sich zugezogen hatten. Wo eine Verfügung Eindrücke und Folgen solcher Art erzeugt, da liegt eben hierin immer ein Beweis vor, daß sie selbst fehlerhaft sey.

Da keine Staatsregierung vernünftiger Weise die Entwickelung einer Wissenschaft und Kunst hintertreiben wollen kann, die einen so guten Zweck verfolgt, wie die neue Heilkunst; so liegt in den gezeigten Folgen der Untersagung des Selbstdispensirens für eine jede ein Verpflichtungsgrund vor Augen, das Selbstdispensiren homöopathischer Mittel den Aerzten freizulassen und sie aus allen Kräften hierin zu unterstützen.

II. Gemeinschaftliches Interesse der Patienten und des Staats.

So wie die Patienten, welche Vertrauen zu der neuen Heilkunst besitzen, offenbar das größte Interesse haben, die Mittel

---

Apotheker zufrieden stellen möchte; außerdem aber ermangeln sie aller Haltbarkeit und Erheblichkeit. Die neueren Verhandlungen über die Frage sind dabei ganz verschwiegen. Endlich hat der Verfasser seine eigne Widerlegung übernommen, indem er S. 265 und 266 sagt: Wenn man auch dem Apotheker die nöthige Accuratesse und Gewissenhaftigkeit zutrauen darf, so wird man doch, ohne wiederholte Erinnerung, nie davor sicher seyn, daß er die letzten Standgläser ohne die nöthige Behutsamkeit handhabt, er wird das Glas bei dem Befeuchten der Streukügelchen viel zu unsanft berühren, als daß nicht nach und nach eine ungewöhnliche hohe Potenzirung dadurch entstehen sollte. S. auch die Homöop. d. ges. Vern. Th. II. S. 35. ff.

f) Hierdurch erklärt es sich, warum trotz des Verbots die Homöopathie gleichwohl so große Resultate geliefert und Fortschritte gemacht hat. Vergl. die Bemerk. Sr. Hoh. des Prinzen Emil von Hessen und die Diskussion der ersten Kammer. (Beil. F.)

möglichst gut und sicher, und darum aus der Hand ihres Arztes zu empfangen, weil sie aus den oben entwickelten Gründen durch Apothekerzwang ihre Gesundheitspflege für gefährdet halten müssen, — eben so liegt es auch in der Pflicht des Staates, ihnen hierin behülflich zu seyn, so weit seine Mitwirkung dabei eintreten kann, weil es seine Sorge und sein Wunsch seyn muß, daß die Staatsangehörigen eine möglichst gute Gesundheitspflege erhalten und Zufriedenheit und Zutrauen der Patienten die Bemühungen des Arztes unterstützen. Es darf nicht eingewendet werden, daß es noch nicht gewiß sey, ob die Homöopathie überhaupt gut und selbst besser wie die Allöopathie sey: eine Entscheidung hierüber kann nur eine spätere Zeit fällen. Unterdessen darf aber der Homöopathie am wenigsten vom Staate selbst ein Hinderniß in den Weg gelegt werden, um eine baldige Entscheidung, je früher, desto besser, herbei zu führen; für den Staat muß es genügen, daß der Zweck der neuen Heilkunst ein guter ist, und darum allein schon verdient sie seine Unterstützung, so lange sie den Muth behält, nach vollständiger Erreichung des Ziels zu streben.

Wer es wahrhaft gut meint mit dem Wohl der Menschen, der muß, hat er auch selbst noch nicht die Ueberzeugung von dem Werthe der Homöopathie gewonnen, doch das wenigstens anerkennen: „daß es ein großer Gewinn für die Menschheit sey, wenn die Homöopathie sich wirklich als eine dem bisherigen Heilverfahren vorzuziehende Methode erproben sollte g). Eine leichtere, sichere und wohlfeilere Heilmethode will sie der leidenden Menschheit geben und durch die Erfahrung als bewährt beweisen h). Während

---

g) Worte Sr. H. d. Prinzen Emil von Hessen (in Beil. F.) Möchten alle die noch zweifeln, dabei von solchem Wohlwollen für sie erfüllt seyn, wie dieser erlauchte Zweifler!

h) Unter den Zeugnissen über die günstigen Resultate des hom. Verfahrens, welche bei den landständischen Verhandlungen über das Selbstdispensiren in Darmstadt geltend gemacht worden sind, befand sich unter Ziff. 26 ein Zeugniß des Bürgermeisters der Gemeinde Oberhörchern, aus welchem hervorgeht, wie bedeutend die sie auf diese Weise hoffen läßt, daß die erkrankten Menschen zu ihrem Berufe schneller wieder zurückkehren können, wie dies bisher der Fall war; so wird zugleich dem Lande eine große Masse Geldes in inländischem Umlaufe erhalten, welche bisher für Apotherwaaren großen Theils in das Ausland gieng *i*).

Daneben verspricht diese Heilmethode auch auf die Lebensweise im allgemeinen sehr vortheilhaft einzuwirken, indem sie überall Einfachheit nicht blos in Worten empfiehlt, sondern auch durch häufige Beispiele den Menschen zeigt, welchen großen Werth Mäßigkeit in den Genüssen des Lebens für ihre Gesundheit und das Gedeihen und Wohlbefinden des ganzen menschlichen Geschlechts hat. Eine Heilmethode, die solche Resultate verfolgt, verdient ohnstreitig die wohlwollendste Aufmerksamkeit einer jeden Staatsverwaltung; sie verdient Schutz gegen alle Versuche feindlicher Unterdrückung oder Belästigung, mögen sie auf offenen, oder verdeckten Wegen geschehen *k*). In der That müßte man es — so sprach darum einer der hessischen Abgeordneten *l*) in der Ständeversammlung zu Darmstadt sehr wahr — in dem Interesse der Menschheit höchlich bedauern, wenn das homöopathische System gleichsam ungehörter Sache zurückgewiesen, das heißt, wenn es ihm durch indirectes Verbieten der Praxis unmöglich gemacht würde, durch die Erfahrung den Beweis zu liefern, daß es den Vorzug vor dem allöopathischen System verdient, denn ganz abgesehen von seiner wissenschaft-

---

Kostenersparniß dieses Verfahrens ist. Es ist in die Rede des Abgeordneten Wolff wörtlich aufgenommen, auf welche deswegen hier verwiesen wird. Andere ebenfalls bei den Landständen vorgelegte Zeugnisse s. in d. Schrift: die Homöop. d. ges. Vern. ꝛc. Th. I. S. 124 — 126

i) S. d. Bemerk. d. Abgeordn E. E. Hoffmann in d. Ständevers. zu Darmstadt (Beil. D.)

k) Vergl. d. Auff. Ist d. Selbstdispens. d. Aerzte zu verb. u. s. w. in d. Zeit. d. hom. Heilk. von 1833. Nr. 49. Ferner d. Auff. Welchen Nutzen gewährt die Homöop. d. Menschengeschlechte? das. Nr. 36.

l) Der Oberapell. u. Cassationsgerichtsrath Höpfner (Beil. D.)

lichen Begründung, empfiehlt es sich in anderen Hinsichten, in einem so eminenten Grade, daß es, seine Vorzüglichkeit in wissenschaftlicher Hinsicht vorausgesetzt, eine unschätzbare Wohlthat für das menschliche Geschlecht seyn wird.

III. Das Recht der homöopathischen Aerzte aus der Entdeckung.

Außerdem aber ist ein natürliches Recht der homöopathischen Aerzte zu dem Selbstdispensiren schon allein durch die Entdeckung und Erweiterung der neuen Heilkunst und deren eigenthümlichen Mittel begründet, und dieses natürliche Recht sehen wir zugleich als ein geschichtliches durch mehrjährige Ausübung befestigt *m*).

Das erste Haben, der erste Besitz muß nothwendig in dem Staate Schutz und Anerkennung finden; denn was noch Niemand gehabt hat, daran hat auch noch Niemand ein Recht ausüben können; ein solches konnte eben darum auch noch auf Niemanden übergehen. Dieß haben auch unsere Gesetze immer

---

m) Vergl. meine Bemerk. zu d. Schrift Abwehr rc. S. 10 und 14. Auch die Hom. d. ges. Vern. Th. II. S. 77. 82.
Wenn manche Hahnemann das Verdienst der ersten Entdeckung darum streitig machen wollen, weil nach ihnen schon Paracelsus eine Ahnung des Princips oder eine ähnliche Idee, wenn gleich nur eine confuse gehabt haben soll; so steht damit ihr gleichzeitiges Bekenntniß in Widerspruch, daß Hahnemann zuerst die Ermittlung der Kräfte der Arzneimittel durch Versuche an Gesunden bewirkt habe. Da ohne eine solche Untersuchung eine Erlangung ihres Resultates nicht möglich war, so kann mithin dieses, oder die durch jene Arzneiprüfungen herbeigeführte Entdeckung einer früheren Zeit nicht angeeignet werden. Ihre Ehre bleibt also Hahnemann. Der ist nicht Entdecker des Inhalts einer Kiste, der diesen ahnt, auch nicht der, welcher einen Schlüssel zu ihr besaß, ohne sie aufzuschließen; sondern der allein bleibt der wahre Entdecker, der sie wirklich aufgeschlossen hat, und dieses ist ohne Zweifel Hahnemann gewesen. Ob man demselben den Namen eines Entdeckers, oder eines Erfinders zugestehen will, ist gleichgültig, da es seinem Verdienste nichts benimmt. Er war theils das eine und theils das andere, und so wirklicher Stifter der Homöopathie.

anerkannt; das Recht der Occupation, des Erwerbs von Eigenthum an herrnlosen Sachen durch Ergreifung haben sie ausdrücklich als einen natürlichen Erwerbstitel sanctionirt, und wo irgend Menschen zusammenwohnen, bei den rohesten, wie bei den gebildetsten Nationen, muß er dieß bleiben, weil die Natur selbst ihn erzeugt n). Diesem Erwerbstitel entsprechend ist das Recht der ersten Erzeugung, der ersten Erfindung. Was jemand erzeugt, was jemand erfindet, daran hat er selbst das erste Recht, und andere können daran nur in soweit eine Theilnahme rechtlich erlangen, als er selbst dieses sein Recht durch Uebertragung ihnen mittheilen will.

Wir sehen täglich die Erfinder mit Privilegien begnadigen, welche die Nachbildung der Producte ihrer Erfindungen anderen untersagt; wir sehen hierdurch ihnen den Genuß ihrer Erfindungen sichern, so weit sie ihn für sich behalten wollen. Es unterliegt keinem Zweifel, daß die homöopathischen Heilmittel von den homöopathischen Aerzten entdeckt worden sind, daß diesen folglich die nämlichen Rechte in der Beziehung zustehen, welche einem ersten Entdecker zukommen, und täglich erneuert sich dieses Verhältniß durch Entdeckung neuer Mittel o).

In wie weit sie ihre Entdeckungen Anderen mittheilen wollen, hängt an und für sich von ihnen ab, und sie verdienen Dank dafür, daß sie dieselben nicht als Geheimnisse für sich behalten,

---

n) L. i. pr. de adq. rer. dom. (41, 1.)

o) Es läßt sich nicht einwenden, daß die Materialien, deren sich die Homöopathiker bedienen, großentheils auch von den Allöopathikern benutzt würden und nicht neu entdeckt seyen. Unbezweifelt sind die homöopathisch potenzirten Mittel als solche neu und auf eine Weise entstanden, welche unter dem Begriff und dem Rechte der Specification steht. Da eine Zurückführung der homöopathisch bereiteten Mittel zu der prima rudis materia unbezweifelt nicht mehr möglich ist, nnd bei einer solchen Specification der Specificant das Eigenthum selbst dann erwirbt, wenn er sich fremder Materie bediente; so bleibt mithin das erste Recht der Homöopathiker aus ihrer Entdeckung fest begründet. § 25. J. de rer. div. (2, 1.) Mackeldey Lehrb. d. Röm. R. §. 246. (10. Aufl.)

sondern daß sie solche dem gesammten ärztlichen Publicum bisher enthüllt haben und daß sie dieses hierdurch absichtlich in den Stand setzen, an den Früchten ihrer Entdeckungen so gut, wie die ersten Entdecker selbst, allgemein Theil zu nehmen. Auch die Apotheker können und dürfen dieses thun. Unter solchen Verhältnissen gestaltet sich also die Frage eigentlich so: ob der Staat ein Recht habe, den homöopathischen Aerzten das Recht der Selbstbereitung und Darreichung der von ihnen entdeckten oder noch zu entdeckenden Mittel gegen ihren Willen gewaltsam zu entreißen, nachdem sie ihre Entdeckung gemeinkundig gemacht haben? Ein solches Recht ist inzwischen für ihn schlechterdings nicht begründbar, eine Handlung dieser Art kann nur als ein Eingriff in ihr wohl erworbenes Recht, als eine offenbare Rechtsverletzung gegen sie erscheinen. Man darf nicht auf Aehnliches rücksichtlich der Allöopathiker zurück verweisen wollen, denn diese haben im Laufe der Zeit ihres Rechts sich großen Theils freiwillig selbst begeben und dasselbe den Apothekern mit Zulassung der Staatsregierungen abgetreten: ihre Handlung und ihr Benehmen kann inzwischen den homöopathischen Aerzten nicht präjudiciren und kein Rechtsgrund werden, diesen letzteren gegen ihren Willen ihre eigne Entdeckung zu entreißen und dieselbe ausschließlich einem Dritten, einem Apotheker zuzuweisen. Das ist aber grade das Wesen des Verbots ihres Selbstdispensirens, daß man sie als erste Entdecker eines Besitzthums entsetzen will, an dem undenkbar irgend jemand ein besseres Recht haben kann, wie sie. Und doppelt auffallend wird dieses Unrecht dadurch, daß sie schon eine geraume Zeit hindurch ruhig und unangefochten in dem Besitze dieser ihrer Entdeckung geblieben waren und durch häufige Ausübung ihr Recht noch besonders bekräftigt hatten.

Vierte Abtheilung.

Leistungen der Homöopathie und Erwartungen von ihr in der Zukunft.

So unrecht die Homöopathiker thun würden, wollten sie die alte Heilkunst, die Mutter der neuen, verachten; eben so unrecht thun auch die Allöopathiker, wenn sie in dem Schutze, welchen die zur Selbstständigkeit herangewachsene neue Heilkunst für sich in Anspruch nimmt, eine Verachtung und Verletzung der alten erblicken wollen. Die Kunstgenossen beider Seiten sollten bedenken, daß sie das nämliche Ziel nur auf verschiedenen Wegen zu erreichen suchen a); sie sollten darum bei ihrem Kampfe sich und ihrem Streben wechselseits die Achtung nicht versagen, welche schon ein jeder redliche Versuch besserer Begründung einer wissenschaftlichen Wahrheit verdient.

Vergleichen wir den Zustand der Heilkunst beim Anfange des neunzehnten Jahrhunderts mit demjenigen in den vorhergegangenen Jahrhunderten; so läßt es sich nicht verkennen, daß sie überhaupt sehr große Fortschritte gemacht hat; allein eine vollendete Gestalt erkennen wir an ihr noch nicht, wir finden sie noch immer mit vielen Schwächen und Mängeln behaftet, von

a) Rau, Ideen zur wiss. Begründ u. s. w. S. 15. 110.

denen sich frei zu machen ihr bis jetzt nicht gelungen ist; wir fühlen das Bedürfniß größerer Leistungen, als sie bis jetzt gewähren konnte. Betrachten wir die bisherigen, so sehen wir die alte Heilkunst das Leben vieler Menschen eine Reihe von Jahren kunstvoll verlängern, die ohne sie ihren Familien früher entrissen seyn würden; viele andere sehen wir sie herstellen von gefährlichen Krankheiten, viele aber auch trotz alles Kunstaufwandes diesen unterliegen, während selbst Jugend, Körperbeschaffenheit und Pflege der Kranken die Hoffnung einer Genesung besonders unterstützten. Noch andere sehen wir, nachdem ihr erstes Uebel scheinbar gehoben ist, das Opfer eines schnell folgenden neuen werden, und wieder andere — und sehr viele, sehen wir als Reconvalescenten lange mit ihrer Reconvalescenz kämpfen und darüber dahin sterben. Fragen wir nach den Gründen dieser Erscheinungen, so müssen wir diese zu einem großen Theil in der menschlichen Natur, zu einem andern Theil jedoch auch in der Beschaffenheit der Heilkunst suchen, welche häufig durch kräftiges Einwirken die Natur zu äußerster Kraftanstrengung treibt, dabei indessen öfter sie überspannt und auf solche Weise eine Erschlaffung hervorbringt, von welcher der Kranke sich nicht mehr erholen kann, der, vielleicht vom schnellen Tode gerettet, jetzt mit dem Leben gequält erscheint, und langsam doch dem Tode zuwankt. Der Arzt sucht sich damit zu beruhigen, daß seine Behandlung seiner Kunst entsprechend war, wie innig er es auch betrauern mag, daß es dieser noch nicht gelungen ist, eine größere Vollendung zu erreichen.

Die Homöopathie vermeidet ein so kräftiges Einwirken; sie vermeidet deswegen auch seine Folgen, und sie vermeidet häufig die heftigen Krisen und die lange Reconvalescenz. Freilich leidet auch sie noch an vielen Unvollkommenheiten und ist ebenfalls noch weit von Vollendung entfernt; sie kann nicht alle ins Leben tief eingegriffenen veralteten Störungen und Siechthume entweder schon durch die Zeugung, oder durch viele vorausgegangene, nur auf einige Zeit unterdrückte, aber nicht geheilte Krankheiten begründet, zur dauerhaften Gesundheit zurückführen; allein diese Erscheinungen sind bei ihr, nach der Versicherung erfahrener und glaubwürdiger Aerzte, so wie vieler Familien, welche sich ihr anvertrauen, viel seltener, und darum verdient sie wohlwollende Aufmerksamkeit in hohem Grade.

Anstatt sie mit Sorgfalt zu prüfen, hat man sie mit Vorwürfen überhäuft, denen ihre Urheber ihre eignen Vorstellungen zur Grundlage gegeben haben.

Fassen wir die hauptsächlichsten dieser Vorwürfe, namentlich diejenigen, durch welche man auf den Verstand der gebildeten Nichtmediciner mit Erfolg wirken zu können gedachte, etwas näher ins Auge.

Man hat unter anderen die Unmöglichkeit irgend einer Wirksamkeit ihrer kleinen Gaben behaupten, ja sogar durch arithmetische Berechnungen beweisen wollen *b*); alle Versuche der Art werden aber durch die einfache Bemerkung mehrerer in beiden Heilmethoden gleichgut erfahrener Aerzte und Schriftsteller niedergeschlagen, daß, was wahr sey, nothwendig auch möglich seyn müsse, und daß von der Wahrheit sich zu überzeugen, jedem Arzte der Weg der unbefangenen Prüfung am Krankenbette offen stehe. Unwahrscheinlich wird eine Wirksamkeit so kleiner Gaben gewiß jedem vorkommen, nichts desto weniger bleibt diese an sich möglich und denkbar *c*); es folgt also daraus nur, daß sie

---

b) J. G. Schimko, die homöop. Heilmethode in mathematischer und chemisch-geologischer Hinsicht betrachtet. 2te Auflage. Teschen 1829.

c) Denkbar ist es z. B., wenn man annimmt, daß alle organische Kraft magnetischer oder electrischer Natur sey, also auch die Lebenskraft und die Kraft, welche diese umzugestalten oder zu vernichten strebt, die Krankheitskraft, eben so die Kraft der homöopathischen Heilmittel. Da nach den Gesetzen der Electricität und des Magnetismus gleichartig gestimmte Körper unempfänglich für die magnetische oder electrische Einwirkung von ähnlicher Beschaffenheit sind, so ist es auch denkbar, daß, wenn es gelingt, dem menschlichen Körper eine Stimmung zu geben, wodurch er unempfänglich für die ähnliche Einwirkung der Krankheitskraft wird, diese dadurch selbst vernichtet wird. Ueber theor. Begründ. s. vorzügl. Stüler, a. a. O. S. 1 — 27 und Rau, Ideen u. s. w. S. 26 92 und S. 232 ff. Aber auch andere Erklärungen sind denkbar; Wahrheit oder Wahrscheinlichkeit zu ergründen, ist noch eine ungelöste Aufgabe der Zeit.

ehrlich und sorgfältig geprüft werden muß denn, wenn sie im practischen Leben als wahr sich beweißt, so gebührt alsdann der reellen Wahrheit ohne Zweifel der Vorzug vor der eingebildeten Unwahrscheinlichkeit. Und diese Wahrheit ist schon von so vielen tüchtigen Aerzten, die früher gleich unglaubig waren, wie ihre Collegen, und denen keine unredlichen Beweggründe unterlegt werden können, warum sie zu der neuen Heilkunst übergetreten seyen, sie ist außerdem auch noch von so vielen Tausenden anderer vorurtheilsfreier Menschen bezeugt worden, daß es wohl an der Zeit wäre, an einer Voraussetzung jener Art nicht länger mehr kleben zu wollen, sondern Versuche an die Stelle von Meinungen zu setzen, da doch die letzteren offenbar nichts ermitteln können. Es verdient deswegen gerechten Tadel, daß so viele Gegner der neuen Heilkunst sich bemühen, durch bloße Deductionen und Expositionen ihrer eignen Meinungen und Gebilde, überhaupt durch Raisonnement über sie, den Beweis zu liefern, -- daß sie einer practischen Prüfung sich enthalten dürften, weil sie ihrem Verstande nicht begreiflich sey. Ihrer Zumuthung, die Berufung der Homöopathiker auf Ermitteluug der Wahrheit durch sorgfältige Versuche nicht für zweckmäßiger und vernünftiger halten zu sollen, wie ihre eignen Conclusionen, liegt in der That eine sehr geringe Meinung von dem Verstande derer zu Grund, denen noch so viel Leichtgläubigkeit zugetraut wird, nachdem die Erfahrungen von Jahrhunderten die Trüglichkeit von Reden solcher Art erwiesen haben d).

Giebt es doch so manches im Leben, was wir nicht ergründen können, und doch für wahr halten müssen e). Wo man vor-

d) Sehr richtig und scharf ist dieses Benehmen auch gerügt von Rau, Geschichte und Bedeutung des homöop. Heilverfahrens. S. 13.

e) Man denke, ausser den schon von anderen angeführten Belegen auch z. B. an die allgemein bekannte Erscheinung, daß ein Jagdhund durch den Geruch der Spur des Hasen folgt, der nur einen Moment die Erde berührt hatte. Wollte man den Hasen wiegen, so würde man finden, daß er von seinem Gewichte auch nicht das mindeste dadurch verlohren hätte: nun beweise man aber einmal gar, daß mehr wie ein Decilliontheil einer materiellen Ablösung des Hasen erforderlich sey, um den Jagdhund auf seine Spur zu brinhanden gewesene Krankheit und erfolgte Herstellung als unwidersprechlich anzuerkennen sich gezwungen sieht, will man der Homöopathie entgegensetzen, es sey wenigstens die angenommene Krankheit nicht vorhanden gewesen, weil sonst andere Folgen hätten eintreten müssen, die Heilung aber sey allein durch die Heilkraft der Natur und die Diät erfolgt und würde auch ohne irgend ein homöopathisches Mittel erfolgt seyn. Hierbei übersieht man jedoch, daß, wenn die Behauptung wahr wäre, wenn es der Homöopathie möglich wäre, durch Nichts, durch Negativität, so gute Resultate herbeizuführen, die alte Heilkunst fehlen würde, indem sie durch ihre Positivität, durch ihre Massen, die sie dem kranken Körper aufdringt, wo bloße Mäßigkeit des Patienten genügt, eine Gefahr möglicher Nachtheile positiv herbeiführt. Dieser Vorwurf verwandelt sich deswegen bei näherer Prüfung in einen Vorzug. In Harmonie mit dieser Beschuldigung steht die weitere Behauptung, daß dergleichen Mittel allerdings positiv nicht schaden könnten, daß daher die Homöopathiker nur durch Unterlassung wirksamer Heilmittel fehlten. Allein auch dieser Vorwurf enthält eigentlich wieder nur ein Lob für sie. Denn daß die alte Heilkunst in beiderlei Gestalt fehlen kann und fehlt, unterliegt keinem Zweifel; kann nun die neue Heilkunst bloß den einen Theil der Fehler begehen, so gewinnt es das Ansehen, daß sie den Menschen weniger gefährlich sey, wie ihre ältere Schwester. Nehme man jedoch darum nicht an, daß es am allerbesten sey, überhaupt keinem Arzte, weder einem von der alten, noch von der neuen Methode zu vertrauen.

---

gen. Ueberhaupt möchte es schwer seyn, demjenigen die Möglichkeit dieser Erscheinung zu beweisen, der ihre Wahrheit nicht kennt. Eigenschaften lassen sich nicht in Zahlen ausdrücken und nicht verrechnen; eben so wenig ist dies bei ihren Mittheilungen und Uebertragungen möglich. Ein Brief aus einer Pestgegend steckt Tausende von Menschen durch Mittheilung einer Eigenschaft an, ohne daß daraus folgt, der Tausendste in der Reihe der Angesteckten habe den tausendsten Theil der ansteckenden Kraft des Briefes in seinen Körper erhalten.

Wenn zwar gleich einzelne Menschen auch ohne medicinisches Schulstudium es dahin zu bringen vermögen, die Hülfe, welche andere bei dem Arzte suchen, mehr oder weniger für sich entbehrlich zu machen; so sind doch dies nur Ausnahmen, und auch ihnen wird ein geschickter Arzt nicht leicht ganz entbehrlich werden. Durch sorgfältige Sammlung von Kenntnissen, die nur durch ein eignes und mühevolles Studium möglich wird, soll dieser im Stande seyn, alle krankhaften Zufälle sofort richtig zu erkennen, und eine ihrer besonderen Natur und Beschaffenheit entsprechende Hülfe dawider zu leisten. Je weniger er dabei zu Arzneien zu flüchten braucht, und besonders zu heftig wirkenden, desto besser und leichter erfüllt er seinen Beruf. Deswegen sehen wir auch die ausgezeichnetsten und erfahrendsten Aerzte der alten Heilkunst darin mit den Schülern der neuen übereinkommen, daß sie die Natur möglichst zu schonen suchen und seltener und weniger complicirte Mittel geben, wie die große Menge der Aerzte. Die unerfahrenere Jugend aber ist es hauptsächlich, in deren Hand die Allöopathie den Menschen gefährlicher werden kann, wie die Homöopathie; denn einen großen Theil derselben verleitet gar oft das Gefühl ihrer eignen Kräftigkeit und frischen Kenntnisse mit Schwert, Lanze, Giften und einem Corps von Blutsaugern die Gesundheit gleichsam erstürmen zu wollen.

Sehen auch die alten Heilkünstler zu dem Selbstgeständniß sich gezwungen, daß Hahnemann im Allgemeinen recht gehabt habe, ihre Kunst für ein bedenkliches Spiel mit dem Leben und der Gesundheit der Menschen zu erklären; sehen sie auch ein, wie wahr die Schwächen der alten Heilkunst seyen, die er enthüllte: so wollen sie es ihm doch nicht verzeihen, daß er gerade es gewesen, der dies gethan; und als ob jeder es ihm mißgönnte, daß sein Name bleiben während der ihre verschwinden wird, so suchen sie an den Verdiensten des Stifters der Homöopathie soviel abzurändeln und zu beschneiden, wie ihnen nur gelingen will. Dem Reformator ihrer alten Wissenschaft muthen sie dabei zu, Spott, Eifersucht, Bosheit, Schmäh- und Verketzerungssucht mit Gelassenheit zu erdulden. Man sieht sie einzelne seiner Ausdrücke aus der ersten Zeit der neuen Lehre zum Gegenstand ihres Tadels nehmen, und wo der Stifter der neuen Heilkunst dem Rechte der fortschreitenden Zeit gehuldigt hat, da verschmähen sie nicht, auch das selbst ihm zum Vorwurf zu machen — daß er oder seine Schüler einige ihrer älteren Sätze modificirt hätten. Wo sie aber unentschuldbare Blößen der alten Kunst ganz unwiderleglich ans Licht gezogen fühlen, suchen sie sämmtlich sich dadurch aus der Verlegenheit zu ziehen, daß sie unter sich eine Eintheilung in vernünftige und nicht vernünftige Aerzte in Anspruch nehmen, und die Klasse der letzteren allein als den Sündenbock für die Fehler solcher Art hingestellt wissen wollen. Sie öffnen sich auf diese Weise einen Weg, um Hahnemann und seine Schüler wieder zu tadeln, daß sie in Allgemeinheit von der alten Kunst gesprochen hätten, anstatt unter deren Priestern jene Abtheilung gemacht, und so dem Wahne eines jeden dieser geschmeichelt zu haben, daß er zu der besseren Klasse gezählt worden sey. In der guten Absicht, durch Tadel des Meisters, dessen Verehrer sie sich gleichzeitig nennen, eine gerechte oder unparteiische Mitte zu werden, und so eine Versöhnung beider widerstreitigen Methoden herbeizuführen, sieht man wohl auch manche ein solches Benehmen einhalten, nachdem sie die Wahrheit der neuen Lehre theilweis bereits erkannten; aber indem sie auf diese Weise ihre individuelle Kraft als Maaßstab für die Kraft der neuen Heilkunst aufstellen, so begehen sie selbst den Fehler, eine Stellung einzunehmen, deren Behauptung ihnen nicht gelingen kann, weil weder ihre Kraft ihrem Willen gewachsen ist, noch überhaupt das Mittel, welches sie wählten, zum Ziele führen kann. Der Mißgriff in dem eingeschlagenen Wege muß und wird es ihnen bald klar machen, daß sie sich selbst verirrten, während sie Verirrungen andrer zu heilen suchten.

Für die Homöopathie ist es ein wahres Glück gewesen, daß sie keine Katheder-Erfindung war; denn als unbewährte theoretische Idee eines berühmten Docenten würde sie durch hunderte von Schülern in das Leben ausgebreitet und schülerhaft angewendet worden seyn.

Daß die berühmtesten Lehrer und bisherigen Priester der alten Heilkunst meistens beharrliche Gegner von ihr waren, gereicht an und für sich diesen eher zum Lob, als zum Tadel; der neuen Heilkunst hat dies übrigens den größten Nutzen, wenn gleich ihren Vertheidigern vielfältige Sorgen gebracht. Durch solche Gegner sind ihre Anhänger zu doppelter Anstrengung im Kampfe genöthigt worden. Die Heftigkeit und Bitterkeit, mit welcher dieser mitunter geführt worden ist, und noch geführt wird, muß freilich hier und da mißfallen; wer jedoch sich frei halten kann, von dem Fehler der Kleinlichkeit der Gesinnung, der wird erkennen, wie natürlich und nützlich selbst solche Erscheinungen sind. Die Geschichte zeigt uns, daß bei dem Kämpfen um Wahrheit von jeher die Leidenschaften der Vertheidiger kräftig gegen einander aufgetreten sind, und noch niemals hat dies der Wahrheit geschadet, sondern immer nur genützt, sobald es nur in offenem ehrlichem Kampfe geschah. Die kämpfenden Gegner und ihr Publikum erfuhren so die beiderseitigen Schwächen, welche eine alltägliche Convenienz wohl zu verschweigen sich gewöhnt hatte, deren Rücksichten aber dort keine Beachtung verdienen, wo es um einen höheren Zweck sich handelt. Was irgend damit in Beziehung steht, ist durch den Kampf selbst zur Hülfe gerufen. Von diesem Gesichtspunkte aus betrachtet, verdienen daher die beiderseitigen Vorwürfe in keinen Anschlag zu kommen.

Vergleichen wir den jetzigen Zustand der neuen Heilkunst mit demjenigen vor zehen Jahren; so müssen wir anerkennen, daß sie in dieser Zeit, durch den Uebertritt von vielen und ausgezeichneten Aerzten zu ihr, und durch die Vereinigung der Bemühungen dieser mit denjenigen ihres Begründers, außerordentlich viel gewonnen hat; wir sehen sie schon nicht allein in fast allen Theilen Europas, sondern auch in Asien und Amerika sich bewähren und immer mehr verbreiten. Auch gegen Krankheiten der Thiere ist sie in der neuesten Zeit mit günstigem Erfolge versucht worden, und die Aussicht ist eröffnet, daß der Landmann für sein Vieh bald ebenfalls eine wohlfeilere und leichtere Hülfe erhalten könne, wie die alte Heilkunst ihm bisher darbot.

Wer es wirklich gut mit den Menschen und deren Wohlfahrt meint, kann darum nur wünschen, daß die Homöopathie in vollem Umfange sich bewähren möge, und wenn er sieht, wie sie dieses in der Wirklichkeit thut, dann braucht er keinen Anstoß daran zu nehmen, daß die Anhänger der alten Heilkunst an die neue Ordnung der Dinge sich nicht gewöhnen, an das Recht und den Bestand dieser nicht glauben wollen. Sollten inzwischen auch die Hoffnungen der eifrigsten Anhänger der neuen Heilkunst nicht in Erfüllung gehen, ja sollten selbst die Voraussagungen und Wünsche der unversöhnlichsten ihrer Gegner sich verwirklichen und die neue Heilkunst das Schicksal der früher entstandenen und wieder verschwundenen Systeme haben und gleich diesen untergehen, so wird sie doch von diesen allen dadurch wesentlich verschieden bleiben, daß ihr Leben ein nützlicheres, wie dasjenige aller früheren Systeme gewesen ist. Ihr ist nicht nachzureden, daß sie Tausende durch ihre Mittel und Versuche geopfert habe; ihr ist dagegen nachzurühmen, daß sie mißtrauisch gegen Hypothesensucht und Spekulationslust in der Medicin gemacht habe. Wenn ihr auch nur das Verdienst bliebe, zuerst die Prüfung der Arzneimittel und die Erforschung ihrer Kräfte an Gesunden herbeigeführt zu haben, so würde dieses schon allein ein sehr großes seyn, denn sie hat dadurch eine große, Jahrtausende hindurch begangene Unvorsichtigkeit und Unzuverlässigkeit der bisherigen Heilkunst enthüllt, und der Zukunft eine Verbesserung dieser verschafft. Sehen wir aber, daß sie: 1) große Schwächen und Blößen der bisherigen Medicin ans Licht gezogen hat, und 2) daß sie durch Zurückführung auf ein naturgemäßeres Leben, der Verkümmerung und Verkrüppelung des menschlichen Geschlechts entgegen wirkt, so können wir mit Gewißheit annehmen, daß die Nachwelt ihr die Ehre einer segensreichen Erscheinung zuerkennen wird, wie auch Tausende von Zeitgenossen ihr noch grollen mögen.

Von ihrem Streben nach solchen Zwecken hat kein Staat eine Gefahr zu fürchten; es wird keine politische Revolution daraus entstehen. Ruhig und unpartheilich zuzusehen, und der Wissenschaft und Zeit allein die Feststellung eines Resultates des Kampfes zwischen alter und neuer Heilkunst zu überlassen, das nur kann deswegen in dem wahren Interesse der Regierung liegen *f*); nach dem Rathe alter Kunstgenossen dagegen den An-

---

f) Die Homöop. der gesund. Vernunft. Th. II. S. 29 – 35.

hängern der neuen Heilkunst den Weg zu verbieten, auf dem allein sie mit Sicherheit ihrem Ziele zuschreiten können, ihnen die Hände zu binden, um ihre Kräfte zu lähmen, das ist unrecht und unedel, und kann nur als ein Fehler erscheinen, der mit Gewißheit den Tadel der Geschichte zu erwarten hat.

Lasse man darum beide Partheien ihren Kampf ruhig fortkämpfen, beobachte man dabei nur eine strenge Neutralität. Ein Friedensschluß zwischen ihnen ist nach Lage der Sache noch nicht möglich: ob er in der Zukunft statt finden kann, muß die Zeit lehren. Wohl aber läßt sich der Wunsch hören, daß sie bei ihrem Kampfe ein Benehmen gegen einander einhalten möchten, das wechselseitige Achtung ausdrückt, ohne ihr entgegengesetztes Streben zu beeinträchtigen. In dieser Beziehung könnten sie vielleicht in folgenden Sätzen vergleichsweise sich vereinbaren:

1) Die Anhänger beider Heilmethoden sichern sich wechselseitige Achtung ihres heilkünstlerischen Strebens zu; sie behalten sich Fortsetzung ihres Kampfes vor, versprechen jedoch aller Bosheit und heimlichen Ränke sich zu enthalten.

2) Jeder Arzt darf kuriren, nach welcher Methode er will, ohne deshalb von seinen Collegen beider Systeme oder eines derselben Vorwürfe zu erfahren.

3) Derjenige Homöopathiker, welcher sich im Stande fühlt, allöopathische Hülfsmittel in seiner Praxis gänzlich zu entbehren, soll dieses thun; wer sich noch nicht dazu im Stande fühlt, thut es nur in dem Grade, in welchem er der neuen Heilkunst vertraut, er hat jedoch danach zu streben, allöopathische Hülfen auch seiner Seits entbehren zu können.

4) Sobald ein bisheriger Anhänger der alten Heilkunst nähere Kenntniß von der neuen nehmen will, müssen ihm die Homöopathiker mit ihren bisherigen Erfahrungen redliche Unterstützung leisten.

Die Homöopathiker werden gegen diese Vergleichbedingungen wohl nichts einzuwenden haben; es wird also hauptsächlich von den Allöopathikern abhängen, ob eine Annäherung in solcher Weise zu Stande kommen soll.

Die Juristen erkennen die drei Rechtsvorschriften an: honeste vivere, alterum non laedere, suum cuique tribuere, — sie gelten auch für die Mediciner, und die Anhänger der alten, wie der neuen Heilkunst thun wohl, ihrer eingedenk zu seyn.

Beilage A.

Hochpreißliche zweite Kammer der Stände des Großherzogthums Hessen!

Der unterzeichnete Anwalt will durch diese Eingabe die Aufmerksamkeit einer Hochpreißlichen zweiten Kammer der Stände des Großherzogthums auf einen eben so interessanten, als allgemein wichtigen Gegenstand, auf das homöopathische Heilverfahren lenken. Der Ausübung desselben sind Hindernisse in den Weg gelegt worden, welche in den Rechten der Aerzte zugleich die Rechte und das Wohl der Hülfe Suchenden in einer für die letzteren sehr beunruhigenden Weise verletzen, der natürlichen Billigkeit, wie der bestehenden Gesetzgebung widerstreiten, und von den Anstiftern derselben auf nichts Geringeres, als auf eine gänzliche Unterdrückung des neuen Heilverfahrens berechnet zu seyn scheinen. Mit dem ganzen Vertrauen, welches die Gerechtigkeit und die Nützlichkeit dieser Angelegenheit einer Seits, so wie die erhabene Stellung dieser Hochansehnlichen Versammlung andrer Seits einflößen, trägt er ihr die Sache vor, Hülfe für Tausende von Unglücklichen suchend und mit Zuversicht erwartend.

Die Einfachheit und Consequenz der homöopathischen Heilmethode mußte von denjenigen erkannt werden, welche Stärke genug in sich fühlten, eine Abneigung gegen die neue Lehre auch nicht unwillkührlich sich beschleichen zu lassen, die dabei die Mühe sich nicht verdrießen ließen, die Werke des Stifters derselben einer gewissenhaften Prüfung zu unterwerfen, und durch Vorurtheile sich nicht verleitet fühlten, in absprechende Urtheile über die von diesem bekannt gemachten Mittel und deren Größen einzustimmen, so lange sie nicht selbst Versuche angestellt hatten, deren Sorgfältigkeit und Fehlerlosigkeit sie aufrichtig sich bewußt seyn konnten. Prüfungen dieser Art waren es, welche viele und ausgezeichnete alloopathische Aerzte, die Jahre lang, gleich ihren Collegen, die von der alten Schule gelehrten Arzneimassen bisher verordnet hatten, bewogen, zu dem neuen Heilverfahren überzutreten, durch das sie mit wenigen einfachen Mitteln, die sie ihren Kranken unentgeldlich reichten, deren gestörte Gesundheit schneller, wie früher, wieder herstellten. Von diesen letzteren gesegnet, vom Publikum, so wie die Thatsachen sich mehrten, gesucht, konnten die Homöopathiker natürlich nicht der Gunst der, der alten Schule noch zugethan gebliebenen Aerzte sich erfreuen, welche ihre, nach der alten Medicin diesen unerklärbar scheinenden, schnellen und glücklichen Heilungen bald der Natur allein, bald der angeordneten Diät, und bald dem Glauben oder Aberglauben der Kranken zuschrieben. Vor allem aber wurden die Apotheker, die nach und nach sich gewöhnt zu haben schienen, den Menschen von der Geburt bis zum Grab sich gleichsam für tributpflichtig zu halten, aufgeschreckt, wohl einsehend, daß, sollte die so einfache neue Heilweise immer beliebter, sollte sie endlich selbst herrschend werden, ihre Kunst diejenigen von ihnen in Zukunft nur spärlich nähren werde, die nicht in dieser, durch die Zeit herbeigeführten, Umgestaltung der Verhältnisse und der Wissenschaft eine Anregung finden möchten oder könnten, durch Bereitung chemischer Präparate für Manufacturen und Fabriken sich selbst eine neue Erwerbsquelle zu eröffnen, und ihren Mitmenschen in anderer Weise nützlich zu werden. Begünstigt von den Aerzten der alten Schule suchten sie, die es natürlich nicht unternehmen konnten, die Wissenschaft durch die Wissenschaft zu besiegen, das Interesse ihres Gewerbs und eine allmählig üblich gewordene Meinung von dem letzteren, geltend zu machen und die Staatsgewalt zu bestimmen, zu ihren Gunsten einzuschreiten. Dies ist namentlich in unserm Großherzogthum der Fall gewesen.

Wie hier in mehreren Städten ausgezeichnete Aerzte das neue Heilverfahren mit dem besten Erfolge ausübten, so hatte zu Lich der Hofrath Dr. Weber durch viele gelungene homöopathische Heilungen demselben ein großes Zutrauen erworben. Gleich anderen homöopathischen Aerzten in dem Großherzogthum, gab auch er seine Mittel selbst und unentgeldlich ab Hiervon nahm der Apotheker in Lich Veranlassung, bei der Großherzogl. Regierung in Gießen mit einer Denunciation wider denselben aufzutreten, worin er dessen Bestrafung, als eines Pfuschers, nachsuchte. Die Regierung bedeutete auch in diesem Sinne das ihr untergebene Regierungsamt Hungen, welches sich hierdurch nach näherem Inhalte des Actenauszugs nach Nro. I. *) bestimmt fühlte, durch das unter Nro. II. abschriftlich beiliegende Erkenntniß vom 6. Januar 1832, die, von seiner vorgesetzten Behörde ihm unter den Fuß gelegte Strafe von 30 fl. über den Denunciaten auszusprechen. Der Rekurs an die Großherzogl. Regierung selbst hatte die unter Nro. III. anliegende Bestätigung vom 7. März 1832 zur Folge, wogegen Hofrath Dr. Weber einen weiteren Rekurs an das

*) Die Beilagen zu dieser Vorstellung sind aus dem Grunde nicht abgedruckt worden, weil dies für den Zweck der Schrift weder nöthig, noch für das Publikum von besonderem Interesse schien.

Großherzogl. Ministerium des Innern und der Justiz ergriff, worauf jedoch keine Entscheidung bekannt geworden ist. Die Großherzogliche Regierung ließ sich inzwischen nicht abhalten, sogar bis zu dem Versuch einer gewaltsamen Hinwegnahme seiner eigenthümlichen Heilstoffe, selbst in dessen Wohnung, vorzuschreiten, wie die Anlagen Nro. IV. und V. belegen werden.

Den Bewohnern jener Gegend und den Fremden, welche bisher ihre und der Ihrigen Gesundheit der homöopathischen Behandlung des Hofraths Dr. Weber anvertraut hatten, konnte es natürlich nicht entgehen, daß eigentlich sie es waren, welche durch dieses Verfahren litten, und sie glaubten ein um so besseres Recht zu haben, über ihr eignes Interesse und ihre Wünsche sich entschieden auszusprechen, als nur etwa ihr eignes Wohl als haltbarer Grund jenes Verfahrens sich anführen ließ, dieser aber in sich zerfiel, sobald sie selbst erklärten, daß sie das, was ihnen als Wohlthat aufgedrungen werden wolle, als Gefährde ihrer Gesundheit und als Verletzung ihrer Rechte zurückwiesen. Sobald daher die Sache durch den Rekurs des Hofraths Dr. Weber an das Großherzogl. Ministerium gelangt war, so traten sie mit der unter Nro. VI. abschriftlich anliegenden Eingabe vom 16. Juni 1832, als Intervenienten und Reclamanten auf, und protestirten nachdrücklichst gegen jede Art von gesetzlich unbegründetem Zwang, homöopathische Heilmittel nur durch die Hände eines Apothekers empfangen zu sollen, und dessen gutem oder bösen Willen, dessen Sorgfalt oder Nachläßigkeit, dessen Kenntniß oder Unkenntniß den Erfolg der Behandlung, ihr und der Ihrigen Gesundheit und Leben preis gegeben sehen zu müssen. Durch die Bekanntmachung der Regierung zu Gießen, welche unter Nr. VII. anliegt, brachten sie jedoch bald nachher in Erfahrung, daß das Großherzogl. Ministerium schon einige Tage zuvor, unter dem 13. Juni 1832 das hierin enthaltene allgemeine Verbot des Selbstdispensirens der homöopathischen Aerzte im Verwaltungswege erlassen hatte, Großherzogl. Ministerium ließ sie auch nach der Anlage Nro. VIII. auf jene Verfügung noch besonders verweisen, und die unter Ziffer IX. und X. hier beiliegenden Vollmachten und Zeugnisse dem Unterzeichneten, ihrem Anwalte, zurückgeben. Sie remonstrirten und reclamirten daher in der, unter Nro. XI. beigeschlossenen Vorstellung an das Großherzogl. Ministerium am 26. Juli 1832, jetzt auch gegen jenes Verbot. Mittelst der unter Nro. XII. anliegenden Verfügung vom 2. October 1832, inhärirte indessen das Großherzogl. Ministerium seiner Verordnung vom 13. Juni.

Nachdem die Reclamanten, wie aus den bisher bezeichneten Belegen hervorgeht, den gesetzlichen und verfassungsmäßigen Weg, um bei den Staatsbehörden eine Abhülfe ihrer Beschwerde zu erlangen, vergeblich eingeschlagen haben, so macht Unterzeichneter Namens derjenigen betheiligten Inländer, welche in ihren individuellen Interessen auf eine unrechtliche und unbillige Art sich für verletzt und gedrückt fühlend, die unter Nro. XIII. bis XXVI. anliegenden Vollmachten auf ihn ausgestellt haben, (768 an der Zahl *) von der Befugniß Gebrauch, welche der Art. 81. ihnen einräumt. —

Da die Sache, welche zugleich Sache der leidenden Menschheit und der Wissenschaft ist, keine Ursache hat, das Licht zu scheuen, so hielt er es eben so sehr der Wichtigkeit des Gegenstandes, wie dem Interesse des Rechts und der Wahrheit entsprechend, durch eine kurze öffentliche Beleuchtung der hauptsächlichsten Momente einerseits Jedermann in den Stand zu setzen, eine selbstständige Meinung sich zu bilden, und andrerseits den Gegnern des homöopathischen Heilverfahrens Veranlassung zu geben, eine ehrliche, offene und gediegene Widerlegung der von ihm hervorgehobenen Gründe zu versuchen, wenn sie sich im Ernst dazu im Stande fühlen. Auf diese unter Nro. XXVII. angefügte Schrift **), glaubt er deßhalb, gleich wie auch besonders noch auf den Inhalt seiner Beilage Nro. XI., bei Hochpreißlicher Ständeversammlung zunächst Bezug nehmen zu dürfen; außerdem erlaubt er sich auch noch einige weitere Bemerkungen in Hinsicht auf den Inhalt der Medicinalordnung von 1822 und des Ministerialverbots vom 13. Juni 1832 beizufügen.

In gleicher Weise wie die Erwägung, daß es kaum denkbar erscheinen möchte, den Apothekern einen Anspruch auf eine Bereitung von Mitteln einzuräumen, die ihre Pharmacie nicht kennt, steht einer dahin zielenden Auslegung auch noch der Umstand entgegen, daß nach §. 60. jener nämlichen Verordnung die Apotheker rücksichtlich der Bereitung und Zusammensetzung der Arzneien genau an die preußische Pharmakopöe gebunden seyn sollen, diese jedoch homöopathische Mittel in ihre Grenzen nicht gezogen hat.

Kein ehrliebender Arzt wird sich dazu verstehen, selbst präparirte Mittel durch die Apotheken verkaufen zu lassen. So gerne aber auch gewiß jeder es anerkennt, daß, sollte ein solcher Fall vorkommen, dies als Täuschung der Patienten mißbilligt und unterdrückt zu werden verdiene: so sehr möchte es doch in Zweifel zu ziehen seyn, daß in dem Großherzogthum ein solcher vorgekommen, ja selbst, daß er auch nur zu besorgen wäre. Ein Arzt, der so tief herabsinken sollte, würde mit der Entdeckung einer so niedrigen Gewinnsucht den Ruf der Redlichkeit und das Zutrauen des Publikums verlieren, und so einer Gefahr sich aussetzen, die ein viel stärkerer Abhaltungsgrund wie die Mißbilligung einer Behörde für ihn seyn muß. Auf der anderen Seite aber dürfte in einer solchen Bestimmung selbst ein wiederholter Beleg für die Unhaltbarkeit der Idee einer Contro-

*) In einem Nachtrag zu dieser Vorstellung haben in der Folge noch weiter 58 Unterzeichner dieser Vorstellung adhärirt.

**) Dieses war die Schrift: Ueber Maßregeln gegen die Ausübung des homöopathischen Heilverfahrens.

lirung des Arztes durch den Apotheker zu finden seyn, denn wo man eine solche Meinung von den Apothekern hat, daß man sich bewogen fühlt, eine Colludirung mit den Aerzten zur Täuschung der Patienten ihnen zu untersagen, da scheint kein großes Vertrauen auf ihre Controle vorhanden seyn zu können.

Wenn auch ferner der Schlußsatz der Verfügung den homöopathischen Aerzten es freistellt, bei Bereitung der Arzneien gegenwärtig zu seyn, sie unter ihren Augen vollziehen zu lassen und auf Anwendung der nöthigen Vorsicht Acht zu haben, wenn sie Bedenken tragen sollten, dieselbe dem Apotheker allein zu überlassen, so sieht man eben hierdurch die Unterstellung ausgedrückt, daß die homöopathischen Aerzte zu der Gewissenhaftigkeit oder der Geschicklichkeit des Apothekers kein volles Vertrauen fassen könnten. So erfreulich es auf der einen Seite auch ist, in diesen Worten gewissermaßen das Anerkenntniß zu finden, daß bei Bereitung der homöopathischen Heilmittel eine eigenthümliche Sorgfalt nothwendig sey, und daß, wenn diese Bereitung von Dritten geschehe, Aufsicht und zwar strenge Aufsicht von Seite des Arztes angewendet werden müsse; so beweißt doch diese Bestimmung auch selbst wieder auf der anderen Seite eine irrige und sehr mangelhafte Vorstellung von dem, bei der Bereitung der Mittel anzuwendenden, Verfahren. Sollte fragt man gewiß mit Recht — wohl wirklich die Zeit in Anschlag gebracht seyn, welche zur Bereitung nur eines Mittels nothwendig ist? Sollte berücksichtigt seyn, daß in den Bereich eines praktischen homöopathischen Arztes nicht selten vier und mehrere Apotheken fallen, und daß er daher in ihnen unmöglich bei der Bereitung der Mittel gegenwärtig seyn könne? Und wenn das Mittel unter Anwendung der dem Arzte verstatteten Aufsicht zwar bereitet wäre, aber doch der Fall der Ungewissenhaftigkeit oder Ungeschicklichkeit einträte, den die Verfügung selbst als möglich gedacht hat; wenn also vom Apotheker die Heilmittel aus Bosheit oder Unverstand unwirksam gemacht würden, — woran soll der homöopathische Arzt dies erkennen, da er durch die Chemie, so weit sie auch in neuerer Zeit vorgeschritten ist, die Aechtheit oder Unächtheit der potenzirten homöopathischen Medicamente nicht ermitteln kann? Soll er erst durch den Tod wackerer Familienväter die Ueberzeugung stattgefundener Verfälschung oder Verwahrlosung sonst nicht trügender Heilmittel erlangen, und zugleich das herbe Gefühl schweigend bewahren müssen, daß die Gestorbenen Opfer jenes Verbots geworden? Eine Verordnung, die solche Wechselfälle zuläßt, kann sicher nicht als praktisch zweckmäßig betrachtet werden.

Indem Unterzeichneter es unternahm, deren Fehlerhaftigkeit ins Licht zu setzen, hat er dieselbe übrigens nur als objective Erscheinung ins Auge gefaßt; er ist dabei weit entfernt, eine gute Absicht des Großherzoglichen Ministeriums in Zweifel ziehen zu wollen. Nur in einer Fehlsicht, nur in irriger Meinung der obersten Staatsbehörde, erzeugt durch Bestürmungen und falsche Vorspiegelungen von Seiten allöopathischer Aerzte, und Apotheker, durch ähnlich erwirkte Verordnungen in anderen Ländern und vorzüglich in Preußen, ja selbst durch Gutachten von durch und durch allöopathisch gestimmten Medicinalcollegien, und darunter sogar von der medicinischen Fakultät in Gießen, — glaubt er die Gründe suchen zu müssen, durch welche Großherzogliches Ministerium zu jenem Verbote gedrängt worden ist. Sollte er auch vielleicht ohne Grund dasselbe als mit verfassungsmäßigen Bestimmungen unvereinbarlich ansehen, so würde doch auch in diesem Falle dessen Rechtswidrigkeit und Unbilligkeit nicht zu verkennen seyn, da es die Reclamanten, und außer ihnen Tausende für ihre kostbarsten Güter, für Gesundheit und Leben nicht allein in hohem Grade beunruhigt, sondern auch eine augenscheinliche Gefahr für sie herbeiführt.

Wären auch immerhin die Ansprüche der Apotheker auf einen gewissen Gewinn von jedem Kranken so gut, wie sie juridisch und moralisch fuglos erscheinen, so würden doch dergleichen es nicht rechtfertigen, Rücksichten für sie höher zu stellen, wie Leben und Gesundheit der Staatsbürger. Ansprüche jener Art würden, sollten sie in einzelnen Fällen gehörig bewiesen werden, auf eine, für die Patienten ungefährliche Weise von Seiten der Staatsregierung zufrieden gestellt werden können, durch Verpflichtung zur Entschädigung der etwa besonders Berechtigten mittelst Entrichtung des reinen, an ihnen beabsichtigten Gewinns, allenfalls unter dem Namen eines Krankengefälls, Krankenzinses, Apothekergroschens u. dergl. Wie viel besser die Patienten auch hierbei sich noch immer befinden würden, gegen eine Verpflichtung zum Einnehmen von Apotheker-Mitteln, dafür enthält die Anlage Nro. X. unter Ziffer 26. einen unzweideutigen Beleg, welcher der Weisheit der Stände gewiß sehr beachtungswerth erscheinen wird.

Wenn eine Staatsregierung es nicht für wohlgethan halten kann, das homöopathische Heilverfahren überhaupt zu verbieten und zu verpönen, — dann überlasse sie es auch lediglich der neuen Wissenschaft, was diese zu ihrer freien und vollen Entwickelung und nützlichen Uebertragung in das Leben für nöthig erachtet. Den Anhängern der alten Schule darf sie keine Stimme dabei einräumen, denn diese sind ja Gegner der neuen Entdeckung; den Rathschlägen derselben darf sie nicht folgen, denn sie sind bös und arglistig. Mag auch das gerade, daß die Homöopathie überhaupt entstehen konnte, an sich allein für ihre Wahrheit noch nichts beweisen, so beweißt es doch wenigstens die Unzuverläßigkeit der alten Schule, und dies möchte schon genug seyn, um die Zuflüsterungen ihrer Gegner zurückzuweisen, und diese daran zu erinnern, daß zwei Tausend Jahre hindurch, von dem ersten bis zum letzten Tage, so viel wenigstens vollständig erwiesen vorliege, daß jedenfalls ihr eignes gerühmtes Wissen Stückwerk sey, und daß es selbst bis jetzt eines sicheren Fundaments entbehre. Männer, in dieser alten Heilkunst wohl erfahren, waren es, welche die neue Entdeckung machten, welche sie prüften und mit Liebe ergriffen; sie bekannten dabei offen die Unzuverlässigkeit ihrer bisherigen Kunst und deren Erfahrung, die auch überdies durch den häufigen Wechsel bestätigt wird, mit welchem in der alten Schule Systeme auf Systeme ergriffen, und immer als falsch aufgegeben wurden, jedesmal nach Hinopferung großer Menschenmassen, zur Prüfung medicinischer Speculationen. In Deutschland entstanden, hat die neue Entdeckung schon in Frankreich, Italien, Rußland und anderen Staaten Auszeichnung und Anhang gefunden, und täglich bewährt sich ihre Wohlthätigkeit immer mehr: *eine Verfolgung in ihrem eignen Vaterlande*, mag diese offen oder heimlich geschehen, verdient sie darum gewiß von keiner Regierung zu erfahren. Noch ist auch in Deutschland die Zahl ihrer Schüler und Freunde klein im Verhältniß zu dem weit größeren Haufen der Anhänger der alten Heilkunst, — um so unedler ist das Begehren dieser letzteren, daß ihren Gegnern gleichsam die Hände gebunden werden möchten, damit sie leichteren Kampf wider diese hätten. Mögen sich die Allöopathiker ermannen, mögen sie mit rühmlicheren Waffen einen wissenschaftlichen Kampf führen, wie ein solcher sich ziemt; die Staatsgewalt dürfen sie nicht zu Hülfe rufen, ohne dadurch selbst ein Bekenntniß ihrer Schwäche abzulegen.

Von der Weisheit und Gerechtigkeitsliebe jeder weisen und Gerechtigkeit liebenden Regierung dürfen vielmehr die Homöopathiker und die der neuen Heilkunst vertrauenden Staatsbürger Schutz gegen unedle Hinterhalte und heimtückische Unterdrückung erwarten, und darum namentlich auch Schutz gegen das Bestreben, die neue Entdeckung an die mit ihr in Gegensatz befindliche Apotheke der Allöopathiker zu fesseln: denn daß durch eine zwangsweise Ueberweisung an diese eine allmähliche Zugrundrichtung der neuen Heilkunst herbeigeführt werden würde, *das kann keinem unbefangenen Auge entgehen.*

Unterzeichneter beschließt daher mit der geziemenden Bitte:

daß diese Hochpreißliche Ständeversammlung geneigen wolle, ihre verfassungsmäßige Thätigkeit in dieser Angelegenheit eintreten zu lassen, und dafür zu wirken, daß mit Wiedereinziehung des in Rede stehenden Verbots des Großherzoglichen Ministeriums des Innern und der Justiz im Interesse der Reclamanten und ihrer Familien, so wie aller ihrer Leidensgenossen, das, durch keine *gesetzliche* Bestimmung untersagte, *unentgeldliche* Dispensiren homöopathischer Heilmittel durch die Aerzte diesen letzteren wieder frei überlassen werden möge.

Gießen, den 8. Januar 1833.

Der Anwalt der bei dem homöopathischen Heilverfahren betheiligten Einwohner zu Lich, Steinbach, Grüningen, Muschenheim, Münzenberg, Eberstadt, Oberhörchern, Holzheim, Hattenrod, Annerod, Burkhardsfelden, Hungen, Langgöns, Großenlinden, Kleinlinden, Bollar, Bettenhausen, Heuchelheim *).

(unterz.) Dr. *Sundheim* II.

*) Dieser Vorstellung sind durch eine andere vom 18. April 1833 noch 58 Familien aus Utphe, Bettersheim und Waldgirmes beigetreten.

Beilage B.

Beilage CCCXXX. der Protokolle der zweiten Kammer der Ständeversammlung des Großherzogthums Hessen im Jahr 1833.

Vortrag des dritten Ausschusses über die, von Dr. Sundheim, in Auftrag der bei dem homöopathischen Heilverfahren betheiligten Einwohner zu Lich, Steinbach, Grüningen und an vielen andern Orten, gegen eine, das Dispensiren homöopathischer Arzneien betreffende ministerielle Verfügung, eingereichte Beschwerde, erstattet durch den Abgeordneten Schacht.

Die eben verlesene Beschwerde über eine von der Staatsregierung gegen das ärztliche Selbstdispensiren homöopathischer Heilmittel erlassene Verfügung stützt sich sowohl darauf, daß kein vorhandenes Gesetz sich gegen die Homöopathie anwenden lasse, als auch vorzüglich auf die Eigenthümlichkeit des neuen Heilverfahrens, wobei die pharmaceutische Hülfe unnöthig, ja schädlich sey.

In Erörterung des ersten Motivs behauptet der Anwalt der Petenten, daß die Medicinalverordnung von 1822, welche der Verfügung von 1832 zum Grunde liege, nicht für ein solches Gesetz gelten könne. In der That nimmt auch jene Verordnung, deren §. 55. folgendermaßen lautet, (zu lesen) keine Notiz von dem Daseyn eines ärztlichen Verfahrens, das dem bisherigen durchaus ungleich ist. Sie kennt nur Aerzte, welche nach den bekannten Pharmacopöen, namentlich nach der für unser Land festgesetzten preußischen, ihre Recepte verfertigen lassen, und Apotheker, die solche Verfertigung erlernt haben, und verbietet deshalb das Verkaufen, Bereiten und Ausgeben der Arzneien allen denen, die nicht wirklich ordnungsmäßig gelernte und concessionirte Apotheker sind.

Es kann diese Verordnung kein Tadel treffen, sobald man die hergebrachten ärztlichen und pharmaceutischen Geschäfte dabei im Auge hat. Die Apotheker befinden sich dadurch in einer Lage, daß man eine wohlunterhaltene Officin bei ihnen voraussetzen darf, das Publikum vertraut auf richtige Bedienung, und die niederen Volksklassen haben seltner Gelegenheit, Arzneikrämern und Quacksalbern in die Hände zu fallen.

Indem die Medicinalordnung nur den Apothekern den Verkauf, das Verfertigen und Verabreichen von Arzneien zugesteht sie aber verpflichtet nur Recepte approbirter Aerzte anzunehmen, hält sie alle Nichtapotheker von der pharmaceutischen und alle Nichtärzte von der ärztlichen Praxis ab.

Es ist nun aber die Frage, ob und in wie fern das gesundheitspolizeiliche Gesetz von 1822, die am 13. Juni 1832 erlassene Verfügung, wogegen die Petenten aufgetreten sind, bedinge und begründe. Hören wir diese Verfügung:

(zu lesen)

Es ist klar, daß unter den „bestehenden Gesetzen" das vorhin erwähnte von 1822 verstanden ist, weshalb auch die Behörden angewiesen werden, keine Abweichung davon zu gestatten; und da Aerzte und Apotheker sich gegenseitig nicht ins Amt greifen dürfen, so wird folgerichtig den Homöopathen, als Aerzten, das Selbstdispensiren (d. h. Bereiten und Verabreichen) von Arzneien untersagt.

Aus diesem Gesichtspunkte betrachtet, verlöre demnach die Annahme der Petenten, daß sich die Verfügung vom Juni 1832 auf kein Gesetz gründe, ihre Haltung. Der vorliegende Fall ist aber der eigenen Art, daß die Petenten glauben, ihn noch aus einem andern Gesichtspunkt betrachten zu müssen. Sie geben zu, das Gesetz passe auf Aerzte, aber nicht auf alle. Sie geben zu, es treffe sämmtliche Aerzte, die zur Ausübung ihrer Wissenschaft die frühere Behandlungsart der Heilstoffe gebrauchen, nicht aber solche, die eine gänzlich davon abweichende befolgen. Ohne im mindesten das von den Gesetzen gebotene Verhältniß der pharmaceutischen zur bisherigen medicinischen Praxis antasten zu wollen, stellen sie die Behauptung auf, die neue ärztliche oder homöopathische Praxis vertrage sich durchaus nicht mit jenem Verhältniß und unterliege einer ganz anderen Beurtheilung als derjenigen, woraus die Verordnung gegen das Selbstdispensiren der Aerzte abgeleitet wäre. Nicht einmal das Wort Arznei wollen sie angewendet wissen auf diejenigen Heilmittel, deren Bereitung in keiner Pharmacopöe gelehrt werde, die also der Apotheker nicht verstehe, gegen deren ärztliche Bereitung und unentgeldliche Verabreichung jedoch sich der Staat erklärt habe.

In der That, sind diese Ansichten gegründet, so kann es den Petenten nicht verargt werden, wenn sie die Medicinalverordnung von 1822 für nicht anwendbar auf die neue Praxis halten, und die auf den Bericht des vormaligen hiesigen Regierungskollegs, so wie auf das Gutachten der medicinischen Facultät der Landesuniversität, gestützte Verfügung von 1832, die den Unterschied zwischen homöopathischer und anderer Heilart wohl annimmt, doch nicht in völliger Schärfe gelten läßt, unbillig finden.

Es kommt demnach vorzüglich darauf an, ob die Eigenthümlichkeit der Homöopathie wirklich die Ansicht der Petenten begründet, vor allem aber, ob diese Eigenthümlichkeit von wissenschaftlichem Werthe und so praktischer Brauchbarkeit ist, daß man dem Staate, sie besonders zu berücksichtigen und ihr freie Bewegung zu gestatten, zumuthen kann.

Der Bericht des vormaligen hiesigen Regierungskollegs, wie auch das Gutachten der Gießner medicinischen Facultät (Documente, deren Durchsicht wir der gefälligen Mittheilung der Großherzogl. Staatsregierung verdanken) halten nun freilich diesen wichtigen Punkt nicht für erheblich genug. Der Bericht, im Allgemeinen das Nichts der homöopathischen Heilmittel beanstandend, weißt nur auf die Dringlichkeit eines von der Facultät einzuholenden Gutachtens hin, und dieses erklärt von vorn herein die Frage über den Werth oder Unwerth der Homöopathie für gleichgültig, wo es sich von Anwendung der Medicinalordnung auf das Arzneidispensiren handle. Die Motive aber, die es unabhängig von der genannten Frage gegen das Selbstdispensiren homöopathischer Aerzte aufzustellen versucht, sind gerade dazu geeignet, auf die Frage selbst zurück zuführen und ihre Beantwortung gebieterisch zu verlangen. Man höre nur die hauptsächlichsten dieser Motive, den eigentlichen Kern derselben; es sind folgende:

1) Die Apotheker verdienen das gleiche Vertrauen, sie mögen nun homöopathische oder allöopathische Mittel bereiten; überdem sind sie zum Bereiten derselben, auf jeden Fall geschickter, als die Aerzte.

2) Man darf nicht leiden, daß ihre Privilegien durch eine neue Heilmethode leiden.

3) Da die Medicinalordnung sich eben so wenig um Hahnemann als um Brown, Rasori und Brussais kümmert, so muß sie im vorliegenden Falle strict angewendet werden.

4) Es steht zu fürchten, daß auch die Allöopathen das Dispensiren in Anspruch nehmen werden, falls die Homöopathen auf den nahe liegenden Einfall gerathen sollten, sich für die Lieferung ihrer Mittel auf geschickte Weise bezahlt zu machen.

5) Ueberhaupt bestehen die Homöopathen nur deshalb auf der Selbstdispensation, weil sich kein besserer Weg zur Förderung und Ausbreitung ihrer Lehre finden läßt, als dieser, da die Menge bekanntlich dem Neuen, dem Mysteriösen, dem Wohlfeilen zuläuft, und praxislose sowohl als junge Doctoren deßhalb zur neuen Lehre übertreten werden.

Daß der letztere Grund ein Hauptmotiv des begutachtenden Kollegs enthält, und daß sowohl Abneigung gegen die Homöopathie, als auch Furcht vor deren fernerer Ausbreitung wesentlich auf sein Votum eingewirkt haben, scheint am Tage zu liegen.

Um so mehr hielt der Referent Ihres dritten Ausschusses, wenn er die Ursache dieser Abneigung erforschen, also das Hauptmotiv des Gutachtens prüfen wollte, es für seine Pflicht, über das Wesen der

Homöopathie Erkundigung einzuziehen, und sich über ihre Entstehung, Grundsätze und Rang in der medicinischen Literatur, so wie über ihre Anwendbarkeit im Leben, ein Urtheil wenigstens im Allgemeinen zu bilden. Dieses gar bald eben so angenehme als belehrende Geschäft führte den Referenten zu einer dem erwähnten Gutachten sehr unähnlichen Ansicht, der zufolge das Hauptmotiv desselben seine Kraft verlor, folglich auch die sonstigen Gründe, wogegen schon an sich manches Erhebliche zu sagen war, um so geschwächter dastanden. Er glaubte also es zur vornehmsten Aufgabe seines Berichts machen zu müssen, das Wesen der Homöopathie und ihres Werthes, so weit beides ihm klar geworden, kurz zu entwickeln, und erst nach Beleuchtung jenes Hauptmotivs zur Betrachtung der anderweitigen das Selbstdispensiren der homöopathischen Aerzte ungünstig und günstig berührenden Behauptungen überzugehen.

Wenn nun auch, meine Herrn, die Majorität Ihres dritten Ausschusses, dem aus der Untersuchung sich ergebenden Schlußantrage beistimmt, so bin ich doch von ihr beauftragt, zuvörderst zu erklären, daß nur wenige Stimmen des Ausschusses sich darauf einlassen, den Werth der Homöopathie unter die Gründe ihrer Beistimmung aufzunehmen, und einige Mitglieder noch außerdem ein eigenes Argument, nämlich die Unterstellung, daß die Großherzogl. Medicinalordnung vom Jahr 1822 als nicht auf gesetzlichem Weg verfaßt, auch keine gültige Anwendung zulasse, für die hauptsächlichste Begünstigung der Petenten ansehen, — ein Votum, das Sie, meine Herrn, am Schlusse des Berichts ausführlicher vernehmen werden. Was die Minorität betrifft, so hat sie die Erklärung ihrer von dem Schlußantrage gegenwärtigen Berichts abweichenden Meinung der öffentlichen Diskussion in der Kammer vorbehalten.

Nach Erledigung dieses besonderen Auftrags erlaubt sich der Referent die Kammer um geneigtes Gehör bittend, den Faden seines Berichts wieder aufzunehmen.

Er spricht nun vor allem sich dahin aus, daß man den Ursprung der Homöopathie ja nicht einem Anfalle von Neuerungssucht oder Schwärmerei zuschreiben dürfe. Gleich fern von eitler Charlanterie, wie von den Produkten träumerischer Mystik, ist sie eine wahrhaft ärztliche Doctrin und nicht etwa aus den Lehrsätzen unserer naturphilosophischen Methaphysiker, sondern aus wirklicher Erfahrung entstanden und fortdauernd auf empirischem Wege weiter aufgebaut.

Hahnemanns Entdeckungen stehen deshalb nicht völlig isolirt in der wissenschaftlichen Welt da, sie reihen sich vielmehr, wie es mit jeder wahrhaften Erweiterung der menschlichen Erkenntniß geschieht, an die Beobachtungen und Erfahrungen früherer Zeiten, so, daß kein Sprung von der bisherigen Medicin zu der neuen, sondern nur ein Schritt vorwärts, ein ächter Fortschritt aber, und dies will viel sagen, zu ihr hingeführt hat. Es wird nöthig seyn, dies genauer anzugeben.

Es ist bekannt, daß die jedesmaligen Vorstellungen vom Sitze des Lebens, einen sehr großen Einfluß auf die medicinischen Doctrinen gehabt haben. Je nachdem man den Lebensgeist in den festen Theilen oder in den Säften vermuthete, im Blute oder im Gehirne ihn bereiten ließ, je nachdem man den bloßen Reiz der Muskeln oder der Nerven ins Auge faßte und entweder materialistisch, das geistige Wesen in den thierischen Bestandtheilen oder hinter der Hülle in der unabhängig davon existirenden Seele allein erblickte, stellte man medicinische Grundsätze und Systeme auf. Erst in der neueren Zeit ward der Begriff des Lebens durch die außerordentlichen Entdeckungen der Physiker von der organischen Natur auch auf die unorganische, ja auf das Welltall, übertragen, und man sah sich, um alle Merkmale des Lebens in eine Hauptbezeichnung zusammen zu fassen, zu dem Ausspruch genöthigt: das Leben offenbare sich zwar auf unendlich verschiedene Weise, je nach den Stoffen und Organen, wodurch es sich äußere, allein überall als eine Kraft des Gegenwirkens.

Diese Gegenwirkung hatte man nun längst, schon seit Hippokrates Zeit, in Krankheiten wahrgenommen, und manche denkende Aerzte stellten deshalb den Grundsatz auf, es müsse der Natur, d. h. jener Gegenwirkung des Lebens, geholfen werden. Allein es scheint, daß sie irrten, indem sie die Krankheitserscheinungen für die Krankheit selbst, und die Gegenwirkung des Lebens für unfehlbar hielten. Daher kam es, daß man der Natur wohl zu helfen wähnte, im Grunde aber meistentheils mit ihr selber stritt, ohne es zu wissen; sey es, daß man die Krankheit durch entgegenwirkende Mittel auftreiben, oder durch Erzeugung anderer Leiden, durch geflissentliches Reizen und Schwächen, sowohl der Organe, als des gesammten Organismus, aus ihrem eigentlichen Sitz weglocken, und wie durch ein Stratagem beseitigen wollte.

Bei solchen antipathischen und allöopathischen Verfahren kamen nun manche sonderbare Erscheinungen vor, die als Thatsachen feststanden, jedoch sich schwer oder nur mit allgemeinen Redensarten erklären ließen. Die alten volksthümlichen Aussprüche: Hitze muß Hitze und Schnee muß Frost vertreiben, sah man oft durch jene Erscheinungen auf überraschende Weise bestätigt. Es wichen zuweilen bedenkliche Uebel vor Mitteln, die man ihrer bekannten oder chemisch untersuchten Bestandtheile zufolge, gerade für entgegengesetzte Uebel brauchbar gehalten. Manche Mittel hatten auch die Seltsamkeit, diejenigen Krankheiten hervorzubringen, die sie heilen konnten, der Schwefel z. B., welcher Ausschläge heilte und veranlaßte. Man hatte Beispiele, daß eine Diarrhöe durch ein stark abführendes, Schweiße, durch schweißtreibende Mittel vertrieben waren, Katarrhe suchte man gern, wie man sich ausdrückte, in Fluß zu bringen. Ein Epileptischer genaß einmal durch ein Mittel, das zuerst noch heftigere Anfälle veranlaßte, und der Schwamm, welcher Kröpfe verringert, bewirkte Anschwellung der Halsdrüsen.

Solche Erscheinungen, die als Ausnahmen von der Regel, als Anomalien galten, gaben unserm Hahnemann Anlaß zum Nachdenken und zu Versuchen. Er wollte wissen, warum die genannten Medicamente sich selbst scheinbar widersprachen, und ob noch mehreren Stoffen, als Schwefel, Giften, Quecksilber rc. die Eigenschaft beiwohne, in gesunden Personen die Symtome der Leiden hervorzubringen, die sie an Kranken zu heilen vermochten. An der China fand er es wirklich so, er bekam fieberhafte Anfälle davon. Dies führte ihn weiter. Es schien ihm, daß die Medicamente die Krankheit steigerten, während sie heilten, und daß man zuletzt gar oft nicht sowohl die Krankheit an sich, als die Wirkung der Mittel zu bekämpfen habe.

Dem Gebrauche der China z. B., wo sie stärken sollte, sah er oft Erschöpfung, wie dem des Quecksilbers die bekannten Verwüstungen folgen, beides Thatsachen, die man herkömmlich für Nachwehen der Krankheiten hielt, während er sich gedrungen fühlte, sie für Produkte der Heilmittel zu halten. Dies beobachtend und bedenkend erschien ihm der Begriff des Lebens als einer reinen Kraft der Gegenwirkung in einem durchaus neuen Lichte und in so ungemeiner Klarheit, daß er annahm, die Krankheitserscheinungen möchten weniger die Krankheit selbst, als vielmehr die Auflehnung der Lebenskraft gegen sie andeuten. So verwandelte sich ihm die bisherige Ansicht in ihr Gegentheil. Die Uebel bekämpfen ward ein Act wider die Natur. Von nun an hieß es: wer helfen will, muß die Uebel unterstützen! und diejenigen Arzneien sind die zweckmäßigen, welche die Eigenschaft haben, ähnliche Leidenszustände, oder richtiger gesagt, eine ähnliche Aufreizung der Gegenwehr des Lebens zu veranlassen. Denn gerade von ihnen läßt sich erwarten, daß sie an den Sitz der Krankheit gelangen, und dort wirken werden. Der Arzt hat jedoch den Arzneistoff, der an Gesunden geprüft ist, so anzuwenden, daß er die gereizte Lebenskraft immer nur noch um ein weniges mehr anreizt, was sich bewerkstelligen läßt, wenn er nicht solche Dosen gibt, wie es bisher gebräuchlich war, sondern feinere, ganz anders bereitete, und zwar deshalb, weil die Organe für den homöopathischen Reiz unendlich empfänglicher sind, als für den anti und allopathischen oder allöopathischen.

Dies meine Herren, ist die Entstehung und Hauptgrundlage der Homöopathie. Ueberlegt man, wie viele einzelne Krankheitserscheinungen nunmehr zu betrachten zu vergleichen waren, welche Beharrlichkeit dazu gehörte, um nur erst zu einiger Gewißheit über einige, auf chemischem Wege wohl zu vermuthende, aber nicht practisch zu ergründende Heilkräfte zu gelangen, und welche Schwierigkeiten es noch haben muß, sämmtliche Arzneistoffe auf die früher nicht bräuchliche Weise an Gesunden zu prüfen, und die über 2000 Jahre stets gewachsene große Materia medica fast mit einer neuen zu vertauschen, so wird man mit Achtung vor dem Talente und vor dem Unternehmungsgeiste des Mannes erfüllt, der die neue Bahn im Gebiete der Heilkunde eröffnet hat.

Es lag übrigens im Gange seiner Untersuchungen, blos mit einfachen

Arzneistoffen, so einfach wenigstens, als die Natur sie liefert, zu verkehren.

Was nämlich vorzüglche Aerzte längst bezweifelt, längst ziemlich beschränkt hatten, die Bereitung der Arzneien aus vielerlei Bestandtheilen, gab Hahnemann mit einem Schlage auf. Selbst die Zuthaten, die jene Aerzte immer noch der sogenannten Basis der Recepte beigefügt, warf er bei Seite, nicht aus Keckheit, aus Neuerungssucht, nein, weil er mußte, weil die Idee von der feineren, zarteren Lebensunterstützung darauf hinführte, und das jedenfalls richtige Urtheil, daß der Prüfung der Complicien die der Simplicien vorausgehen müsse, es geradezu gebot.

Dadurch trat er nun allerdings in eine starke Opposition mit den bisherigen Systemen. Ließ man die Theorie von der Nothwendigkeit der homöopathischen Behandlungsart noch gelten, so stieß doch das Verwerfen aller Arzneigemische zu sehr an. Wäre Hahnemann auch nicht weiter gegangen, als bis hierher, so würde er schon die Apotheker, wenn auch nicht die Aerzte gegen sich gehabt haben. Selbst der vielseitige Hufeland (gegenwärtig ziemlich zu Gunsten der Homöopathie gestimmt) mochte sich schwer in die Neuerung finden, und fragte: wie denn einfache Arzneien gegen zusammengesetzte Uebel ausreichen sollten? worauf man erwidern könnte: ob denn wirklich meistenfalls die Krankheiten so zusammengesetzt wären, und ob nicht vielmehr ein und dasselbe Leiden verschiedene Aeußerungen von der Gegenwirkung des Lebens, schon durch den Zusammenhang der Organe, hervorbrächte? Ja Hahnemann bewieß aus der Erfahrung, daß ein Mittel oft ganze Gruppen verwandter Krankheitserscheinungen hervorrufe, folglich auch gegen ganze Gruppen ähnlicher Krankheiten dienen müsse. — Uebrigens sprach noch vieles für die Simplicität der Arzneien, namentlich die Wahrscheinlichkeit, daß auch solche Complexe, von denen die Chemie noch nicht die Verwandlung ihrer vorigen einzelnen Eigenschaften in eine neue dargethan hat, sicher auch eine Veränderung erleiden. Man müßte demnach die meisten Arzneigemische, wenn sie nach ihren Bestandtheilen wirken sollten, als Ausnahmen von der Regel ansehen? Wer aber vermöchte, wenn sie auch exceptionell wären, die Durchkreuzung und gegenseitige Unterstützung oder Aufhebung der einzelnen in der Complexion befindlichen Stoffe, ihr gegenseitiges Verderben, Verändern und Auflösen zu berechnen!

Ein Freund der Homöopathie *) verglich die Arzneigemische, die an verschiedenen inneren Stellen des Organismus zu dienen bestimmt sind, mit einem Briefpaquet, das vom Postamte zu öffnen und an die Addressen auszutheilen sey. Der Magen, sagt er, ist das Postamt; er empfängt es, löst dann die Bestandtheile auseinander, und spedirt diesen an die Galle, den an die Nieren, den an die Kopfnerven, den an den Unterleib u. s. w., ungefähr wie vor dritthalb Jahrhunderten der berühmte

*) Jochmann, in den Briefen eines homöopathisch Geheilten.

Montaigne, der kein Freund der Mediciner war, scherzhaft ausrief: „Wie? alle die guten Dinge, die ihr zur Tisana zusammen brauet, sollen sich aus dem Gemensel wieder herausfinden, und jedes Einzelne seine Bestellung ausrichten? Ich fürchte, sie verlieren oder verwechseln ihre Wegzettel, oder beunruhigen sich in ihren Quartieren!" —

Der humoristische alte Herr würde wahrscheinlich gefälliger den simplen Stoffen Hahnemanns entgegen gekommen, vielleicht gar von den Ideen dieses Mannes ergriffen und aus einem spöttelnden Gegner ein liebender Freund der inneren Heilkunde geworden seyn.

Referent sagt dies nicht, als wenn es ihm eben so gehen könnte, oder schon so gegangen wäre. Bei noch geringer Kunde von der neuen Lehre, und besonders von ihrem Erfolge, würde es zu gewagt seyn, schon einer Vorliebe sich zu überlassen. Auch wollen wir ja nur im Allgemeinen über den Werth der Homöopathie uns verständigen, wohl wissend, daß eine Doctrin von großer Wichtigkeit seyn kann, ohne eben in allen Theilen absolute Wahrheit zu besitzen, und daß Hoffnungen, welche unsere Phantasie an bedeutende, reellen Werth habende Erfindungen knüpft, nicht immer verwirklicht werden. Was jedoch den Streit zwischen Anwendung der einfachen und zusammengesetzten Arzneistoffe betrifft, so möchten wohl die vorhin angeführten Vertheidigungsgründe von überwiegender Stärke seyn. Ebenso ist es auch mit der Natürlichkeit der Hahnemann'schen Diät, die ins Auge springt und selbst von denen, die sich um ihren Grund und um die ärztlichen Ideen ihres Anordners nicht kümmern, oder sie belächeln, für einleuchtend, ja für die einzige Ursache des Gelingens homöopathischer Kuren angesehen wird. Der Referent darf diesen Punkt nicht übergehen, ohne auch darin auf die Folgerichtigkeit des Hahnemann'schen Verfahrens hinzuweisen; denn seine diätetischen Vorschriften hängen genau mit seiner Theorie zusammen. Da er gleichartige Reize anwendet, so müssen andersartige vermieden werden. Nahrungsmittel, die arzneilich wirken, z. B. Gewürze, Caffee, Thee, geistige Getränke, Essig, Senf, Schweinsfett 2c., sind also verboten.

Um diese Grundregel begreiflich zu machen, bedient sich Hahnemann eines hübschen Vergleichs. Wenn alles still ist, sagt er, kann dein Ohr auch aus ziemlicher Ferne eine Flöte vernehmen; ist aber anderes Geräusch und Getöse umher, so können ihre Töne nicht zu dir hindringen. So darf auch die Arznei, die dir helfen soll, nicht an ihrer Aufnahme durch gröbere Einwirkung gehindert, nicht in der Assimilirung mit der Lebensthätigkeit gestört werden. Diät besteht also darin, solche Störungen zu vermeiden, wobei jedoch der Körper seine Nahrung nicht zu verlieren braucht, und immerhin ohne ängstliche Rücksichten auf chemische Analysen und oft persönliche Launen der Aerzte und Patienten, sich gut besorgen läßt. Daß die Homöopathie, weil dies Gesetz verständlich ist, ihre Patienten in eine Lebensordnung bringt, der sie gerne Folge leisten, wird von allen Seiten her bestätigt, und verstärkt unsere Ansicht von der Bestimmtheit ihres Verfahrens.

Aber — werden Sie mir entgegnen — ist das die ganze Homöopathie? Wo bleibt die Merkwürdigkeit der Trilliontel und Decilliontel, die doch ein wesentliches Stück der neuen medicinischen Lehre ausmachen? Es scheint fast, als solle der bedenklichste Punkt in eine künstliche Ferne geschoben werden. — Keinesweges meine Herrn.

Was der Zeit nach in den Hahnemann'schen Ideen sich später ausbildete und systematisch sich abschließt, durfte auch in dieser kurzen Erörterung derselben nicht wohl vorangehen. Uebrigens gestehe ich, daß gerade dieser Theil der Homöopathie, nämlich die Arzneibereitung, unserer gewohnten Begriffsweise, vielleicht der Neuheit wegen, am wenigsten nahe liegt.

Die Nachsicht der Kammer wird darum doppelt nöthig seyn, wenn ich es wage, auf einem mir an sich schon fremden Gebiete gar in die äußerste Region desselben mich zu versteigen. Allein ich decke mich mit dem Referentenschilde und mit Schakespears Ausspruche, daß es Dinge unter dem Monde giebt, wovon sich die Philosophen lange Zeit nichts träumen lassen.

„Doch sagt unser deutscher Dichter —

Doch, hat Genie und Herz vollbracht
Was Locke und Deskartes nie gedacht,
Sogleich wird auch von diesen
Die Möglichkeit bewiesen."

Es ist wahr, Hahnemann giebt Arzneien von fast unendlicher Kleinheit, man könnte sagen, daß von seinen Metallen und Erden kaum ein Stäubchen, von seinen Pflanzensäften kaum der Duft dazu benutzt werde, als wolle er der sichtbaren Körper sich entschlagen und die Atome, das Uebersinnliche, herbeirufen; ein Verfahren, wovon die bisherige Medicin sich fern hielt, beinahe den verlachten sympathetischen und astrologischen Kuren, den Glaubensheilungen der Wundermänner, apokalyptischen Aerzten vergleichbar. Allein, meine Herrn, was ist denn eigentlich klein, und was ist groß? und läßt sich der Werth der Dinge immer nach diesem Merkmale abschätzen? Wird ein hölzerner Klotz unser Auge mehr anziehen, als die Figur, die ein geschickter Künstler aus einem schönen Stücke desselben schnitzt? und das Insekt, das den Naturforscher beschäftigt, weniger, als der plumpe Erdenkloß, worauf es kriecht? Denken wir gar an die verborgenen inneren Eigenschaften der Dinge, da schwinden Maaß, Gewicht und Zahl, und alle Merkmale, wonach das Körperliche erkannt und erwogen wird. Wer sähe dem Flämmchen an, wenn er es nicht schon wüßte, daß es grenzenlose Feuer veranlassen? wer dem Pulver, dem noch nicht in Dampf aufgelößten Wasser, die ungeheure gewaltsame Dehnbarkeit und dem elektrischen Funken die Kraft an, hundert und tausend sich berührende Personen in einem Augenblick zu durchzucken? Wer möchte das Wesen der Wärme, des Lichts, des Magnetismus unter irgend ein irdisches Maaß bringen wollen?

Haben wir nun von dem Umfange der Körper nicht auf den Umfang und die Tüchtigkeit inwohnender Kräfte zu schließen, also von dem sinnlich großen nicht gerade Großes, und von dem sinnlich kleinen Kleines zu erwarten, so kommt noch hinzu, daß jene Kräfte, in Stoffe gebunden, für uns nicht vorhanden zu seyn scheinen, jedoch entbunden oder gelößt, plötzlich ihr Daseyn offenbaren.

Und diese bekannten Sätze sind es, worauf die Homöopathen zurückweisen, wenn sie zu der Behauptung Hahnemanns vorbereiten wollen, daß sich durch Zersetzung arzneilicher Stoffe ihre Kraft in hohem Grade entwickeln, und erst dann im feinsten Mehr oder Minder homöopathisch anwenden lasse. Womit anders, sagen sie, wollten denn von jeher die Aerzte heilen, als durch den Geist der in den Heilmitteln liegt? Daß aber dazu der rohe Stoff nicht immer taugte, daß man ihn, um den Geist zu benutzen, irgend einer Bereitung unterwarf, das schien ihnen nothwendig zu seyn; Stücke Blei und Kupfer sahen sie oft unschädlich durch den lebenden Körper gehen, aber zerrieben oxydirt, oder aufgelößt die böslichsten Folgen haben. Officinelle Rinden zeigten sich, von englischen Maschinen aufs feinste zerstaubt, wirksamer, als bei uns, wo sie minder fein pulverisirt werden. Wie fein, wie unscheinbar aber manche Stoffe seyn können, ohne ihre inwohnende Eigenschaft einzubüßen, das sehen wir an Pfeilen, die vor Jahrhunderten vergiftet waren und noch jetzt giftig sind. Der zarte Vaccinestoff vermag auf ein ganzes Leben zu wirken, wenigstens lebt er noch in der längst vertrockneten und zerfallenen Blatter. Die ansteckende Materie der Pest, kann mit einem Briefe, einem Stückchen Baumwolle, die nur in verpesteter Atmosphäre lagen übers Weltmeer reisen. Freilich sind dies stark wirkende, gefährliche Influenzen. Aber auch das geistige Etwas der minder heftigen, der giftlosen Stoffe ist im Stande, sobald es entbunden und potenzirt wird, noch durch ein Minimum seiner materiellen Hülle, und wäre es den Sinnen nicht mehr bemerkbar, auf homöopathische Weise zu wirken; so wie Ideen und Gefühle, Schmerz und Freude, in gleich gearteten oder gestimmten Gemüthern durch Association oder Sympathie ihres Gleichen erwecken. Nicht materiell, nicht chemisch soll der Arzt vorzugsweise wirken, sondern dynamisch durch Leben auf Leben.

Man entgegne nicht, daß die subtilsten Arzneigaben der bisherigen Receptirkunst doch wohl klein genug seien. Wohl sind sie das, dann aber in ihrer immer noch vorhandenen Rohheit auch zu schwach. Nicht durch das Theilen allein, sondern vorzüglich erst durch die Manipulation des Reibens, Schüttelns und Auflösens entbindet sich der Geist des Stoffes, so wie viele Körper, durch bloßes Reiben, und zwei polarisch entgegengesetzte Metalle schon durch stilles gegenseitiges Berühren eine eigenthümliche Kraft entwickeln. Es ist ein großer Irrthum, die Begriffe getheilt und entwickelt, oder vielmehr materiell getheilt und geistig potenzirt für gleich bedeutend zu halten. Der allopathische Beurtheiler hat übrigens noch an die Nebenwirkungen der rohen Arzneistoffe zu denken, die ihm die Heilung so mancher Krankheiten, auch wenn er die rechten Mittel traf, häufig erschwerten. Bei materiell kleinen Gaben wird die Nebenwirkung unbedeutend seyn, doch auch die Hauptwirkung. Der vergeistigte Stoff äußert sich aber zugleich als ein geläuterter, bringt jene Nebenwirkungen oder Störungen (die man Arzneikrankheiten nennt) nicht hervor, und kann dennoch in genügender Gabe gereicht werden. Darum mögen die Widersacher ausrufen: Ganze Gläser voll solchen homöopathischen Heiltranks leeren wir aus, ohne nur zu spüren, was wir getrunken! — Der Homöopath antwortet: „Möglich, wenn die Arznei danach ist, und besonders, wenn ihr gesund seyd, oder an andersartigen Uebeln leidet, also die Tropfen nicht für euch bestimmt, nicht homöopathisch für euch sind. Einem Kranken aber, der die rechten Tropfen, die für ihn homöopathischen genießt, wird auch die Wirkung nicht fehlen. Die Saiten einer Octavscala von c bis c werden alle außer a sich ganz still und todt verhalten, wenn ein Instrument in der Nähe nichts als den Ton a angibt. Sie könnten also wie ihr ausrufen: „Uns rührt das Gegeige nicht, es muß also unwahr seyn, was man von der Sympathie der Töne sagt.“ — Die Saite a widerlegt sie auf der Stelle durch unwillkürliches Vibriren und Erklingen. „So ists, und daß es sich so verhält, würde Hahnemann hinzusetzen, zeigen die Erfolge meiner Kuren.“

Wohl Hahnemann selbst, höre ich sie sagen, und wahrscheinlich noch mehr seine Jünger und Anhänger werden dieser Ueberzeugung seyn. Wer steht aber dafür, daß in dem Enthusiasmus des Erfinders für sein Werk und der Jünger für die Wahrhaftigkeit des von ihnen verehrten Meisters, nicht einige Selbsttäuschung sich einmischt? Allopathen selbst müssen es seyn, Allopathen von medicinischer Gelehrsamkeit, von scharfem Urtheil und wahrer praktisch angewandter Kenntniß, wie des alten, so des neuen Heilverfahrens, — solche müssen wir günstig urtheilen hören, wenn wir den feinen Medicamenten Hahnemanns Glauben schenken, d. h. die Möglichkeit des Heilens zutrauen sollen. Theoretisch ist allerdings die Möglichkeit nicht zu läugnen, unser Verstand begreift den innern Zusammenhang der Ideen Hahnemanns, allein ob sich, worauf hier vieles ankommt, die behauptete Potenzirung der Arzneistoffe durch Reiben und Schütteln, und ihre arzneiliche Heilkraft in so unendlich feinen Gaben, auch wirklich in der That bewähre, dafür möchten doch unpartheiische Belege sehr nöthig seyn.

Nun gut, auch diese finden sich, und Referent braucht nur auf den ausgezeichneten Arzt, Oberhofrath Kopp in Hanau zu verweisen, der den zweiten Band seiner Beiträge zur ärztlichen Praxis 1832 ausschließlich der Mittheilung seiner Erfahrungen über Homöopathie gewidmet hat.

Mir ist seit geraumer Zeit keine Schrift vorgekommen, die mehr nüchterne Besonnenheit, ruhige Prüfungsart und gerechtes Abwägen der verschiedenartigsten in einer und derselben Wissenschaft herrschenden Ansichten darlegt, als diese. Thatsachen werden darin prunklos aufgezählt, in allen Urtheilen und Schlüssen tritt Mäßigung mit logischer Schärfe zugleich hervor, und der Styl selbst hat das Gepräge der Wahrheitsliebe, den anklingenden Ton der Ueberzeugung. Da man nun deutlich gewahrt, daß der Verfasser, während einer sechsjährigen sorgfältigen Untersuchung der

Homöopathie, keineswegs der Allopathie untreu geworden, sondern mit vorsichtigem Eklecticismus das ihm bewährt erscheinende aus beiden zu verbinden sucht, so dürfen und können wir ihm Vertrauen schenken, wenn er als unpartheiischer Dritte über den Gegensatz und über den Einigungspunkt der neuen und der älteren Heilkunde, und über starke und schwache Seiten beider uns zu belehren unternimmt.

Herr Kopp stimmt nun gerne dazu für die Richtigkeit der Entdeckung in Bezug auf die fast endlose Verkleinerung vieler Arzneistoffe, und daß er diese gar häufig mit Glück angewandt habe. Wenn ich, sagt er, als Geschworner zu urtheilen hätte; so könnte ich mit gutem Gewissen nicht anders sagen, als: Ja, diese Decilliontel äussern bestimmte Heilkräfte, jedoch glaube ich, daß sie im Allgemeinen am wirksamsten und angemessensten bei sehr sensibeln und irritabeln Kranken zu gebrauchen sind. Wer von uns, meine Herrn, will solches Zeugniß — und einen competenteren Richter als diesen scharfen Kritiker der Hahnemann'schen Schriften, gibt es laut Hufelands Aeusserung nicht *) — Lügen strafen! Wer in der medicinischen Literatur und Praxis will solche Erfahrung zu bestreiten wagen, als gleichfalls durch Erfahrungen, durch gegensprechende nämlich? Und wie können diese anders gemacht werden, als durch freie und vielfältige Anwendung der homöopathischen Versuche? Nur sie, nur die Folgezeit können das Urtheil sprechen. Bis dahin begnügen wir uns, die Einfachheit, Consequenz und Sinnigkeit der Hahnemann'schen Lehre anzuerkennen, die aus Erfahrungen auf Naturgesetze schließt, wiederum Erfahrungen darauf baut, und sich auf empirischem Wege ins Reich unsichtbarer Kräfte erhebt, um dieselben zu beherrschen und zum Wohle der leidenden Menschheit zu bethätigen. —

Und sollte sich auch in das Selbstgefühl dieser Erhebung eine zu kühne Zuversicht, ein zu starres Ausschließen der Verdienste älterer medicinischen Schulen einmischen, sollte sogar das homöopathische Gesetz similia similibus das alte contraria contrariis als Bruder neben sich dulden müssen; so würde doch, laut dem Hauptresultate, das die Lectüre der Kopp'schen Schrift liefert, noch sehr viel Wahres und Brauchbares von den Entdeckungen Hahnemanns übrig bleiben, z. B. das Vermeiden abentheuerlicher Arzneigemische, das Präpariren aus frischen Pflanzensäften, die eigene Prüfungsart der Heilstoffe und ihrer Wirkungsdauer, die beträchtliche Vermehrung der specifischen Mittel, die Lehren von der Erst- und Nachwirkung der Medicamente und von den Arzneikrankheiten, überhaupt die Kunst, mit Wenigem viel auszurichten, mindestens der Natur keine Gewalt anzuthun, — Dies alles ist von solcher Wichtigkeit, daß eine Reform der Medicin, mindestens theilweise, unausbleiblich zu seyn scheint, und der Rang der Homöopathie unter den medicinischen Systemen ebenso gewiß von hoher Bedeutung ist, als der Name Hahnemanns unter den ruhmvoll-

---

*) Hufelands Journ., Januar 1833. Beil. z. d. Verhandl. d. 2ten Kammer. 2r. Bd.

sten Gelehrten und Denkern Deutschlands zur Unsterblichkeit gelangen wird. —

Trotz dem darf es uns nicht auffallen, daß die neue Doctrin mit ihrer älteren Schwester zu ringen hat, um sich Bahn zu machen. Wer im Besitz gewisser mühsam erworbenen Kenntnisse und Fertigkeiten ist, wird ungerne daran gehen, sie für unzulänglich zu halten, und nur der Nothwendigkeit weichend, sich der Mühe einer Umgestaltung seines Wissens bequemen, zumal nach Kopps Versicherung viel Fleiß, Geduld, guter Wille und treues Gedächtniß dazu gehört, um sich mit den Symtomen sämmtlicher homöopathisch geprüfter Arzneien bekannt zu machen. Auch ist es erklärlich, daß die Mehrheit der Anti- und Allopathen nicht unbefangen zu den neuen Lehrsätzen hintritt, sondern mit den Prämissen der älteren medicinischen Begriffswelt bewaffnet, sich zur Wehre setzt. Ein solcher Streit, wie er natürlich ist, ist auch wohlthätig. Copernickus Sonnensystem befestigte sich durch Tycho Brahe's hartnäckige Einwendungen nur noch mehr. Der Widerspruch reizt zur Forschung und die Wahrheit muß dabei gewinnen. Nur sollen die Zuschauer, die erst den Anfang ohne das Ende gesehen, und die feindlich gesinnten Aerzte, die, wie Herr Kopp annimmt, aus bloßer Unkunde die Homöopathie verdammen, nicht den Richter machen; nur soll der Staat nicht aus sonstigen Rücksichten hindernd auftreten, und, wie gesagt, in einer so wichtigen Sache nicht dem Erfolge vorgreifen. Ist es Thorenwerk, so wird es untergehen, ists von Oben, so wird Niemand es vernichten.

Wir leben überhaupt in einer Zeit, wo man die auffallenden Erzeugnisse des Genies nicht deshalb verdammt, weil sie auffallend, weil sie unerhört sind. Früheren Jahrhunderten ist zu verzeihen, wenn das Unentdeckte, das Unbegriffene, entweder als Wunder angebetet, oder als Hexenwerk verabscheut wurde. Die neueren Entdeckungen in der Natur haben dem Außerordentlichen näher geführt. Wo aus den Metallplatten der still dastehenden Voltaischen Säule eine unsichtbare Kraft gelockt wird, die ohne Feuer Eisen zu schmelzen vermag, und das Wasser sogar in seine Gasarten zersetzt, da wird Hahnemanns Geist der Arzneistoffe und seine kühne Unternehmung, mit ihm die an sich vernunftlose Gegenwehr der Lebensthätigkeit auf vernünftige und deshalb bestimmtere Weise der Krankheit entgegen zu richten, nicht mehr ohne Prüfung und a priori als Selbsttäuschung und Aberglaube belächelt und verworfen werden. Dem Witze freilich muß auch hierbei sein Recht bleiben, besonders, wenn er die Wahrheit so geistvoll bespöttelt und umgaukelt, daß die ernstere Göttin desto heiterer hervortritt, und nur um so näher betrachtet werden kann.

Wir kennen auch der Beispiele zu viel, wie man dem Urtheil der Nachwelt sich blos gibt, wenn man wichtige Entdeckungen vorschnell zu verschmähen wagt. Galilei würde heut zu Tage keinen Befehl zum Widerruf, die Inoculation der Blattern, keine Arrets der französischen Parlamente und Prevotalgerichte zu fürchten haben. Britannien ehrte sich selbst, indem es den Erfinder der Vaccine zu ehren verstand. Eine deutsche Ständekammer kann zwar nicht, wie das englische Parlament dem Dr. Jenner, dreißig Tausend Pfund Sterling votiren, aber unsere Achtung vor dem Greise Hahnemann, und wäre es auch nur wegen der Originalität und Erhabenheit seiner Ideen, aussprechen, das können wir, das geziemt uns.

Kehren wir mit dieser Ansicht zur Beschwerde der Petenten zurück, so unterliegt es keinem Zweifel, daß ihre Behauptung, die Homöopathie habe Anspruch darauf, wenn nicht vom Staate gefördert, doch wenigstens nicht gehemmt zu werden, gerechtfertigt erscheint. Es heißt aber die Homöopathie hindern und unterdrücken, wenn man ihren Aerzten das Selbstdispensiren verbietet, und zwar aus folgenden Gründen:

1) Ihre Medicamente bestehen größtentheils aus frischen Pflanzensäften, die nicht jederzeit zu haben, also auch in den Apotheken nicht vorräthig sind. Der Arzt, der sie zur rechten Zeit sich verschaft und prüft, behandelt sie nach Gutbefinden und stellt sie hin. Das könnte schon der Pharmaceute nicht, dessen Bereitungen sich nicht auf noch ununtersuchte Mittel, sondern auf die von der Pharmakopöe anerkannten Mittel erstrecken.

2) Da die homöopathischen Medicamente keiner chemischen Controle unterliegen, so kann der Arzt sie nicht wohl einem Andern, namentlich den Apothekern, unter Verschluß geben, er muß sie selbst aufbewahren.

3) Ihre Zubereitung erfordert die größte Genauigkeit, die sich für jetzt von den wenigsten Apothekern erwarten läßt, da ihnen fast überall sowohl der Glaube an die Wahrheit des homöopathischen Heilsystems, als auch das materielle Interesse daran fehlt; weshalb das pharmaceutische Privilegium, das eine Garantie für die richtige Bereitung der Arzneien gewähren soll, nicht auf die Fertigung homöopathischer Heilstoffe sich erstrecken kann, die außerhalb der Garantie liegen.

4) Nur Unkunde des ärztlichen Lebens und Wirkens möchte (wie allopathische Doctoren selbst versichern) die Beschwichtigung beider Partheien in der Erlaubniß finden, daß die Aerzte bei Bereitung der Heilmittel in den Officinen zugegen seyn dürften. Wie wäre es ihnen möglich, die Apotheker speciell und fortdauernd zu beaufsichtigen.

5) Es ist dabei sehr in Anschlag zu bringen, daß die homöopathischen Heilmittel einen höchst geringen Geldwerth haben, und deßhalb von den Aerzten unentgeldlich verabreicht werden. Wollte man das Publikum zwingen, etwas, das man nur aus den Händen des Arztes mit Vertrauen empfangen und geschenkt haben kann, dennoch von den Apothekern zu kaufen, so findet sich eine Bestimmung hierüber in den bekannten Apothekertaxen eben so wenig als es zu homöopathischen Bereitungen eine Vorschrift in den Pharmacopöen gibt.

6) Die Besorgniß des Gießener Facultät-Gutachtens, das sich über kurz oder lang die Homöopathen ihre Dispensationen bezahlt machen, und auch die Allopathen gleiches Recht verlangen dürften, zerfällt in sich selbst, wenn den Homöopathen nur unentgeldliches Dispensiren zugestanden wird, und §. 55. der Medicinalordnung, der auf homöopathische Heilmittel nicht zu beziehen ist, fortdauernd in Gültigkeit bleibt.

7) Schließlich hat jede Medicinalordnung das Int resse der Kranken vorzugsweise im Auge. Eine Anwendung des §. 55 auf das Verabreichen homöopathischer Medicamente würde aber diesem Interesse gerade zuwider seyn, da es allen homöopathisch-behandelten Kranken, ohne Ausnahme daran liegt und liegen muß, ihre Mittel aus der Hand des Arztes zu empfangen. Etwaige Klagen der Apotheker dagegen, die für jetzt noch nicht einmal zu klagen Ursache haben, denen die homöopathischen Präparate selbst werthlos, und als kein Gegenstand des Handels erscheinen, sind von weniger Gewicht, als die der Abschreiber im Mittelalter über die Erfindung der Buchdruckerkunst und der Gildschiffer über die Einführung der Dampfboote.

Es läßt sich also das Dispensiren homöopathischer Heilmittel vor der Hand wenigstens den Aerzten nicht absprechen, indem sich hier dasselbe Verhältniß erneuert, welches bei dem Ursprung der Allopathie statt fand, wo eben auch Arzt und Apotheker in einer Person vereinigt waren. Sollte sich dereinst die Homöopathie hinlänglich bewährt und somit eine allgemeinere Anerkenntniß, selbst in den Augen der Pharmaceuten gefunden haben, dann mag es an der Zeit seyn, das Recht des Dispensirens ihrer Mittel von den Aerzten wieder auf die Apotheker zu übertragen.

Sowohl aus diesen, als aus den oben vorangeschickten Gründen trägt nun der dritte Ausschuß darauf an, der vorliegenden, von Dr. Sundheim unterzeichneten Beschwerde Gehör zu geben und Bezugs darauf von Seiten der verehrlichen Kammer den Wunsch an die hohe Staatsregierung gelangen zu lassen, daß Höchstdieselbe:

1) Den Aerzten das unentgeldliche Selbstdispensiren homöopathischer Heilmittel frei geben, und
2) für den Fall, daß homöopathische Aerzte glaubten, die Bereitung und Verabreichung ihrer Mittel einzelnen Officinen anvertrauen zu dürfen, eine billige Taxe für den Verkauf der neuen Medicamente entwerfen lassen möge.

Separatvotum
der Abgeordneten Elwert und Emmerling.

In Anbetracht, daß das ganze Medicinalwesen zu den Gegenständen der Landespolizei gehört, daß nach Art. 72. der Staatsconstitution kein Landespolizeigesetz ohne ausdrückliche Zustimmung der Landstände erlassen werden kann, in Betracht ferner, daß kein Gesetz älterer oder neuerer Zeit existirt, welches den Aerzten das Selbstdispensiren der Arzneien oder den Staatsangehörigen das Annehmen solcher von den Aerzten selbst dispensirten Arzneien verböte — in Erwägung besonders, daß die Medicinalordnung vom 14. August 1822 für eine verbindliche Vorschrift nicht angesehen werden kann, da sie, obgleich ihrem Umfange nach den Charakter eines Landespolizeigesetzes in Anspruch nehmend, gegen die ausdrückliche Bestimmung des Art. 72. der Verfassung einseitig von der Staatsregierung ausgegangen ist, und folglich als verfassungswidrig erlassen, ganz unverbindlich erscheint, — in Erwägung vorzüglich dieser Momente sind die Ausschußmitglieder Elwert und Emmerling der Ansicht:

„daß der eingelaufenen Beschwerde Folge gegeben und an die Staats„regierung eine Addresse dahin erlassen werden möge, daß den ho„möopathischen Aerzten das zumal unentgeldliche Selbstdispensiren „ihrer Heilmittel ohne alle Beschränkung wenigstens bis dahin wieder „frei gegeben werden möge, wo etwa auf verfassungsmäßi„gem, folglich legislativem Wege irgend eine Beschränkung dieser „Befugniß anzuordnen zweckmäßig befunden seyn werde."

Beilage C.

Rede des Abgeordneten Wolff in der LXXIV. Sitzung der zweiten Kammer der Landstände des Großherzogthums Hessen, am 4. Juni 1833.

Meine Herrn!

Die freie Ausübung einer der wichtigsten Entdeckungen, womit jemalen deutsche Gelehrsamkeit und deutscher Fleiß die Wissenschaften bereichert haben — das homöopathische Heilverfahren nämlich — ist es, wofür ich Ihre Aufmerksamkeit in Anspruch nehme. Durch den gediegenen Ausschußbericht sowohl, als auch die, in Ihren Händen befindlichen Schriftchen der Doctoren Großherzoglicher Hofgerichtsadvokat Sundheim und Hofrath Rau, dann die „Abwehr" ꝛc. eines Ungenannten, und endlich die, von dem Ersterwähnten hierzu gemachten „Bemerkungen" ꝛc. sind Sie von dem fraglichen Gegenstande schon ziemlich genau unterrichtet, weshalb ich mich denn hier auch um so mehr auf nur das Nothwendigste werde beschränken können, als die Diskussion noch schickliche Gelegenheit darbieten dürfte, etwaige Zweifel aufzuklären; und besonders in dieser Hinsicht wünschte ich angelegentlichst, daß den Erörterungen keine mögliche Beanstandung vorenthalten werden möchte. — Der unsichere und schwankende Meinungszustand der alten Medicin bestimmte den Dr. S. Hahnemann, jenes Feld der Vermuthungen, über das, dem menschlichen Verstande nun einmal unergründliche Wesen der Krankheiten zu verlassen, und anstatt ferner Ursachen zu erfinden, lediglich Erfahrungen, Naturwahrheiten zu erforschen.

Seiner ausgezeichneten Intelligenz und rastlosen Beharrlichkeit in Beobachtungen und Versuchen gelang es denn auch, jenes, für die Natur- und insbesondere die Heilwissenschaft so unendlich wichtige Gesetz der Wirkungsähnlichkeit der Heilmittel mit den Erscheinungen der Leiden, zu entdecken, und — was die alte Schule, während dritthalbtausend Jahren nicht vermochte — zu einem leitenden Fundamental-Gesetze zu erheben. Nach diesem Grundgesetze bezeichnen denn die, am gesunden Körper beobachteten und erprobten, Wirkungen von Mitteln, die Bahn zum heilsamen Gebrauche derselben bei höchst ähnlichen Krankheitserscheinungen; und wodurch der Verstand Herr über die Anwendung von Ursachen wird, deren Wesen selbst ihm unbegreiflich ist.

Ein solcher Fund war jedoch zu unerhört, als daß er nicht die heftigsten Anfechtungen besonders des Vorurtheiles und der Scheelsucht hätte erfahren müssen.

Was indessen die gewichtige Autorität des geistreichen Jean Paul schon vor Jahren von Hahnemann und seiner Entdeckung sehr bezeichnend sagte: — daß nemlich das System dieses seltenen Doppelkopfes von Philosophie und Gelehrsamkeit von den Praktikern mehr verabscheut, als untersucht worden sei, endlich aber den Ruin der gemeinen Receptirköpfe nach sich ziehen müsse — ist zum Theil bereits jetzt schon über alles Erwarten rasch eingetreten. Selbst bis heute ist die Wahrheit des leitenden Princips der Homöopathie mit Bestand noch nicht widerlegt, vielmehr der — leider oft bis zu Persönlichkeiten ausgeartete Streit besonders nur über einen Folgesatz desselben, nemlich die Wirksamkeit der bezüglich ihrer Ponderabilität scheinbar allerdings sehr kleinen Gaben der homöopathischen Heilmittel geführt worden.

Wem indessen bekannt ist, wie sehr verborgene oder schlummernde Kräfte durch bloße Reibung erregt und gesteigert werden, wie z. B. elektrische Funken; wer da weiß, daß jeder Substanz außer ihrer Schwere auch noch eine gewisse, irgend auf das organische Leben bezügliche, intensive Eigenschaft als Kraft angehört — indem Zwecklosigkeit in der weiten Natur nicht besteht — und daß ein bestimmtes Maas dieser Kraft immer nur bis auf einen gewissen Punkt zweckmäßig, über diesen hinaus aber schädlich wirkt; daß ferner die alte Lehrmeisterin Natur überall nur eben das „Nothwendige," nie aber das „Ueberflüssige" zu ihren normirten Zwecken verwendet; daß das „Zuviel" immer mehr schadet, als das „Zuwenig;" und daß endlich absolut Kleines in dem Reiche der Wirklichkeit nicht existirt — wahrlich, der kann die Riesenarbeit nur anstaunen, womit alle derartigen Versuche so weit durchgeführt werden konnten, wie solche der Schüler und Freund Quarins und Lavoisiers mit so ausgezeichnetem Scharfsinn, Geduld und Gewissenhaftigkeit wirklich durchgeführt und somit seinen Verdiensten um die Wissenschaft und Menschheit eine unvergängliche Krone aufgesetzt hat. —

Der innere Zusammenhang, die hohe Einfachheit dieser Lehre erwarben ihr denn auch bereits, in allen Theilen der Erde, über 500 namhafte Jünger unter den Aerzten, dabei selbst sehr viele, rühmlich bekannte, Veteranen der alten Schule.

Meist sehr interessant sind die Veranlassungen zu deren Uebertritt, und äußerst beachtenswerth ist der Umstand, daß von allen denjenigen keiner abtrünnig wurde, welche einmal — nicht durch auf Hypothesen gebaute Schlüsse, sondern durch redlich nachgemachte Versuche — von den Wahrheiten der neuen Heillehre sich überzeugt hatten. —

Ungeachtet die Homöopathie dermalen noch in den Jahren der Kindheit und gewiß weit entfernt von demjenigen Grade der Ausbildung steht, dessen sie fähig ist, so konnte dieselbe doch bis jetzt noch keines Rückschrittes überführt werden. Sie bewährt vielmehr mit jedem Tage ihre segensreichen Leistungen, nemlich sanft, schnell, gründlich und wohlfeil zu heilen.

Jedes Leiden, zeigte es sich zuerst auch nur in einem einzigen Symptome, erscheint ihr gleichsam als ein Ganzes, als eine Individualität an sich, und nie braucht daher der homöopathische Arzt unthätig abzuwarten, bis sich dasselbe zu einer solchen Krankheit vollständig ausgebildet hat, welche in der alten Schule erst in eines jener idealen Systeme — nach Gattung, Art ꝛc. — klassificirt werden muß, ehe es bekämpft wird. Der homöopathische kann darum auch, mit Rücksicht auf die Bedingungen ihres Entstehens, viele Krankheiten schon im Beginnen derselben heilen, andern schon auf dieselbe Weise vorbeugen, wie durch die Kuhpocken — deren Proceß ganz auf dem homöopathischen Principe beruht — den Menschenblattern vorgebaut wird.

Die, je nach der möglich höchsten Aehnlichkeit der Symptome und daher meist mit großer Sicherheit zu wählenden, stets einfachen, specifischen Mittel erzeugen in der nicht übermäßigen oder zu starken Gabe keine bedeutend erhöhte, das Gesammtbefinden bis zur erschütternden Krisis angreifende Arznei- oder Nachkrankheiten und langwierige Reconvalescenzen, welche an sich schon wieder eine geraume Zeit zur Herstellung erfordern, oder gar den Grund zu einem andern Siechthum legen. Hier darf zum Beispiel nur an den übermäßigen Gebrauch der Blausäure, der Jodine, des Opiums, des Merkurs und anderer sogenannt heroischer Arzneien der alten Schule und ihre schauderhaften Folgen erinnert werden.

Eine in der Regel bei den meisten Leiden gleiche, nie schwächende, vielmehr stets nährende, naturgemäße, dem schlichten Verstande einleuchtende, und darum auch leicht zu befolgende Diät erhält oder gibt oft noch dem Körper die nöthigen Kräfte. Die homöopathischen Heilmittel an sich haben in den gewöhnlichen Gaben keinen nominellen Geldwerth. Eine Theuer- oder Uebertheuerung kann also gar nicht und ein Mangel nicht leicht eintreten und der Arzt — da er keine deßfallsigen Einbussen erleidet — daher auch um so mehr dieselben an den Patienten im eigentlichen Sinne verschenken. Hierbei steht demnach der — in so manch' andern Beziehungen beklagenswerth verkürzte — Arme dem Reichen völlig gleich und ist daher, in dieser wichtigsten aller menschlichen Angelegenheiten, auch nie mehr der so precären Armenpraxis preißgegeben.

Keine Apothekerrechnung entsteht und kann, wie es nicht selten bei der allöopathischen Behandlung der Fall ist, zu ruinösen Einklagen gegen den Patienten, oder dessen Hinterbliebene führen.

Das, auch nach seiner Verabfolgung noch, der Verderblichkeit weniger ausgesetzte Heilmittel ist an sich geschmacklos, mit dem gewöhnlichen Zusatze des nicht arzneilichen Milchzuckers aber angenehm süß; es erregt daher keinen Widerwillen, und wird selbst von Kindern gerne eingenommen.

Da ein anderes Heilmittel nicht gegeben wird, ehe das vorhergegangene ausgewirkt hat, und hiebei gewöhnlich mehrere Tage, in chronischen Krankheiten oft Wochen verlaufen, so sind der Besuche des Arztes weit weniger, und folglich auch in dieser Beziehung die Kosten viel geringer, als bei der allöopathischen Behandlung.

Der Arzt kann in seiner kleinen Apotheke stets alle nöthigen Heilmittel mit sich führen und alsbald verabreichen.

Alle die Nachtheile eines Zeitverlustes durch die pharmaceutische, oft sehr umständliche Bereitung der allöopathischen Arzneien, die Entfernung von der Apotheke ꝛc. können hier nie eintreten, was besonders in hitzigen und heftigen Krankheiten, wie z. B. der häutigen Bräune, Lungen- und Gehirnentzündungen ꝛc. von dem größten Belange ist.

Höchst seltene, nur dringend paliativer Hülfe bedürfende Fälle — wie z. B. Schlagflüsse, Vergiftungen ꝛc. — ausgenommen, gestattet dieses auf die innere Lebensthätigkeit basirte, Heilverfahren weder Entziehung des edelsten Lebenssaftes, des Blutes, noch andere schwächende, hauptsächlich nur gegen die Krankheitsprodukte gerichtete, Ableit- und Entleerungen, oder äußere, meist schmerzhafte Reizmittel.

Beide — die allöopathische und homöopathische — Heilmethoden vergleichend, könnte man vielleicht nicht unpassend annehmen, daß, in ihrer Anwendung, jene wie körperliche, diese wie moralische Strafen zu einandir sich verhalten. Letztere wirken, obschon sanfter, dennoch tiefer eindringend und gründlich auf den Ursprung des Uebels, die ersten aber enden mit dem Aufhören des physischen Schmerzes, womit zwar häufig das Uebel äußerlich abgethan, auf die bessere Ueberzeugung aber wenig gewirkt wird.

Von den vielen Thatsachen, welche geeignet sind, die oben angeführten Vorzüge der Homöopathie unzweideutig zu belegen, will ich hier nur der neuesten amtlichen Angaben des von der Baierischen Regierung zur Beobachtung abgesandten Dr. J. J. Roth zu München erwähnen, wornach in 5 Städten Oestreichs von 1269, an der Cholera — diesem größten Probierstein der ärztlichen Kunst — erkrankten Individuen 1184 genaßen und sonach kaum $^1/_{15}$tel starben, während bei der allöopathischen Behandlung nicht die Hälfte gerettet wurde.

Ueber diejenigen ihrer vielen ganz ausgezeichnet günstigen Leistungen, blos in meiner nächsten und nahen Umgebung, erlaube ich mir, Ihnen nur das meines Wissens auch schon den bisherigen Verhandlungen beiliegende, amtliche Zeugniß des Ortsvorstandes zu Oberhörgern vorzulesen.

„— Oberhörgen, am 26. Februar 1832.

„In unserem Dorfe Oberhörgern, Landrathsbezirk Hungen, brachen die Massern am 26. Oktober 1831 aus, und zwar in einer so bösartigen epidemischen Gestalt, daß in Zeit 4 Wochen 95 Kinder davon befallen wurden, also $^1/_3$tel der Gesammtbevölkerung unserer Gemeinde. Die Krankheit war so bösartig, daß wohl der vierte Theil der Kranken (wie im speciellen Verzeichnisse aller Kranken zu ersehen ist) ein Opfer des Todes zu werden drohte, ja, daß in den ersten Tagen schon 2 Kinder starben. In dieser unserer Noth wendeten wir uns alle gemeinschaftlich an Herrn Hofrath Dr. Weber in Lich, um dieser Epidemie, wenn es in Menschengewalt stände, einige Schranken zu setzen. Dieser Arzt untersuchte persönlich die Krankheit der Kinder, traf manche Veranstaltungen, und beauftragte unsern Schullehrer, Repp, dieselben, da er zu entfernt wohnte, um oft persönlich erscheinen zu können, unter Aufsicht und Vorschriften des Arztes zu besuchen, und für alle diese Kranken besorgt zu sein. Zu unserem Erstaunen hatten wir das Glück, von 87 masserkranken Kindern, welche so behandelt wurden, nicht Eins durch den Tod zu verlieren.“

„Wir können es als ein wahres Glück betrachten, uns diesem Arzte anvertraut zu haben, wenn wir eine Vergleichung einiger andern Gemeinden in unserer Nähe aufstellen: so starben z. B. in Holzheim von 70 Masserkranken 10, in Freienseen von 120 — 13, in Laubach von 120 — 40, in Röddingen von 80 — 30, und in Schmitten und Sellnrod von 100 — 26, in Hungen, Villingen und Wiesek soll dasselbe Verhältniß sein.“

„Bemerken muß man überdies noch die geringen Kosten, welche diese Heilart unsere Gemeinde gekostet hat, welche so unbedeutend sind, daß man sie kaum anführen mag, und wodurch also unserer Gemeinde wenigstens 400 fl. erspart worden sind. Unseren herzlichsten und innigsten Dank statten wir hiermit auch dem Herrn Hofrath Dr. Weber ab für seine viele Mühe und Sorgfalt, welche derselbe uns in der betroffenen Noth ohne eigenes Interesse hat angedeihen lassen, das auch jeder Einwohner anerkennt und laut bezeuget, daß er segnend des Mannes gedenkt, dem er nächst Gott die Erhaltung und Wiederherstellung seiner Kinder zu verdanken habe.“

Der Burgermeister Müller.“

Hiernach sind denn die, an jener bösartigen Massern-Epidemie erkrankten, 87 Kinder alle hergestellt, und, im Vergleiche mit einer allöopathischen Behandlung, der Gemeinde mindestens 400 fl. Kosten erspart worden. Ausserdem darf ich nur noch auf die dem in Frage stehenden Gesuche angebogenen Vollmachten von mehr als 800 Familienvätern aus 23 Landstädten und Dörfern der dortigen Gegend, mich beziehen, um zu zeigen, in welch' hohem Grade wohlthätig die Homöopathie seit einigen Jahren auch hier sich bewiesen hat.

Durch solche Erfolge sah denn — hier, wie anderwärts — zunächst der gefährdete Eigennutz sich veranlaßt, gegen das neue Heilverfahren beschwerend aufzutreten. Zuerst schämten selbst allöopathische Aerzte sich nicht, bei den Regierungen ein Verbot der homöopathischen Praxis oder Bewilligung des Selbstdispensirens auch für die Allöopathie, in Anspruch zu nehmen; da jedoch die Homöopathie von approbirten Aerzten, welche häufig schon lange Jahre Allöopathen waren, ausgeübt wurde, eine schonungslose Unterdrückung der Wissenschaft aber nie im Interesse einer aufgeklärten Regierung liegen kann, so mußten jene Versuche fehlschlagen. — Nun aber klagten gewinnsüchtige Apotheker über Beeinträchtigung ihrer lucrativen Gewerbsprivilegien, indem ihnen die homöopathischen Aerzte keine Arzneibereitungen und Abgaben zuwiesen; und diese Beschwerden wurden dann den ausschließlich allöopathischen Medicinalbehörden zu Berichte-Erstattungen mitgetheilt.

Nur mit Bedauern überzeugt der Unterrichtete sich, wie bei den Erörterungen dieser so wichtigen Sache jene Behörden ihre befangene Einseitigkeit dadurch kund gaben, daß sie den Gegenstand hauptsächlich nur aus dem Gesichtspunkte der Rechte zu Gunsten ihrer und der Apotheker gepflogen haben. Die Hauptfrage hätte doch hier vor allen Dingen die wissenschaftliche, nemlich die sein müssen: „ist denn wirklich etwas Wahres an der Homöopathie, insbesondere aber an der Wirksamkeit der kleinen Gaben, den sogenannten Mittelchen, womit so Außerordentliches zu leisten behauptet wird?" War es denn für Männer vom Fache, welche wohl kein Bedenken tragen, ein Heilverfahren eines Indianers, oder — wie namentlich in der Choleranoth — eines Wignitzer Juden und Heubudner Schusters der Aufmerksamkeit werth zu halten und am Krankenbette zu probiren, war es denn für solche Männer so etwas Schwieriges oder Unmögliches, davon sich zu überzeugen, ob die Angaben und Versicherungen des in der literarischen Welt so viel und rühmlich bekannten Gründers der Homöopathie sich bestätigen oder ob nicht? besonders da dieser nicht etwa verlangt, das auch ihm Unbegreifliche ergründen und erklären, nein, sondern nur, durch „Nachmachen, durch genaues, redliches Nachmachen" von dem Vorhandensein der von ihm zu Tage geförderten Wahrheiten nur auch erst factisch sich überzeugen, ehe daran glauben zu sollen. Anstatt nun in der Hauptsache gründlich zu versuchen, genügte der alten Rationalität, die Nebensache schulgerecht zu untersuchen, und dann in ihrer Selbsttäuschung auf die ominöseste aller Authoritäten, jener berüchtigten, idealogischen Ueberzeugung hin, schlechtweg zu behaupten, die Homöopathie, namentlich ihre kleinen Gaben beschränkten sich auf Nichtsthun, seien nur Hirngespinste, Gaukeleien und was alle noch.

Sind denn solche, lediglich auf gelehrte, höchstens wohl auch auf abstracte, kümmerlich durchgeführte, ganz mißverstandene Zahlen- und andere, bequem erdachte, Verhältnisse gestützte Raisonnements auch gültige Beweise in einer Erfahrungswissenschaft, wie eben doch die Medicin so recht eigentlich ist; oder sind sie mehr als bloße Spiele der Phantasie? Daraus, daß dem gelehrten Egoism etwas noch nicht als wahr erscheint, wohl gar nicht einmal erscheinen mag, folgt noch lange nicht, daß es darum auch nicht wahr sein könne oder ist.

Hätten doch alle Zweifler nur einmal den Versuch, wenn auch gerade nicht, wie der unerschrockene und rastlose Hahnemann, an sich selbst, dann doch mindestens an andern jedoch gesunden Menschen, oder auch nur an Thieren gemacht, sie würden dann eine andere und zwar zuverlässige Ueberzeugung gewonnen, der Sache selbst dadurch einen wichtigen Dienst geleistet, und, bezüglich nun auf unsere vorliegende Frage, den einschlägigen Großherzoglichen Medicinalbehörden nicht allein unnöthige Schreibereien, sondern auch die nunmehr wegen dieses Gegenstandes durch den Landtag entstandenen Kosten — womit allein Hunderte von homöopathischen Versuchen, selbst in öffentlichen Anstalten hätten bestritten werden können — erspart haben.

Aber — sagt der gründliche Naturforscher Oken — „es gibt Leute, welche sich ärgern, wenn Jemand etwas Neues hervorbringt, über Dinge, mit welchen sie selbst längst aufs Reine gekommen zu sein sich bedünken.“

Unter so bewandten Umständen ist es denn leicht erklärlich, daß jene allöopathischen Medicinalbehörden nach ihrem besten Wissen und Gewissen nur große Bedenklichkeiten einberichten konnten. —

Mit den Sachverhältnissen selbst wenig oder gar nicht vertraut, durch solche Gutachten sowohl, als ferner durch das Beispiel eines Nachbarstaates getäuscht, ließ denn auch die Großherzogliche Staatsregierung sich bestimmen, unterm 13. Juni 1832 das unbedingte Verbot des Selbstabgebens der Heilmittel von Seiten der homöopathischen Aerzte zu verfügen. Soll, nach dem einzigen Anhaltpunkte, welchen diese Verfügung als Erklärungsgrund darbietet, die Schlußfolge — daß nemlich zwischen homöopathischen und übrigen Aerzten, bezüglich des Bereitens und Abgebens der Arzneimittel, kein Unterschied stattfinden könne — einer haltbaren Prämisse, der unentbehrlichen Grundbedingung nicht ermangeln, so kann und darf diese gewiß keine andere sein, als daß dann auch in der Sache selbst ein wesentlicher Unterschied nicht vorliege; mit dem Einen kann daher vernünftigerweise auch nur das Andere bestehen. Welch' ein himmelweiter Unterschied aber in der gedachten Beziehung zwischen beiderlei Heilverfahren factisch vorliegt, ist bereits schon großentheils nachgewiesen, theils aber wird es aus folgenden Thatsachen weiter erhellen: Der Allöopathe verschreibt Recepte, aus verschiedenen Droguen, in wäg- oder meßbaren Quantitäten, zu einer sogenannten Arznei. Hierzu ist ihm die Beihülfe eines besonderen Technikers, des Apothekers, in der Regel darum nöthig, oder mindestens zweckdienlich, als zur Kenntniß der Güte bei Anschaffung und Aufbewahrung dieser Stoffe sowohl, wie denn auch zu deren Bereitung — oft mittelst Feuer, chemischer Zersetzungen rc. — umständlich erlernte Kunstfertigkeiten, kostspielige Geräthschaften, ausgedehnte Lokale, überhaupt ein Kapital- und Zeitaufwand erfordert werden; worüber ausserdem noch der, durch häufigere Krankenbesuche mehr abgehaltene, allöopathische Arzt nur höchst selten würde disponiren können; und endlich müssen denn auch noch die Erzeugnisse dieser Complicitäten so enorm theuer bezahlt werden, daß kein anderes Geschäft in der christlichen Welt jener 99 Procente sich erfreuen kann, und welche daher mit Recht diese Anstalten sprichwörtlich zu Geldgruben stempeln. —

Daß nun der homöopathische Arzt — dessen einmal bereiteter Heilmittelvorrath zu Tausenden einzelnen, unentgeldlichen Abgaben an Leidende, auf lange Jahre ausreicht — aller dieser Weitläufigkeiten nicht bedarf, ist bei Erwähnung der wichtigeren Vorzüge dieser Heilmethode bereits gezeigt. Durch die Zuziehung der hier ganz überflüssigen Mittelsperson, des Apothekers, aber werden dem homöopathischen Arzte und seiner Wissenschaft, so wie dem Patienten große Nachtheile unvermeidlich erzeugt und in direkten Widerspruch mit dem eigentlichen Zwecke des Heilgeschäftes gebracht. —

Manche Bedenklichkeiten hat man auch wegen der Controlirung der Aerzte durch die Apotheker erhoben.

Der gänzliche Unwerth dieser vermeintlichen Maßregel kann nicht schlagender widerlegt werden, als mit dem öffentlichen Ausspruche eines berühmten Allöopathen, des verstorbenen geheimen Raths von Wedekind, welcher hinsichtlich des Selbstdispensirens, sogar schon der Allöpathie dahin lautet: „Es sollte dem Arzte, dem daran gelegen sein muß, seine Kranken mit möglichst wenigen Unkosten und guten Arzneien herzustellen, nicht untersagt sein, die Arznei selbst zu verabreichen; denn er ist nicht Herr des Mittels, welches er aus der Apotheke erhält, wo er auf Glauben nehmen muß, was ihm gegeben wird; die Apotheker-Visitationen sind im Grunde nur Spiegelfechterei.“ Was würde nun dieser Mann erst zu dem obigen Verbote gesagt haben und würde dasselbe wohl bei seinem Leben in unserem Staate erschienen sein?

In der Natur der Sache liegt es, und ist auch von den meisten allöopathischen Aerzten und Apothekern — die ja sogar den homöopathischen Gaben meist alle und jede Wirkungsmöglichkeit absprechen — anerkannt, daß diese nach den Grundsätzen der neuen Heillehre nur da eine Befindens-Veränderung zu erregen vermögen, wo ihre spezifische Wirksamkeit ein entsprechendes, d. h. sehr ähnliches Leiden vorfindet. Eine Vergiftung aus Unvorsichtigkeit ist daher rein unmöglich, und gegen eine absichtliche gibt es darum keine Controle, weil, wie der berühmte Dr. Gottlieb Richter schon sagt, ein solch' pflichtvergessener Arzt, wenn es ja bis zum Verdachte und zur Untersuchung kommen sollte, sich alsdann auch schon durch die Regeln des savoir faire sehr leicht und selbst bei der Section noch heraus helfen könne.

Von einer habsüchtigen Absicht des homöpathischen Arztes, vorzüglich des Medicamentes, kann darum die Rede nicht sein, weil derselbe dieses verschenkt.

Eine mißbräuchliche Vermehrung von Krankenbesuchen oder dergleichen Berichten kann deßhalb auch dem homöopathischen Arzte mindestens eben so wenig unterstellt werden, wie dem receptschreibenden, allöopathischen, und der Apotheker wird hieraus um so weniger controlirende Veranlassung nehmen, da ja dabei sein ganzes Interesse kein anderes ist, als recht viel und kostspielige Recepte zu bekommen, um Geld zu lösen; denn ob der Patient die Arznei auch wirklich einnimmt, ist jenem ganz und gar gleichgültig. Die wahre und einzige Controle liegt nur in der Ehre und dem Rufe, so wie der Pflicht und Gewissenhaftigkeit der Aerzte, und wahrhaft zu bedauern ist es, wenn diese und ihre Medicinal-Behörden — durch die Nothwendigkeit jener Controle mittelst der so ganz von ihnen abhängigen Apotheker — aussprechen, welches Zutrauens sie würdig seien. —

Warum aber wollte man dem homöopathischen Arzte auch noch einen, jedenfalls demselben durchaus nicht nur überflüssigen, sondern sogar stets noch hinderlichen Gehülfen in dem Apotheker aufdringen, und dadurch die Möglichkeit eines Mißgriffes auch noch auf eine Zwischenperson ausdehnen, welcher das Heilgeschäft selbst ganz fremd ist?

Der Apotheker sieht weder den Patienten, noch kann er die Krankheit aus dem Recepte und somit etwaige Verstöße kaum des allöopathischen, gewiß aber nie des homöopathischen Arztes erkennen und beurtheilen.

Eben so gut müßte man den Arzt amtlich durch den Chirurgen, die Hebamme, die Köchin, den Conditor, die Wirthe 2c. controliren lassen, damit er nicht zur Unzeit Blut lasse, keine unrichtige Diät vorschreibe 2c.

Welche Controle besteht denn gegen den Arzt in jenen unzähligen Fällen, wo das Unterlassen weit wichtiger ist, wie das Handeln? Wie viel und gerade der geschicktesten Aerzte gibt es nicht, welche das Receptschreiben nur für die dringendsten Fälle aufsparen? Auch ist der Arzt bei dem Magnetisiren, dem Verordnen von Bädern und in hundert andern Fällen nicht controlirt. Welche Controle aber existirte dann gegen den Apotheker? Da auch nicht ein einziges, homöopathisch bereitetes Heilmittel in seinem potenzirten Zustande sinnlich mehr geprüft werden kann.

Die Vermuthung spricht sogar darum mindestens für eine höchst gleichgültige Behandlung der homöopathischen Heilmittel von Seiten der Apotheker, weil sie meist selbst noch nicht an die Wirkung glauben, und dabei dann auch die allmählige Untergrabung ihres Gewerbes befürchten.

Zudem erheischen diese Heilmittel bei ihrer, obschon höchst einfachen, aber sehr anstrengenden, ersten Bereitung die gewissenhafteste Aufmerksamkeit und Ausdauer, die sich kaum von Principalen, geschweige denn erst von nicht verpflichteten Stößern, Lehrjungen, Subjecten, Provisoren — die das Geschäft nur im fremden leidigen Geldinteresse führen — vollständig erwarten ließe.

Welche Controle besteht endlich gegen den Verkauf von jenen starken

Vielgemischen, die von Materialisten, Condiroren, Kaufleuten 2c., wie in größeren Städten z. B. die vielgepriesenen, englischen Elixire, der Nettare di Napoli, Tinkturen, Syrupen, Oelen, Salben, Balsamen und hundert andere, oft bis zum Eckel ausposaunten Geheimmittel?

Wenn den allöopathischen Aerzten bis jetzt noch der Verkauf von Geheimmitteln, sogenannten Arcanen, erlaubt wurde, so kann unmöglich den Homöopathen mit Grund verboten werden, ihre specifischen, dabei aber nicht einmal geheimen Heilmittel verschenken zu dürfen.

Das Vorgetragene nun dürfte wohl mehr als hinreichen, nicht blos den Unterschied, sondern vielmehr die wesentlichste Verschiedenheit zwischen dem Dispensiren in der allöopathischen Medicin und dem Abgeben der homöopathischen Heilmittel in so weit denn auch nachgewiesen zu haben, daß jenes Verbot in einem offenbaren Irrthum und großer Täuschung seinen Ursprung hat, und folglich dasselbe auch, als des vernünftigen Grundes ermangelnd, nicht länger mehr bestehen sollte; selbst wenn die homöopathischen Aerzte das Heilmittel sich bezahlen ließen.

Da dies jedoch nicht der Fall ist, und — wegen des nicht nominellen Werthes des Medicamentes — auch nie seyn wird, so dürfte es um so mehr als eine gesundheitspolizeiliche Nothwendigkeit erscheinen, den homöopathischen Aerzten das unentgeldliche Selbstabgeben der Heilmittel nicht nur zu erlauben, sondern sogar noch als eine, für den Zweck der Humanität unerläßliche Pflicht, ausdrücklich zu gebieten.

Wir gehen nunmehr zu der Frage über: Haben die privilegirten allöopathischen Apotheker ein gegründetes Recht auf das ausschließliche Bereiten und Ausgeben der homöopathischen, einfachen Heilmittel?

Wenn die bereits angeführten sanitätspolizeilichen Gründe schon den Beweis liefern, daß die Apotheker für das homöopathische Heilverfahren nicht allein überflüssig, ja sogar und unter allen Umständen nur nachtheilig seyn können und müssen; wenn ferner eine derartige Bevorrechtung, welche ohnedies schon ihrer Natur nach kein bestimmtes Einkommen sichert, sich nicht über einen, erst in der Zukunft zu entdeckenden, nicht in einem oder einigen einzelnen Fällen, sondern als ein umfassend wissenschaftliches Ganze erscheinenden, dem Sinne und Umfange des Privilegs aber fremden Gegenstand ertheilt werden dürfte, und in der vorliegenden Beziehung mit solcher Allgemeinheit nie ertheilt worden ist, dann mögte es keinem Zweifel unterliegen, daß hier jeder derartige Anspruch um so mehr wegfallen muß, als es in der That auch eine inhumane, des wahrhaft gebildeten Mannes ganz unwürdige Handlung verrathen müßte, wenn ein, für die Sache selbst überflüssiger Dritter — hier also der Apotheker — dennoch etwas bezahlt verlangen wollte, was der, allein mit unbedingtem Vertrauen beehrte, Arzt seinem Patienten schenkt, und wofür an sich schon kein, für den einzelnen Fall berechenbarer Aufwand gemacht worden ist. Als ein Vorrecht zu gesetzlich auch nirgends verbotenen Verschenkungen aber wird der Apotheker — dem nur am Gelderlös für die Arznei, nicht aber an dem wirklichen Gebrauche derselben etwas liegt, und welcher, bezüglich der homöopathischen, einfachen Mittel, lediglich als Kaufmann erscheint — sein Privileg wohl nicht betrachtet wissen wollen.

Welche große Mißbräuche indessen durch die Willkühr mancher Apotheker bei Bezahlung homöopathischer Heilmittel, unter den Augen und vielleicht mit Genehmigung allöopathischer Medicinalbehörden bereits vorgekommen sind, mag der Umstand beweisen, daß dieselben 18 — 48 Kreutzer für ein solches abnahmen, während erwiesen ist, daß der merkantile Werth einer potenzirten Gabe — selbst des kostbarsten Stoffes, des Goldes — an sich nicht $^1/_{1000}$ eines Pfennigs beträgt.

Würde nun für die Einhüllung in eine Papierkapsel und für die Pfennig-Bruchtheile der 1 — 2 Gran Milchzucker, auch noch für jedes ein voller Kreutzer angerechnet werden, so dürfte, nach der Medicinal-Taxe, ein gewöhnliches Recept überhaupt gesetzlich nicht höher wie drei Kreutzer zu stehen kommen.

Zur Ehre der redlichen Apotheker muß indessen auch erwähnt werden, daß mancher dieser bereits seine Ueberflüssigkeit für das hpmöopathische Heilverfahren, so wie die Unzweckmäßigkeit eines deßfallsigen, widerrechtlichen Bannes zu einer Zinspflicht für ihn, laut ausgesprochen, und darum auch das Abgeben der homöopathischen Heilmittel durch die Aerzte nicht entfernt beanstandet hat.

Namentlich sollen auch die Apotheken-Besitzer Darmstadts hieher zu zählen seyn.

Da die homöopathischen stets nur einfache Heilmittel und keine Pharmaca, Arzneigemische sind, und folglich auch nicht dispensirt, d. h. aus verschiedenen Stoffen abgewogen und gemischt werden können, so kann der Apotheker den Verkauf um so weniger in Anspruch nehmen, als Krämern, Materialisten, Conditoren ꝛc. ja auch erlaubt ist, einfache arzneiliche Stoffe zu verkaufen.

Eine Vereinigung der homöopathischen Heilmittel in einer allöopathischen Apotheke ist wegen der starken Gerüche in dieser technisch nicht zulässig und ganz unvereinbar; und auch aus diesem Grunde kann das alte Privileg auf jene nicht ausgedehnt werden.

Die Gefährdung des Nahrungsstandes der Apotheker durch das neue Heilverfahren, der etwaige Vorwand, eine Entschädigung wegen des Minderabsatzes ihrer allöopathischen Arzneisubstanzen — die anzuschaffen nnd zu halten sie polizeilich gezwungen seyen – verlangen zu können, die Vorführung der möglichen Nachtheile für das allöopathische Publikum, durch den geringeren Verbrauch der Droguen, dies alles sind eben so wenig zureichende Gründe für einen Apothekerbann des homöopathischen Publikums, wie die etwaige Verringerung der Staats-Einkünfte.

Alle derartigen, nur einer befangenen Engherzigkeit angehörenden, Rücksichten müssen dann verschwinden, wenn neben oder über das Gute das Bessere kommt.

Welcher wahrhaft aufgeklärte Mann wird darum die Erfindung der Buchdruckerkunst — welche selbst durch den Kupfer- und in neueren Zeiten durch den Steindruck beeinträchtigt wurde — der Dampfmaschinen, der Eisenbahnen und unzählig anderer Zierden des rastlosen Geistes verdammen wollen, weil daraus einige Nachtheile für die Schreiber, die Segel- und Ruderschifffahrt, die Pferde-Besitzer ꝛc. in so lange erwachsen, bis der allgemeine Verkehr dergleichen, mit jedem Fortschreiten unvermeidlichen, Störungen manches Einzelnen bald wieder ausgeglichen hat.

Gesetzt, es träte — etwa in Folge einer naturgemäßeren, einfachen Lebensweise ꝛc. — ein so glücklicher Zustand ein, daß weniger Aerzte nöthig, oder gar alle entbehrlich würden, könnten dann wohl diejenigen von ihnen, welche nicht etwa dekretmäßige Ansprüche hätten, deßfallsige Entschädigungen verlangen?

Nun aber werden die Bevorrechtungen der Apotheker auf eine gute Geld-Einnahme lediglich durch den jeweiligen Standpunkt der Heilkunde bedingt, und gäbe es morgen eine solche, welche diese kostspieligen Gehülfen überhaupt so durchaus entbehrlich machte, wie sie es bereits für die Homöopathen sind, dann würden wohl alle Ansprüche an das Publikum in so fern wegfallen, als dieses durch Contraktsverhältnisse nicht ausdrücklich gebunden wäre, was aber nirgends der Fall seyn wird.

Durch die unendlich wichtige Entdeckung der Kuhpocken-Impfung sind ja auch für die Kassen der Aerzte und Apotheker große Ausfälle entstanden; indessen ist nicht bekannt geworden, daß dasjenige Publikum, welches dieser häufig sogar erst noch durch Zwang herbeigeführten Wohlthaten theilhaftig wurde, gehalten worden wäre, jene Verluste zu ersetzen.

Wer endlich, m. H., möchte wohl behaupten wollen, daß, wäre die Homöopathie vor der Allöopathie entdeckt gewesen, jemalen wegen jener einfachen Heilmethode Apotheken würden entstanden seyn? Die Zufälligkeit einer erst späteren Entdeckung aber kann wahrlich keinen vernünftigen Grund abgeben, das mit der Sache an sich Unvereinbarliche ihr gewaltsam aufzudringen.

Sollten wohl unsere sehnlichsten Wünsche nach einfachen, klaren Gesetzen darum nicht gerechtfertigt erscheinen dürfen, weil hierdurch das Einkommen des bisher eben wohl privilegirten Standes der Anwälte geschmälert oder gefährdet werden könnte? —

Wenn bis hierher blos von den Aerzten und Apothekern gesprochen worden ist, so geschah es keineswegs in der Absicht, die Ansprüche des dabei am eigentlichsten Betheiligten, des Publikums, mit Stillschweigen zu übergehen. Nein, denn so lange nicht erwiesen werden kann, daß dieses der Aerzte und Apotheker wegen da ist, so lange würde es offenbar den Zweck zum Mittel herabwürdigen heißen, wenn nicht die Rechte und Wohlfahrt desselben als die Cardinalbedingung bei der vorliegenden

Frage um so mehr angesehen werden sollten, da ja hier allein dieses die Beschwerden erhoben und ein unveräusserliches Recht reclamirt hat.

Gerade für das Publikum, um dessen Heil- und höchstes Erdengut, die Gesundheit, sich's hier handelt, ist es eben auch das wichtigste Anliegen, und zwar zunächst demjenigen leidenden Theile desselben, welchem durch jenes Verbot der Beistand der homöopathischen Aerzte entzogen worden ist.

Haben denn wohl die allöopathischen Veranlasser dieses Verbotes daran gedacht, welch' schwere Verantwortung es ist, dem unglücklichen Kranken, dem bekümmerten Vater, dem schmerzerfüllten Mutterherzen vielleicht die letzte Hoffnung und das Zutrauen in die ärztliche Hülfe — dieser mächtigen Stütze jeder Heilkraft — zu rauben? Ist denn ihr Ohr taub für den hundertfältig wiederholten Zuruf des menschenfreundlichen Gründers dieser Heilmethode: „macht's nach, aber macht's treu und redlich nach, und dann erst urtheilet!"

Und wenn dann nun doch an der Sache etwas Wahres wäre, vielleicht Alles, was die Homöopathen davon behaupten, sich in der That bestätigte, wie sähe es dann mit dem Gewissen aus? Die meisten der jetzigen homöopathischen Aerzte haben anfänglich auch nicht daran geglaubt, und sie begreifen heute und in aller Ewigkeit die Wirkung eines solchen homöopathischen Pülverchens eben so wenig, als der Allöopathe die Wirkungen seiner gewichtigeren Massen zu begreifen vermag, und dennoch leisteten jene Pülverchen der Menschheit bereits so manch' wichtigen Dienst.

Meine Herren!

Ueber 800 Familien-Väter — wovon mancher seinen letzten Pfennig dem Apotheker bereits gebracht hatte und aus Zartgefühl oder Scheue nachher seinen Mitbürgern nicht zur Last fallen wollte, mitunter auch kein Vertrauen auf, leider wohl nur zu oft vergeblich versuchte, allöopathische Hülfe mehr besaß — diese und ihre Angehörigen waren bisher ohne den Beistand ihres homöopathischen Arztes, dem sie sich, häufig bereits mit dem glücklichsten Erfolge, anvertraut hatten.

Gar manche derselben waren auf dem Wege der Genesung, die aber darum nicht vollendet werden konnte, weil ihr gewissenhafter Arzt eben so wenig das mehrberegte Verbot übertreten, als sich und seine Patienten der Discretion eines allöopathischen Apothekers überlassen wollte, welcher nicht lange vorher noch seine Zweifel und Unbekanntschaft mit der Wirksamkeit und Bereitung der homöopathischen Heilmittel, so wie durch die nachherigen Beschwerden gegen diesen äusserst redlichen Mann — der Hunderte von Kranken durchaus unentgeldlich behandelte — seine Absichten genugsam beurkundete.

Aehnlich, wie in den vorliegenden Fällen, gieng es in unzähligen andern, wo die homöopathischen Aerzte indessen ihr Gewissen als Heilkünstler und Staatsbürger vorerst dadurch behelflich beruhigten, daß sie ihren Patienten zwar das Heilmittel selbst verabfolgten — indem sie anders gar keine Garantie für dessen Wirkung gehabt hätten — gleichzeitig aber auch denselben mit einem Recepte, als bloße Zahlungs-Anweisung, in die privilegirte Apotheke schickten, damit nur diese ihren Tribut erhalten, und keine neuen Beschwerden gegen das, ohnedieß schon so verketzerte, homöopathische Heilverfahren erheben möchten. Ist es aber nicht traurig, die Wissenschaft, Menschenpflichten und Rechte in solche Alternative gesetzt zu sehen, wo, um den inneren Gesetzen der Tugend entsprechen zu können, äußere Verbote auf solche Weise umgangen werden müssen? Wer denkt hier nicht unwillkührlich an jene biblische Stelle?: „Du sollst Gott mehr gehorchen, wie den Menschen!" Was kann wohl ein homöopathischer Arzt am besten verantworten: die mit 30 fl. Strafe bedrohte Uebertretung eines, nur gegen Pfuscher- und Quacksalbereien gerichteten, Verbotes — dessen Zweckmäßigkeit vernünftig hier nicht existirt, — oder aber einen Kranken hülflos dahin sterben zu lassen?

Kann endlich es gerecht seyn, zum offenbaren Schaden des Patienten und seiner Angehörigen, diese nicht allein zu den octroirten Zinsen für den Apotheker, sondern auch noch in die weiteren, oft sehr großen Nachtheile und Gefahren, welche durch Zeitverluste entstehen müssen, verdammt zu sehen? Kann in einem Staate, der einer christlichen Civilisation sich erfreut, kann im Einklange mit den heiligsten Geboten der Religion, dem, der da hat, untersagt werden, nicht geben zu dürfen, dem, der da nicht hat, und dessen doch so höchst bedürftig ist, wie eben der unglückliche Kranke der möglich ausgedehnten Hülfe seines Arztes —

Gesetze sollten doch immer den mächtigsten Sporn zur Tugend, nicht aber die Aufforderung zu Uebertretungen oder — namentlich in dem vorliegenden Falle schon durch die, kaum einige Gulden erfordernde Anschaffung einer homöopathischen Hausapotheke bewerkstelligte — Umgehungen in sich tragen.

Kann dies aber von einem Verbote gesagt werden, das, bei näherer Untersuchung, nicht allein jener Grundlage durchaus entbehrt, sondern auch, hinsichtlich seiner Anwendung, noch weit unter jenen sogenannten halben Maasregeln steht, von welchen man ja wohl weiß, daß sie ehe vom Ziele entfernen, als dahin führen, und welche daher schlimmer sind, wie gar keine?

Nach dieser engeren Beleuchtung der Homöopathie, als Heilmethode für blos den leidenden Theil der Menschheit, wird nun auch noch einiger Beziehungen zu gedenken sein, in welchen dieselbe zu den allgemeinen wissen- und wirthschaftlichen Zwecken in nicht minder vortheilhaftem Lichte erscheint.

Sie ist ein großer Fund für die Naturwissenschaften im Allgemeinen, besonders aber des Menschen, so wie denn auch der Thiere.

Ihr, lediglich auf dem Felde der Erfahrung gewonnenes, Grundprincip — feststehend wie Neutons Entdeckungen über die Gesetze der Schwere — gewähren dem Forscher einen Anhaltspunkt, von welchem aus die Wissenschaft nie wieder in das Reich der Vermuthungen und Träume sich verirren wird.

Nicht leicht wird der, durch ihre Einfachheit einmal zu ihr hingezogene und nur einigermaßen mit ihr vertraut gewordene Natur- und Menschenfreund sie je wieder aufgeben.

Sie ist die Schöpferin einer natürlichen Lebensweise, der Nüchternheit und Mäßigkeit, die nur den verwöhnten Schwächlingen als Entbehrung erscheinen kann. Was hier Bitten und Ermahnungen, Verbote und Strafen, Mäßigkeits-Vereine ꝛc. nicht vermögen, wird häufig bei denjenigen leicht erreicht, welche in Folge der homöopathischen Behandlung eines Leidens, aller stärkeren Reitzmittel sich enthalten und durch eine mit, einer solchen Cur bedingte, regelmäßige Lebensordnung auch ihren Willen so erkräftigen, daß sie dem früherhin leidenschaftlichst ergebenen und so bis zur wahren Krankheit gesteigerten Laster der Trunkenheit in der Folge, ohne alle Beschwerden und mit wahrem Hochgefühle entsagen. Es grenzt fast an's Unglaubliche, wie leicht sich, selbst der verzärtelste Gaumen an die, der Gesundheit so sehr zusagende, homöopathische Lebensweise gewöhnt, und im eigentlichsten Sinne begreifen lernt, daß der Mensch ißt und trinkt, um zu leben, aber nicht lebt, um nur zu essen und zu trinken. —

Aberglauben und Vorurtheile werden sich auch darum immer mehr verlieren, weil, neben ihren ärztlichen Leistungen, auch die größere Wohlfeilheit der homöopathischen Heilmittel, den, hierin sogar kostspieligeren, Quacksalbereien durchgreifend vorbeugt. Durch schnellere und wohlfeilere Heilung werden dem Privat- und öffentlichen Geschäfte weniger Hände und Mittel entzogen; und besonders wichtig ist dieser Umstand für die, im Felde stehenden Heere, so wie überhaupt die Staatsdienst- und Pensions-Etats und andere öffentliche Anstalten.

Man wird mit den Nahrungsmitteln viel weiter reichen, wenn nicht durch Gewürze ihr Genuß bis zur Schädlichkeit für die Gesundheit vervielfältigt und vermehrt, mitunter aber auch deren Bestandtheile dadurch qualitativ verringert oder aufgehoben werden. Nicht unberührt darf ich die großen Vortheile lassen, welche die neue Heilmethode durch ihre Anwendung auch in der Thierheilkunde zu gewähren verspricht.

Der Grund, warum dieser Zweig der Wissenschaft noch so wenig bearbeitet worden ist und werden konnte, liegt hauptsächlich in der großen Kostspieligkeit der, nach der alten Schule üblichen Arzneimassen, im Verhältniß zu dem Werthe des Gegenstandes der Heilung. Auch hier ist bereits die Homöopathie versucht, und — wenn schon noch nicht in dem Umfange, wie bei den Krankheiten der Menschen — doch sehr bewährt gefunden worden, und sie wird es, bei der ohnedies einfachen, naturgemäßeren Pflege der Thiere, gewiß bald noch mehr werden.

Schon der Reiche und Wohlhabende fragt sich, ehe er ein Hausthier in ärztliche Behandlung gibt, nach dem muthmaßlichen Betrage der Arzneikosten, und ist die Heilung nur einigermaßen zweifelhaft, so treten gewiß in den meisten Fällen, selbst auch gegen die Thiere die schuldigen Rücksichten der Menschlichkeit in den Hintergrund. Die minder Bemittelten und Armen aber können noch weit weniger daran denken, ungeachtet nicht selten die Ernährung ihrer Familien größtentheils von der Erhaltung eines Pferdes, einer Kuh ꝛc. abhängt; und wenn die arzneiliche Unterstützung aus der Gemeinde- oder Armenkasse schon schwierig oder spärlich genug für den Menschen in Anspruch genommen werden kann, so ist eine solche bei den Thieren oder Armen ganz ausgeschlossen.

Zwar durchaus kein Verfechter von irgend äußeren Prohibitiv- oder Einschränkungs-Maßregeln gegen die individuelle Freiheit des Mündigen, vielmehr von der Nothwendigkeit eines, mit unserem Fortschreiten unerläßlich bedingten Aufwandes und Genusses — wofür allein doch zunächst nur erworben wird — vollständigst überzeugt, kann indessen mit mir gewiß auch jeder erfahrne Menschenfreund, nichts sehnlicher wünschen, als daß mancher Art jenes Aufwandes und Genusses nur eine, den wahren Bedürfnissen und Zwecken der Menschheit entsprechendere Richtung, und lediglich auf dem zwanglosen Wege der inneren Ueberzeugung, gegeben werden möchte! Wenn aber nun durch die, wenigstens ungehemmte Ausbreitung der homöopathischen Heilmethode an jenen, gewiß in keiner Beziehung erfreulichen, Apothekerrechnungen für den Privat- und öffentlichen Haushalt Hunderttausende erspart, an so manch andern Entbehrlichkeiten aber noch weit mehr gewonnen werden können, und diese mehr auf geistige und sittliche Bildung, Schulen, Agrikultur, Industrie und andere gemeinnützige Zweige der menschlichen Wohlfahrt, außerdem aber auch auf wirklich nahrhafte Speisen und Getränke, hingeleitet würden; sollte es dann noch einen wahrhaft wohlmeinenden Mann geben, welcher jenes unschuldige Mittel zu solch unberechenbar nützlichem Zwecke nicht möglich begünstigt, oder mindestens doch, vorerst einmal jedes, seiner Entwickelung entgegentretende, Hinderniß weggeräumt wünschen sollte?

Dies wären denn etwa die wesentlicheren Gesichtspunkte, unter welchen die Homöopathie den Blicken eines, durch unsägliche Körperleiden heimgesuchten, Laien erschienen ist, welcher, stets ein Freund der ungekünstelten Natur, seit Jahren dem Entwickelungsgange dieser, bereits erfahrungsmäßig bestätigten, Wahrheiten aufmerksam gefolgt ist. Die hohe Einfachheit derselben läßt sie eine gleiche Aufnahme bei jedem nicht, durch besondere Interessen oder Vorurtheile, befangenen Manne gewiß dann finden, wenn derselbe — über die Neuheit und das, beim ersten oberflächlichen Anblicke allerdings sehr Auffallende der Erscheinung sich hinwegsetzend — der Sache selbst nur einiges Nachdenken und Aufmerksamkeit schenkt. Darum muß ich Ihnen denn den innigsten Wunsch entgegen bringen, eine Sache, wobei es sich um die höchsten Erdengüter: Gesundheit, Leben, Familienglück und Wohlstand, also die wichtigsten Gegenstände der Gemeinnützigkeit handelt, gründlich und umfassend prüfen zu wollen.

Dann aber lassen Sie uns diese schicklichste Gelegenheit nicht versäumen, die ersten Vertreter öffentlicher Interessen zu seyn, welche ihren ganzen Einfluß dahin geltend machen, daß zunächst die Großherzogl. Staatsregierung die so gänzlich verkannte und nur darum auch gehemmte Homöopathie ihrer bisherigen Fesseln entledige und das natürlichste aller Menschenrechte — den unbedingt freien, directen Verkehr zwischen dem homöopathischen Arzte und seinen Kranken — mindestens eben so wieder herstelle, wie dies hier die Natur der Sache erfordert und wie es vor Erhebung der einseitigen Beschwerden, lediglich des Neides und schmutzigen Eigennutzes, der Fall war.

Auf die Allöopathie haben wir hierbei ferner darum keine Rücksicht zu nehmen, weil weder von ihren Technikern noch deren Patienten hierüber deßfallsige Beschwerden bei uns vorliegen.

Sollten übrigens jene verlangen, gleich wie beim homöopathischen Heilverfahren, ihre Arzneien dem Publikum auch unentgeldlich und prompt verabfolgen zu wollen, so kann uns dies nur höchst angenehm seyn, und es wird dann gewiß auch an unserem eifrigsten Fürworte nicht fehlen. In so lange aber möge die alte Schule sich bemühen, durch Fleiß, Geschick und Rührigkeit — nicht aber durch erwirkte Verbote — ihre jüngere Schwester zu übertreffen; hierdurch allein nur kann das allgemeine Beste gewinnen. Vermag sie aber neben all' ihren bisherigen Privilegien und Begünstigungen, welche sie factisch noch genießt, dennoch nicht durch eigne Kraft aufrecht und in Achtung sich zu erhalten, dann taugt sie nicht mehr und kann sich daher auch nicht beklagen, ihrem Schicksale überlassen zu werden.

Wenn ein Pariser hungriger Pöbel, welcher über die Concurrenz der ausländischen, besonders deutschen, Arbeiter raß'te und deren Ausweisung ungestümm begehrte, dadurch sich beschämen und beschwichtigen ließ, daß ein besonnener Präfect ihn ermahnte, anstatt die Leistungen der Fremden zu hassen und zu fürchten, dieselben nur zu übertreffen — dann weiß ich wahrlich nicht, was von deutscher Kunst, Wissenschaft und Bildung überhaupt zu halten wäre, wenn an die Stelle des redlichen Wetteifers eine schikanöse Unduldsamkeit treten sollte.

Die neue Entdeckung ist ein Gemeingut der Wissenschaft und Humanität, und darum sind denn auch die Blicke von ganz Deutschland — wo allein nur jene ängstliche Fürsorge des leidigen Vielregierens solche Verbote entstehen lassen konnte — auf unser dermaliges Benehmen gerichtet; an uns ist es daher, meine Herrn, die Geschichte sagen zu lassen, es sey aber dieses Benehmen Hessischer Stände und ihres Zeitalters würdig gewesen! Niemanden, dem da bekannt ist, daß unsere Staatsregierung zu den ersten Dentschlands gehörte, welche die Leibeigenschaft, die Frohnden, den Zunftzwang, Mühlenbann ꝛc. aufhoben, oder zeitgemäß umgeschaffen, die Militairpflicht, Steuern ꝛc. auf die Grundlagen der Gerechtigkeit, so musterhaft basirt hat, und welche fortwährend, unter Mitwirkung der Stände, die Gewerbe, Künste und Wissenschaften nach Kräften befördert, wird je dem Gedanken Raum geben können, daß dieselbe, in den wichtigsten

Angelegenheiten des menschlichen Lebens, einem Apothekerbanne noch huldigen werde, sobald ihr nur die bisher vermißten Erläuterungen und Wünsche von den Kammern aus zur Kenntniß kommen.

Eben so sachgemäß als billig dürfte es erscheinen, wenn gleichzeitig das Anliegen ausgesprochen werden wollte, daß nicht allein auf der Landesuniversität Gießen über die Homöopathik möchte zu lesen und examiniren, sondern auch noch von den oberen Medicinalbehörden in allen wichtigeren Fällen auch das Gutachten homöopathischer Praktiker — deren wir bereits sehr ausgezeichnet tüchtige besitzen — zu hören seyn.

Nie sollte mir eine — an sich zwar schlichte und anspruchslose — Arbeit angenehmer, ein Beruf lohnender gewesen seyn, als die gegenwärtige es dann würde, wenn dieselbe Ihrer einsichtsvollen Anerkennung und gerechten Rücksichtsnahme sich zu erfreuen hätte, und ich bin dessen unfehlbar gewiß, wenn die angeführten Gründe dasjenige, „gelten," was sie, bei unbefangener Prüfung, wirklich auch „wiegen."

Beilage D.

Auszug des Protokolls der LXXIV. Sitzung der zweiten Kammer der Landstände des Großherzogthums Hessen, am 4. Juni 1833. Diskussion über das Selbstdispensiren homöopathischer Heilmittel durch die Aerzte.

(Unmittelbar nach der Rede des Abg. Wolff nahmen das Wort:)

Der Abg. Höpfner: Der Gegenstand der Beschwerde, über welche wir heute berathen, ist unstreitig ein sehr wichtiger; denn es handelt sich hier von der Frage, ob einem neuen arzneiwissenschaftlichen System, das zwar alle früheren mit einem gänzlichen Umsturz bedroht, das aber, wenn es wirklich dasjenige leisten wird, was es zu leisten verspricht, als eine der größten Wohlthaten für das Menschengeschlecht erscheinen, und seinen Erfinder unsterblich machen wird: ob diesem neuen Systeme, sage ich, die Möglichkeit zu gewähren sey, sich durch alle Erfahrung als heil- und fruchtbringend, und vor den früheren Systemen den Vorzug verdienend, zu bewähren. Wenn ihr dritter Ausschuß in seinem Berichte, in welchem ich eine eben so gründliche, als wohlgefaßte Arbeit erkenne, sich enthalten hat, über den Werth des homöopathischen Heilsystems ein Urtheil zu fällen, so kann ich ihm nicht anders als vollkommen beistimmen; denn ein solches Urtheil würde nicht in unserer Competenz liegen. Doch sey es mir vergönnt, ein argumentum ad hominem anzuführen, welches mir wenigstens so viel zu beweisen scheint, daß der Grund und Boden, auf welchem die früheren Heilmethoden beruhen, ein höchst beschränkter seyn muß, und daß daher auch die Herrn Allöopathen jedenfalls keine Ursache haben dürften, sich über ihre homöopathischen Herrn Collegen so sehr zu erheben. Dieses Argument liegt in der großen Menge sich einander widersprechender Systeme, welche seit den Zeiten des Hypokrates in der Arzneiwissenschaft abwechselnd herrschten, und welche nicht nur in der Behandlung einzelner Krankheiten, sondern auch in den obersten Grundsätzen, auf welchen diese beruht, differirten. Ich erinnere mich noch sehr wohl, daß während ich noch auf der Universität meinen Studien oblag, von Brownianern und nicht Brownianern, von Hufelandianern, Röschlaubianern, Reilianern, Eklektickern rc. gesprochen wurde, die sich einander heftig bekämpften und Partheien bildeten, von welchen jede ihr System als das allein richtige darstellte. Diese Verschiedenheit in den Ansichten der allöopathischen Aerzte muß uns mit einem gewissen Mißtrauen gegen die Sicherheit der wissenschaftlichen Grundlage ihrer Systeme erfüllen, und dieselben werden sich nicht beschweren können, wenn wir die Vorzüglichkeit des einen oder des andern, des homöopathischen oder allöopathischen Systems, lediglich an seinen Ort gestellt seyn lassen. Ich füge blos die Bemerkung hinzu, daß ich in dem Einwande, die homöopathische Methode sey gar kein positives Heilverfahren, sondern ein bloßes Zuwarten, bis die Natur selbst die Heilung vollbracht habe, nur eine petitio principii zu erkennen vermag: denn die Homöopathen geben Heilmittel, und wenn man behauptet, daß dieselben wegen der unendlichen Kleinheit der Dosen keine Wirkung äußern könnten, so bedarf diese Behauptung vorerst noch des Beweises.

Es ist übrigens auch gar nicht nöthig, über den Werth des homöopathischen Systems ein Urtheil zu fällen, um die vorliegende Beschwerde prüfen zu können. Zu diesem Zweck genügt es, sich darüber zu verlässigen,

a) daß die Homöopathie ein wissenschaftlich begründetes System sey,

b) daß kein Gesetz existire, welches dem Verlangen der homöopathischen Aerzte, selbst dispensiren zu dürfen, entgegen stehe.

Das Eine sowohl, als das Andere ist mir nicht zweifelhaft. Für beide Systeme sind die anatomischen, physiologischen und pathologischen Studien, welche der Arzt zu seiner Ausbildung machen muß, auf gleiche Weise unerläßlich. Nur in der materia medica, in den Stoffen, welche als Heilmittel verordnet werden, in ihrer Auswahl und Zubereitung, sind sie gänzlich verschieden. Es ist Ihnen wohl bekannt, daß zu Berlin bereits ein homöopathisches Clinicum existirt, und es kann sich nicht fehlen, daß auch bald Collegien über die Homöopathie auf den angeseheneren Universitäten werden gelesen werden. Die Homöopathen erscheinen uns daher als wissenschaftlich gebildete Aerzte, und nicht als Charlatans. Sie haben eben deswegen auch dasselbe Recht, wie ihre allopathischen Herrn Collegen, auf praktische Anwendung ihrer Wissenschaft.

Dieses Recht kann ihnen eben so wenig versagt werden, als man es früheren Aerzten, welche neue Systeme begründeten, zu bestreiten versuchte.

Freilich ist vielleicht, seit Hypokrates keine neue Heilmethode entstanden, welche den älteren Methoden so schroff entgegensteht, als die homöopathische, und diese stellt zugleich die Fortdauer der Pharmacie in ihrer bisherigen Gestalt in Frage.

Sollte das homöopathische System zur Herrschaft gelangen; so können sich die allopathischen Aerzte nur in Ruhe setzen und die Apotheker können ihre Officin schließen. Gerade hierin ist der Grund zu suchen, daß noch niemal ein Streit zwischen den Anhängern verschiedener wissenschaftlicher Systeme mit solcher Hitze geführt worden ist, als der zwischen den Homöopathen und Allopathen, und es ist sich nicht darüber zu verwundern, ja man kann es, menschlich genommen, kaum tadeln, daß die Aerzte der älteren Schulen, in Verbindung mit den Apothekern, alle mögliche Mittel aufbieten, den ihnen drohenden Sturm zu beschwören, und die gefährlichen Neuerungen zu hintertreiben.

Aber es versteht sich von selbst, daß das persönliche Interesse der Apotheker und der allopathischen Aerzte für uns kein Motiv seyn kann, die vorliegende Beschwerde zurückzuweisen, wenn sie uns gegründet erscheint.

Müssen nach dem Obigen die Homöopathen, als wissenschaftlich gebildete Aerzte betrachtet, und in so weit zur Praxis für eben so berechtigt gehalten werden, als ihre allopathischen Collegen, so fragt es sich nur noch, ob ein Gesetz existirt, das ihrem Verlangen, selbstdispensiren zu dürfen, entgegensteht.

In dieser Hinsicht wird eingewendet: Allerdings dürfe man den Homöopathen die Praxis nicht versagen, aber eben so gewiß sey es, daß dieselben in dieser Beziehung kein Privilegium in Anspruch nehmen könnten, vielmehr an die, in Betreff des Selbstdispensirens der Aerzte vorliegenden generellen, gesetzlichen Bestimmungen gebunden seyen, namentlich an die einschlägige Vorschrift der Medicinalordnung von 1822. Aber dieser Einwand erscheint um deßwillen unhaltbar, weil die homöopathischen Aerzte, wenigstens noch zur Zeit, ohne das Recht, selbst zu dispensiren, gar nicht prakticiren können. Dies ist in dem Ausschußbericht so einleuchtend gezeigt, daß ich nicht nöthig habe, noch etwas hinzuzufügen. Nur auf zwei Momente, als vorzüglich entscheidend, will ich hier aufmerksam machen, nämlich, daß die auf das allopathische System berechneten Apotheken aufhören werden, zu existiren, wenn die Homöopathie den Platz behauptet, und daß die homöopathischen Arzneimittel keiner chemischen Controle unterliegen, denn ein Billions- oder Trillionstheil einer gewöhnlichen Gabe ist auch durch die feinste chemische Analyse nicht zu erkennen. Was hiervon die Folge seyn kann, und wahrscheinlich seyn würde, wenn die Zubereitung der homöopathischen Heilmittel den Apothekern überlassen bliebe, und wenn man dieselben auf Treu und Glauben von ihnen annehmen müßte, brauche ich nicht näher auseinanderzusetzen, da es von selbst in die Augen springt.

Es ist daher nicht zu läugnen, daß, wenn man den Homöopathen das Recht versagt, selbst zu dispensiren, man ihnen eben dadurch die Praxis verbietet, was nach den oben erwähnten Prämissen ungerecht wäre.

Daß auch die Medicinalordnung von 1822 hier keine Anwendung findet, ist ebenfalls schon in dem Ausschußbericht nachgewiesen. Sie ist nur auf das allopathische System berechnet, und paßt auf das homöopathische nicht entfernt.

Uebrigens vereinige ich mich, was die Gesetzkraft der gedachten Verordnung betrifft, ganz mit den Ansichten der Abgeordn. Emmerling und Elwert.

Dies sind die Gründe, weswegen ich in Uebereinstimmung mit dem Antrage des Ausschusses stimmen werde. In der That müßte man es in dem Interesse der Menschheit höchlich bedauern, wenn das homöopathische System gleichsam ungehörter Sache zurückgewiesen, das heißt, wenn es ihm durch indirectes Verbieten der Praxis unmöglich gemacht würde, durch die Erfahrung den Beweis zu liefern, daß es den Vorzug vor dem allopathischen Systeme verdient, denn ganz abgesehen von seiner wissenschaftlichen Begründung, empfiehlt es sich in anderen Hinsichten, in einem so eminenten Grade, daß es, seine Vorzüglichkeit in wissenschaftlicher Hinsicht vorausgesetzt, eine unschätzbare Wohlthat für das menschliche Geschlecht seyn wird.

Der Abg. Graf Lehrbach: Erlauben Sie mir, meine Herrn, zu Gunsten und im Sinne der, der verehrlichen Kammer überreichten Vorstellung einige Worte an Sie zu richten. Von verschiedenen Seiten ist das neue System der Heilkunde angegriffen, und, wie nicht zu läugnen allerdings auch mit scharfen Waffen bedroht worden. In allen den Gegenschriften jedoch, welche mir bekannt geworden sind, habe ich noch nicht gefunden, daß man die Behauptung aufzustellen wagt, es wäre noch gar keine Kur nach dem neuentdeckten homöopathischen Verfahren gelungen, im Gegentheil hat man dies zugegeben; man hat aber diesen glücklichen Kuren andere Gründe zu unterlegen gesucht, als die Wirkungen, welche mit den gegebenen Arzneien in Verbindung stehen. Man hat aber außerdem die Waffen gegen das neue System sehr wohl gewählt, indem man sich erstens der Waffen der Lächerlichkeit, und zweitens der Waffen des Eigennutzes bediente. Diesen beiden Waffen hat die Staatsregierung durch ihre Beschlüsse gleichsam den Schild geliehen, und ich will es versuchen, sie ihrer Wichtigkeit zu entkleiden. Man hat behauptet, daß die kleinen, in das Unendliche verdünnte Gaben der homöopathischen Aerzte keine Wirkung haben könnten, gleichsam illusorisch wären, in Nichts zerflössen. Wer aber hat bis jetzt behaupten wollen und behaupten können, daß in der Natur nicht Kräfte existiren, welche der menschliche Verstand unbegreiflich, unerklärlich, ja Jahre lang, Jahrhunderte lang als unerklärlich angestaunt hat. Wir kennen die Wirkungen von vielen chemischen Operationen; noch Niemand hat aber bis jetzt erklären können, woher mancher dieser Erfolge herbeigeführt werde. Nehmen Sie an, meine Herrn, die Entstehung des Feuers. Sie reiben einen harten und weichen Körper, etwa Holz, an einander, und es entsteht das Feuer; die Art aber, wie dasselbe entsteht, ist allen Naturkundigen noch fremd; nehmen Sie ferner die Electricität an und andere Naturerscheinungen, — aber ich kann mich enthalten, weitere Beispiele anzuführen. Man hat behauptet, daß, da die Gaben so klein wären, sie nicht wirken könnten; wer möchte aber läugnen wollen, daß durch die Art, wie diese Gaben präparirt werden, durch Schütteln, durch Reiben 2c. allerdings eine Kraft zu entstehen vermag, welche man nicht erklären kann, welche aber dessen ungeachtet, existiren muß, wenn man nicht Wirkung ohne Ursache annehmen will; ein Nichts kann keine

Wirkung hervorbringen, welche hier wenigstens nicht zu verkennen ist, — die Erfolge des homöopathischen Systems. Unsere Voraltern, meine Herrn, haben Hexen verbrennen sehen, und es fragt sich, ob ein Schiffer, welcher im fünfzehnten Jahrhundert mit einem Dampfschiff die Wellen durchschnitten hätte, nicht auch als Zauberer verbrannt worden wäre. Die Zeiten sind vorüber, wo man dem Publikum von Zauberei vorsprechen konnte, und darum hat man die Seite der Lächerlichkeit berührt. Die zweite Waffe, und allerdings die stärkste, welche man braucht, um das System in seinen Grundfesten zu erschüttern, ist die Waffe des Eigennutzes. Wenn man auch zugeben will, daß dem Arzte gestattet seyn soll, nach dem neuen homöopathischen System zu verordnen, so will man den homöopathischen Aerzten gleichwohl das Mittel entziehen, das ihnen und den Patienten allein den Erfolg sichern kann, indem man den Aerzten das Selbstdispensiren der Arzneien verbietet. Man will die homöopathischen Aerzte zwingen, ihre Mittel gerade von denjenigen Männern bereiten zu lassen, welche selbst das größte Interesse dabei haben, der neuen Wissenschaft entgegen zu arbeiten, und auf der andern Seite gar kein Interesse, derselben Vorschub zu leisten. Wer aber kann und muß doch gerade das größte mögliche Interesse dabei haben, daß diejenigen Mittel, welche hier verordnet werden, den Zweck erreichen? Doch offenbar der homöopathische Arzt. Wie können die Gaben desselben das ersetzen, was das Zutrauen in dieselben, und in die von ihm gegebenen Mittel allein bewirkt, und daß diese nach bestem Wissen und Gewissen richtig bereitet sind? Der Redner vor mir hat Ihnen bereits die Unmöglichkeit dargestellt, ein solches Mittel, wie es die homöopathischen Aerzte verordnen zu analysiren, ob es so zusammengesetzt wird, wie es der Arzt wünscht. Es existirt hier also nicht die mindeste Controle, um allenfallsigem bösen Willen entgegen arbeiten zu können. Es ist nicht zu erwarten, meine Herrn, daß die Apotheker willig und gewissenhaft die homöopathischen Arzneien bereiten, und leider gibt es Beispiele, welche beweisen, daß nicht allenthalben auf die Gewissenhaftigkeit der Apotheker gerechnet werden darf. Ich könnte vielleicht ein Beispiel aus der Nähe anführen, wonach nicht gesagt werden kann, daß die Apotheker ihre Privilegien so leicht und gern aufgeben werden. Es war anerkannt, daß z. B. die hiesigen Apotheken nicht hinreichend für das Bedürfniß des Publikums seyen. Das Mittel, welches man angewandt hat, um dieser Klage abzuhelfen, beweißt, was ich zu sagen die Ehre hatte. Es ist eine andere Apotheke hier errichtet worden, jedoch kein Arzt nimmt Anstand, seine Patienten zu warnen, dort ihre Arzneimittel bereiten zu lassen, und diese vierte Apotheke ist Tochter der drei früher bestandenen. Wenn ich dies bemerke, so glaube ich sagen zu müssen, daß damit keineswegs ausgesprochen werden soll, als ob diesem Apotheker nicht dieselbe Gewissenhaftigkeit zugetraut werden könne, als den andern, allein es liegt dies in den Mitteln. So ist es aber auch nun hier bei den Mitteln der Fall, welche nach einem Systeme bereitet werden, welches ihren eigenen Vortheilen ganz entgegensteht, welches sogar die Existenz ihres Gewerbes bedroht.

Wenden wir uns nun auf der anderen Seite zu den Vortheilen, welche die Fortschritte des neuen Systems unsern Mitbürgern und selbst der Welt gewähren können. Beruht das homöopathische System nicht auf einer wissenschaftlichen Basis, oder mit andern Worten: ist es Charlanterie; so hat die Erfahrung gelehrt, daß wenige Jahre hinreichen werden, um diese illusorische Stütze zu entfernen. Das System wird fallen, gleich vielen anderen Systemen dieser Art. Beruht es aber wirklich auf einem wissenschaftlichen, philosophischen Grund, dann meine Herrn, ist, glaube ich, es Pflicht, ihm allen Vorschub zu leisten, welcher in die Macht der Staatsregierung und der Stände gestellt ist. Wie mancher unserer armen Mitbürger wird jetzt allein durch die Kostspieligkeit der Mittel, durch die hohen Rechnungen der Apotheker abgehalten, sich selbst oder seinen leidenden Kindern, die Wohlthat der medicinischen Hülfe zu gewähren, wenn es ihm auch möglich ist, den Arzt zu salariren. Er fürchtet sich vor den bedeutenden Rechnungen der Apotheker. Ich bin weit entfernt zu behaupten, als schienen mir diese Rechnungen zu hoch, in Vergleich mit dem, was dafür gegeben wird, als ließen sie sich willkührlich vermindern. Keineswegs! Sie werden aber immer eine schwere Last für die Familie bleiben, welche gezwungen ist, ärztliche Hülfe bei einer lange dauernden Krankheit in Anspruch zu nehmen. Diesen Leuten aber werden die Mittel zur Heilung offen stehen, wenn es den homöopathischen Aerzten erlaubt ist, unentgeldlich ihnen die Mittel zu reichen. Wenn als Gegengrund dagegen angeführt ist, es sey keine Controle dafür gegeben, daß der Arzt nur diejenigen Mittel verschreiben, verordnen und verabreichen werde, welche er nach Wissen und Gewissen für die besten hält, daß er vielleicht hier und da Mittel verabreichen dürfte, welche nicht bei dem einzelnen Fall abgegeben werden sollten, so glaube ich, meine Herrn, diese richterliche Controle besteht jetzt eben so wenig, wie sie in Zukunft bestehen kann; aber sie besteht jetzt, und wird immer bestehen, in des Arztes Ehre. Der Redner, welcher von der Tribüne gesprochen, hat diesen Gegenstand bereits ausführlicher erörtert, und ich begnüge mich daher, mit diesen wenigen Worten darauf aufmerksam gemacht zu haben.

Das höchste Interesse hat immer der Arzt, daß seine Medicin hilft, schon rücksichtlich seines Rufes, welcher seine Existenz bedingt. Wie aber soll der homöopathische Arzt seinem Kranken mit Zuversicht ein Heilmittel reichen, das er, nach menschlichen Ansichten, aus der Hand eines Feindes der neuen Wissenschaft empfängt, und von dessen Werth oder Unwerth er sich nicht einmal, gleich dem Allopathen, vergewissern kann.

Endlich hat sich die öffentliche Stimme bereits in dieser Beziehung vernehmlich ausgesprochen, und für das neue System sich erklärt, und ich glaube, meine Herrn, die Vertreter des Volkes haben sehr erheblichen Grund, dieser öffentlichen Stimme das Ohr zu leihen, und ihre Bitte mit der der Petenten zu vereinigen, daß diejenigen Schritte, welche gethan sind, um das neue System zu vernichten, (ich bediene mich dieses Ausdruckes, weil die homöopathischen Aerzte, wie alle Anhänger dieses Systems, es als Vernichtung desselben betrachten, wenn ihnen das Selbstdispensiren nicht gestattet wird) wieder zurück zu nehmen, mit anderen Worten, den homöopathischen Aerzten das unentgeldliche Selbstbereiten und Dispensiren ihrer Heilmittel zu gestatten.

Der Abg. Hardy: Eine wissenschaftliche Prüfung der Vorzüge oder Nachtheile der homöopathischen oder allopathischen Heilmethoden dürfte wohl nicht in der Sphäre unserer Diskussion beruhen. Allein ein Urtheil in allgemeinen Umrissen über das wissenschaftliche System, über dessen Anwendung wir uns heute auszusprechen haben, erscheint als Grundlage unserer Beurtheilung nothwendig, und ich kann mich deshalb nicht enthalten, Einiges hierüber vorzutragen. Da ich jedoch als Laie in der Arzneiwissenschaft spreche, so muß ich gestehen, daß ich dasjenige, was ich hier sage, aus Schriften über die verschiedenen Systeme, welche ich gelesen habe, entnehme und also hierauf meine Ansichten stütze. Die homöopathische Heilmethode erscheint im Allgemeinen als nichts anders, als die zuwartende Heilmethode, welche alle Aerzte von jeher kannten und die klugen Aerzte auch immer befolgten. Die Kräfte der Natur sind immer wachend und wirksam. Werden dieselben in ihrer regelmäßigen Wirkung gestört, und reicht ihre eigene Wirksamkeit zur Erhaltung oder Wiederherstellung des gesunden Zustandes nicht hin, so soll sie der Arzt zu solchem hinleiten. Diese Leitung ist nicht immer, ja gar oft nicht nothwendig. Die Naturkräfte finden selbst wieder ihre geregelte Richtung.

Hier erscheint die erste Schattenseite der homöopathischen Heilmethode. Sie verkündet, durch ihre geringen Gaben den Gesundheitszustand herzustellen, dessen Herstellung nichts anders als eine Wirkung der Naturkräfte ist. Dieses Wenige, was ich für nöthig hielt, vorausgeschickt, glaube ich nun anführen zu müssen, daß in gar vielen menschlichen Leiden, welche namentlich eine schleunige Anwendung von Heilmitteln erfordern, die Homöopathie nicht ausreicht. Dahin gehören namentlich schnell verlaufende und plötzlich überfallende Uebel, als Schlagflüsse, Lähmungen, Blutergießungen aus den Lungen, starke Entzündungen des Gehirns; äußere Uebel, als Verletzungen, Verenkungen, Knochenausbrüche, Knochenauswüchse, Masern, Blattern, Scharlach u. s. w. Alle diese Leiden erfordern ein sehr thätiges Heilverfahren, und sind deshalb von der homöopathischen Heilmethode nicht erreichbar. Ihr verbleiben nur diejenigen Uebel zur Heilung, welche bei strenger Diät, genauer Lebensordnung, Reinlichkeit des Körpers und guter Luft, auch ohne Hülfe des Arztes vorübergehen.

Nach allen diesen Verhältnissen erscheint also kein gegründeter Vorzug des homöopathischen Heilverfahrens, und nur ein solcher könnte uns vielleicht bewegen, dieser Heilmethode Begünstigungen zu Theil werden zu lassen, welche dem allopathischen Heilverfahren nicht eingeräumt sind. Ich meine nämlich: der §. 55. der Medicinalordnung vom 14. Aug. 1822 muß hier allgemein, wie geschieht, in Anwendung gebracht werden. Da übrigens diese Medicinalordnung in ihrem Ursprunge und rechtlichen Bestande angegriffen worden ist, so glaube ich hier anführen zu müssen, daß ich die Medicinalordnung als nichts anders, als eine Zusammenstellung längst bestandener, instructiver und regelmentärer Bestimmungen betrachte, und also das Erlassen derselben von Seiten der Großherzoglichen Staatsregierung in Folge des Artikels 73 der Verfassungsurkunde hinreichend begründet erscheint.

Nun bestimmt aber der §. 55. der Medicinalordnung, daß das Bereiten und Abgeben der Arzneimittel keinem andern, als dem approbirten Apotheker erlaubt seyn solle. Wenn dies nun als allgemeine Regel dasteht, wenn es für die allopathische Aerzte besteht, so glaube ich nicht, daß die homöopathischen Aerzte darin einen Vorzug verdienen, und daß man ihnen ausnahmsweise das Selbstdispensiren der Medicamente gestatten kann, während man es den allopathischen Aerzten untersagt. Wenn also die Staatsregierung durch das Publicandum von 1832 den homöopathischen Aerzten das Selbstdispensiren der Medicamente verboten hat, so hat sie damit nichts anders gethan, als einen Act der Gerechtigkeit ausgeübt, eine Gleichheit zwischen den allopathischen und homöopathischen Aerzten hergestellt: diese so wenig, wie jene, sollen zur Selbstdispensation befugt seyn. Es beruht dies allerdings auch noch auf einem politischen Grund, denn Manche, welche der Homöopathie nicht hold seyn mögen, behaupten, daß die homöopathischen Aerzte, bei der Selbstdispensation ihrer Medicamente Täuschungen übten; namentlich soll es eine Täuschung seyn, wenn sie durch die Art der Bereitung ihrer kleinen Dosen eine Wirkung hervorzubringen angeben. Es kann die Wahrheit dann, wenn sie die Mittel selbst bereiten, nicht so gut ergründet werden, und da wir doch selbst nnr nach Wahrheit und den Erkenntnißmitteln derselben zu streben verpflichtet sind, so dürfen wir wohl das Selbstdispensiren der homöopathischen Aerzte nicht billigen. Dann glaube ich auch, muß noch ein anderer gewichtiger Grund angeführt werden, aus welchem den Aerzten überhaupt das Selbstdispensiren der Arzneimittel nicht gestattet werden kann. Unsere ganze Criminalgesetzgebung würde in ihrer Verfassung und nach ihrem ganzen Inhalte eine Abänderung erleiden müssen, wenn wir den homöopathischen Aerzten die Selbstdispensationen gestatten wollten. Die Controle, welche durch die Verfertigung der Arzneimittel von Seiten der Apotheker bewirkt wird, scheint mir hierbei von großer Wichtigkeit zu seyn. Ich will mir dies durch ein Beispiel deutlich zu machen erlauben. Angenommen z. B. ein Arzt sey bei einem Erblasser activ betheiligt; der Erblasser habe den Arzt als Legatar eingesetzt, und der Universalerbe sey ein Anderer; dieser Universalerbe will sich aber bald die Erbschaft aneignen, und begeht deßhalb das schwere Verbrechen der Vergiftung, und der Kranke stirbt. Der Todte trägt die unverkennbaren Spuren der Vergiftung, und man hält sich doch nun gewiß, wenn der eigentliche Thäter nicht gleich entdeckt wird, an den Arzt, welcher die Arzneimittel, die der Kranke einnahm, verordnet und selbst dispensirt hat.

Der Arzt wird dann natürlich in große Verlegenheit kommen, er wird einem Personalarreste schwerlich entgehen, uud wenn auch seine anerkannte moralische Potenz ihn vor dem Richter frei spricht, so ist er doch dadurch großen Unannehmlichkeiten ausgesetzt, und es bleibt immer im Publikum ein nicht zu beseitigender nachtheiliger Flecken und Verdacht. Alle sind Menschen, und menschliche Beurtheilungen richten sich oft nach der Möglichkeit und vielleicht auch nach trügerischen Vernunftschlüssen.

Aus diesen, wie mir scheint, triftigen Gründen glaube ich nicht, daß wir der gestellten Petition Folge geben sollen, sondern ich bin der Meinung, daß wir es bei den bestehenden gesetzlichen Bestimmungen lassen müssen. Ich nenne sie wiederholt: gesetzliche Bestimmungen, jene nämlich, welche aus der Großherzoglichen Medicinalordnung hervorgehen, indem ich mich von der Rechtsbeständigkeit der letzteren um so mehr überzeuge, als seit dem Erscheinen derselben drei Landtage verflossen sind, ohne daß es irgend Jemanden eingefallen wäre, diese Verordnung in jenen Grundbestandtheilen anzugreifen, und zu behaupten, daß sie gesetzwidrig erlassen sey, sondern man hat sie allgemein in unserem Staate als gültig betrachtet und ihre Bestimmungen wurden zeither auch ohne Anstand allenthalben befolgt.

Der Abg. Emmerling: Meine Herrn, ich lasse mich als Laie nicht darauf ein, die Vorzüge des allopathischen und homöopathischen Systems gegen einander zu vergleichen, und einen Ausspruch zu thun, welchem meines Ermessens die Palme gebühre. Aber so viel steht unwidersprechlich richtig, daß das homöopathische System, trotz aller Widersprüche, welche es bis jetzt erfahren hat, als ein wahrhaft wissenschaftlich begründetes System durch alle Widersprüche siegreich sich durchzuringen angefangen, und daß deshalb auch bereits in mehreren Staaten die Homöopathie die günstigste Anerkennung erlangt hat, ja, daß von einigen Staatsregierungen sogar schon im Augenblicke den homöopathischen Aerzten das Selbstdispensiren der Arzneien ausdrücklich gestattet ist. Es ist also eine Wissenschaft, in deren Interesse die Stände jetzt berufen sind, sich bei der Staatsregierung zu verwenden, und wenn dies nicht geläugnet werden kann, so glaube ich, dürfen wir auch unmöglich unseren Schutz in der Hinsicht versagen, daß diese Wissenschaft ihre Bahn, welche sie so glänzend begonnen hat, auch noch weiter ungehindert fortschreiten dürfe. Dieses sind hauptsächlich die Gründe, welche mich im Allgemeinen bestimmen, der Petition vollständig meine Zustimmung zu geben. Untersuche ich nun, was wohl die bewegenden Gründe des Verbotes, welches man gegen das Selbstdispensiren der homöopathischen Arzneien erlassen hat, gewesen seyn könnten, so muß ich gestehen, ich vermag deren keine von erheblichem Charakter aufzufinden. Man will von Seiten der Staatsregierung, dies muß ich wenigstens von ihr voraussetzen, die homöopathische Arzneiwissenschaft selbst in ihrem Aufschwunge nicht lähmen; man gestattet sogar den homöopathischen Aerzten, homöopathisch zu kuriren, also die Wissenschaft zu üben, aber man gestattet ihnen nicht das Selbstdispensiren, obschon sie dies aus vielen sehr wichtigen Gründen, als die nothwendige Bedingung für das Fortschreiten ihrer Wissenschaft dargestellt haben.

Ich kann mir von unserer Staatsregierung nicht denken, daß auf

Seiten derselben hierbei der geheime Grund obwalten könnte, auf solche indirecte Weise die Wissenschaft an ihrer ferneren Ausbildung zu hindern. Es müssen deshalb andere bewegende Gründe das Motiv zu jenem Verbot gewesen seyn. Bei sorgfältigem Forschen nach diesen Gründen vermag ich mir nun keinen andern zu denken, als den, daß eine polizeiliche Controle bei den homöopathischen Arzneien, und gegen die homöopathischen Aerzte selbst, auf gleiche Weise bestehen soll, wie solche rücksichtlich der allopathischen Aerzte und ihrer Medicamente bisher in der That einigermaßen bestanden hat. — Diese polizeiliche Controle wird aber von den allopathischen Aerzten selbst, durch einen der Hauptgründe, welche sie gegen die Homöopathie vorgebracht haben, als völlig eitel und überflüssig dargestellt.

Die Allopathen sagen, das was die Homöopathen als Arznei dispensiren, ist nichts, ist, wenn dies möglich wäre, beinahe weniger als nichts, weil sie ihre Arzneimittel in so unendlich kleinen Bestandtheilen verabreichen, daß irgend eine Wirkung davon ganz undenkbar ist.

Hieraus folgt, daß eine polizeiliche Controle gegen die Verbreitung eines Nichts und gegen die Wirkung eines Nichts, wie die Allopathen es nennen, wenigstens nach den Ansichten der allopathischen Aerzte, welche bis jetzt noch in der Ueberwachung des Medicinalwesens den Ausschlag geben, absolut unnöthig erscheint.

Ich kann mir übrigens nicht denken, daß auf Seiten der Staatsregierung die Veranlassung zu dem vorliegenden Verbote, etwa in der Tendenz liegen könnte, den Apothekerbann in seiner bisherigen Ausdehnung zu erhalten, und die Privilegien der Apotheker, zum Nachtheile des Auffluges einer neuen Wissenschaft in Schutz zu nehmen.

Wenn uns daher heute die Frage zur Berathung vorläge, ob das fragliche Verbot von den Ständen zu bewilligen und anzunehmen sey, so würden wir, glaube ich, mit bestem Gewissen und voller Ueberzeugung das Gegentheil erklären müssen. Aber, meine Herrn, heute ist nicht die Rede von Zustimmung in das Verbot selbst, sondern es handelt sich nur um die Frage, ob ein Verbot, welches von der Staatsregierung einseitig ausgegangen, und sofort in Anwendung gebracht worden ist, vor der Verfassung bestehen kann, und gerade mit Rücksicht darauf habe ich mich im dritten Ausschusse dahin ausgesprochen, daß es mit den Bestimmungen der Verfassung nicht in Einklang zu bringen sey. Der Abg. Hardy hat zwar dieses Verbot nach den bekannten Bestimmungen der Medicinalordnung von 1822 vertheidigen zu können geglaubt, weil die Medicinalordnung nur eine Instruction sey, und folglich in Folge des Art. 73. der Verfassungsurkunde füglich von der Staatsregierung einseitig habe erlassen werden können; ja er nennt die Medicinalordnung sogar „eine gesetzliche Bestimmung." Allein das zweite Organisationsedict vom Jahr 1803, welches noch jetzt in Gesetzkraft besteht, sagt ausdrücklich: „Gegenstand der Landespolizei ist das gesammte Medicinalwesen." — Nun enthält die Medicinalordnung von 1822 gewiß die wichtigsten Bestimmungen in Bezug auf das

Medicinalwesen, und ich kann nicht begreifen, wie wir die Medicinalordnung von 1822, welche die Verpflichtungen der Apotheker und der Aerzte namentlich in Bezug auf den Verkauf der Medicamente an das Publikum, und in Beziehung auf die Behandlung der Kranken regulirt, wie wir diese Medicinalordnung unter den Begriff einer Instruction und nicht vielmehr unter den Begriff einer Verfügung subsumiren wollen, welche ihrem Charakter nach nur als wahres Landespolizeigesetz bestehen könnte. Das Verbot, welches gegen das Selbstdispensiren der homöopathischen Aerzte gerichtet ist, droht sogar nicht unbedeutende Geldstrafen an. Demnach enthält selbst diese Verfügung allerdings Anordnungen, welche das Wesen und den Begriff eines Gesetzes bilden. Ein Redner hat zwar entgegnet, unsere ganze Criminalgesetzgebung würde in ihren Fundamenten erschüttert und deshalb umgeändert werden müssen, wenn das Selbstdispensiren der Arzneien gestattet werde. Diese Einwendung erachte ich aber für in jeder Beziehung ungegründet.

Ich muß gestehen, ich würde mich nicht sehr grämen, wenn es in Folge der Aufhebung des in Rede stehenden Verbots der Staatsregierung endlich als dringend nothwendig erschiene, unsere Criminalgesetzgebung in den diesseitigen Provinzen gänzlich zu erneuern, indem gerade dies sicher einer der angelegentlichsten Wünsche des Landes ist. Uebrigens glaube ich, daß die Nothwendigkeit einer solchen Gesetzveränderung aus Aufhebung des fraglichen Verbots auf keine Weise folgen würde, denn ein homöopathischer Arzt, welcher wahrhaft homöopathische Arzneien, also nach der Ansicht der Allopathen Nichts verabreicht, kann unmöglich vergiften. Gäbe er aber Mittel, welche vergiften, so sind dies keine homöopathischen Arzneien mehr, und der Strafrichter wäre bei ihm alsdann nicht übler daran, als bei jedem andern Giftmischer.

Der Abg. Heß: Nach dem, was der Abg. Emmerling so eben bemerkt hat, bleibt mir nur Weniges zu sagen übrig, da derselbe bereits das Meiste von demjenigen berührt hat, was auch ich zu erwähnen die Absicht hatte. Ich erlaube mir daher nur noch zu der Bemerkung in dem Ausschußberichte, daß weder Gesetze älterer noch neuerer Zeit in unserm Großherzogthum vorlägen, aus welchen das Verbot des Selbstdispensirens der homöopathischen Aerzte abgeleitet werden könnte, einige Worte, jedoch nur über diesen Punkt, indem ich glaube, daß wir die Gränzen unserer Sphäre überschreiten werden, wenn wir uns in Erörterungen über den Werth der Homöopathie als Wissenschaft und deren Verhältniß zur Allopathie, einließen, wie es mir denn überhaupt scheint, daß Manches von demjenigen, was in dieser Beziehung heute geäußert worden ist, sich mehr auf das Ordiniren, als auf das Dispensiren bezieht. In dem Ausschußberichte ist, sage ich, erwähnt, daß weder Gesetze älterer noch neuerer Zeit bei uns existirten, aus welchen das in Frage stehende Verbot abgeleitet werden könnte. Es bestand nämlich bis zu der Verordnung von 1822, nur die alte Medicinalordnung vom 6. Aug. 1727, indem seit dieser Zeit, bis zum Jahr 1822, wo die neue Medicinalordnung erschien, keine jene Medicinalordnung Landgraf Ernst Ludwigs vom 6. Aug. 1827 abändernde Verfügung erlassen worden ist.

Jene Medicinalordnung vom 6. Aug. 1727 nun verbietet aber nicht nur nicht das Selbstdispensiren der Aerzte, sondern sie gestattet dasselbe vielmehr ausdrücklich; sie sagt nämlich in dem Titel I. „von medicis" überschrieben, unter andern Folgendes:

„Wer von medicis in unserm Lande kuriren, oder mit Arznei Jemanden beiräthig seyn will, soll ꝛc. sich anmelden, seine Zeugnisse beibringen ꝛc. versprechen, seine Schuldigkeit zu thun, Jedem zu rathen und zu helfen ꝛc. allen Empyricis und Versuchärzten aber ist untersagt, Jemanden Arznei fürzuschreiben oder darzureichen."

Ferner eodem:

„Sonderbare Circumspection, Treu und Fleiß soll jeder medicus anwenden, daß dem Patienten mit heilsamer Arznei, sie werde gleich vom medico selbst dargegeben, oder in der Apotheke geholt, baldmöglichst ausgeholfen werde."

Es ist hiernach den Aerzten das Selbstdispensiren ausdrücklich gestattet, und seit 1727 bis 1822, ist, wie gesagt, keine diese Bestimmung abändernde Verfügung erlassen worden, wonach denn den homöopathischen Aerzten, eben so wie den allopathischen, das Selbstdispensiren erlaubt ist. Es fragt sich also einzig: Ist die Medicinalordnung vom 14. Aug. 1822, welche, obgleich unstreitig das Landespolizeiwesen betreffend, ohne die Beistimmung der Stände erlassen worden ist, Gesetz? ist dadurch die Bestimmung vom 6. Aug. 1727 aufgehoben worden? In dem Ausschußberichte ist sich bereits von denjenigen Mitgliedern des Ausschusses, welche diese Frage verneinend beantworten zu müssen glaubten, hinlänglich darüber ausgesprochen worden, weßhalb sie die Medicinalordnung von 1822 für unverbindlich halten, und ich habe daher hier nur aus dem Grunde das Wort genommen, um die Bemerkung des Berichts, daß weder Gesetze älterer, noch neuerer Zeit vorlägen, aus welchen sich ein solches Verbot rechtfertigen lasse, durch das eben Gesagte zu erläutern. Wenn also in der Verfügung vom 13. Juni 1832 gesagt ist: „daß die homöopathischen Aerzte gerade so gehalten werden müssen, wie alle andere, indem nach den bestehenden Gesetzen kein Unterschied zwischen denselben sey, so spricht dieses gerade gegen die Verfügung der Staatsregierung, indem kein Gesetz vorliegt, welches den allopathischen Aerzten das Selbstdispensiren untersagte, vielmehr dieses denselben nach den bestehenden Gesetzen erlaubt ist. Aus diesem Grunde glaube ich, daß der vorliegenden Beschwerde Folge gegeben werden muß.

Der Abg. Neeb: So viel ich von der neuen Heilmethode verstehe, hieße, dessen Anhängern das Selbstdispensiren verbieten, eben so viel, als die Ausübung der Heilmethode selbst verbieten. Die homöopathischen Aerzte behaupten den allopathischen Aerzten gegenüber, mehr durch Belebung der dynamischen Kräfte ihrer Heilmittel zu wirken; nun zeigt die Erweckung des künstlichen Magnetismus bei dem Eisen, des Galvanismus, der Electricität, daß die Erweckung dieser Kräfte die Natur an gewisse Manipulationen, Reibungen rc. strenge gebunden hat. Die homöopathischen Aerzte behaupten nun, die Kraft ihrer Heilmittel hänge von so einer strengen Bereitung derselben ab.

Ich reihe an diese Bemerkung noch folgende: Der berühmte Verfasser der Kunst, das Leben zu verlängern, Herr Hufeland gesteht selbst, daß von etwa 100 Krankheiten, 90 durch die Heilkräfte der Natur beseitigt würden. Von den übrigen 10, etwa 5 Arten, trotz der ärztlichen Hülfe, unheilbar seyen, für die 5 übrigen die ärztliche Kunst zur Beihülfe unentbehrlich sey. Wenn nun nach diesem der Glaube die wirksamste Arznei für die meisten heilbaren Krankheiten ist, so ist es auch räthlich, diesen Glauben auf die einfachste und unkostspieligste Weise bei den Hülfebedürftigen zu erwecken und zu erhalten.

Der Abg. E. E. Hoffmann: Ich kann der Ansicht des Abg. Hardy nicht beistimmen.

Ich kann unmöglich glauben, daß die Erlassung einer Verordnung, wie die Medicinalordnung von 1822, im §. 73. unserer Verfassungsurkunde sich vorgesehen finden soll, daß die Staatsregierung einseitig Verbote erlassen, Strafen ansetzen könnte, wie es ihr beliebt. Durch solche Befugniß würde alle Wirksamkeit der Stände vereitelt, ihre Zustimmung für Nichts gelten. Ich bin kein Jünger der Homöopathie, aber dessen ungeachtet habe ich diesen Antrag gleich bei seinem Erscheinen zu unterstützen mich entschlossen, weil ich es für billig und recht halte, daß den homöopathischen Aerzten das Selbstbereiten und Dispensiren ihrer Arzneien, auf das sie so großes Gewicht legen, ja welches sie für die Hauptsache erklären, erlaubt werde.

Die Annahme dieses neuen Systems möchte übrigens in gewisser Beziehung für das Wohl der Menschen heilsamer wirken, als Hunderte der vielbeliebten Mäßigkeitsvereine, welche sich in neuerer Zeit gleichfalls Eingang zu verschaffen streben; denn allerdings in der Mäßigkeit, welche durch die homöopathische Heilmethode und ihre Lehrsätze befördert wird, liegt, meiner Ansicht nach, gerade die Haupttugend dieses Systems, und gewiß steht hier an seinem Orte, was der Abg. Graf Lehrbach bemerkte. Entweder ist das System des homöopathischen Heilverfahrens gut oder nicht. Ist es gut, so wird es bestehen, und kein Hinderniß es aufhalten, den Sieg über seine Widersacher zu erringen, und seine Segnungen über die Menschen zu verbreiten, oder beruht es auf Täuschung und Unwahrheit, so wird es zu Nichte werden, und von selbst vom Schauplatz zurücktreten. Daher glaube ich, soll man von Seiten der Staatsregierung diesem Systeme nicht entgegen treten, sondern ruhig abwarten, in wiefern seiner weiteren Entwickelung es gelingt, sich als gut und heilsam darzustellen und zu bewähren. Ich gehe noch weiter, und möchte sogar wünschen, daß es bei der Staatsregierung sich Eingang verschaffen, namentlich bei Creirung neuer Besoldungen recht praktisch werden möchte. Diese Art Homöopathie, bin ich überzeugt, würde im Lande überall Anerkennung finden und allgemeine Zufriedenheit erwecken.

Der Abg. Schacht: Ich habe nur ein Paar Bemerkungen zu machen, und zwar zuerst über die Gründe, womit unser verehrlicher College Hardy den Gegnern der Homöopathie zu Hülfe zu kommen sucht.

Er stellt als Hauptgrund voran, die Homöopathie reiche bei einigen rasch = gefährlichen Krankheitsfällen nicht aus, z. B. bei Gehirnentzündungen, Vergiftungen und überhaupt, wo auf der Stelle dem Aeußersten begegnet werden müsse. Ich glaube dies auch, meine Herrn. Der vernünftige, weise Arzt, welcher nicht blind an seinem System hängt, wird in den dazu geeigneten Fällen auch zu den bewährten Mitteln der alten Heilkunde seine Zuflucht nehmen. Wenn aber der Abg. Hardy daraus folgert, daß die Homöopathie schon deshalb keine Ausnahme von der festgesetzten Ordnung ansprechen dürfe, so kann ich nicht beistimmen. Wir haben es ja hier nicht mit allopathischen, sondern mit homöopathischen Mitteln, d. h. mit der Befugniß ihrer Bereitung zu thun. Derselbe Arzt, der beide anwendet, steht für die allopathischen unter der Medicinalordnung, er muß sie in den Apotheken bereiten lassen, die dafür eingerichtet sind. Anders verhält es sich aber mit den homöopathischen, wie bereits hinlänglich im Ausschußberichte, in der gehaltreichen, umfassenden Rede meines verehrten Freundes Wolf und von den andern Rednern nach ihm, erörtert und anerkannt ist. Vielleicht aber entgegnet man: wie denn im Streitfall ein homöopathisches Mittel genau zu untersuchen sey? Ach, meine Herrn, den Gegnern der Homöopathie fällt kein Zweifel darüber ein, sie sagen, das homöopathische ist Nichts, weniger als Nichts. Nun ein Nichts wird man doch von einem Etwas unterscheiden. Ein Nichts, und wäre es auch in ein Messerspitzchen voll Milchzucker versteckt, wird man doch zu machen und zu verschenken erlauben! Ein anderer Grund unseres Collegen Hardy war der: die allopathischen und homöopathischen Aerzte müssen auf gleicher Linie mit einander stehen. Es freut mich, daß er die letzteren nicht zurückgesetzt haben will. Ich kann aber dennoch nicht beipflichten, wenn er sie in Folge jenes Satzes unter demselben Artikel der Medicinalordnung begreift. Denn dieser ist nur für die Einen, nicht für die Andern gemacht und sollte er für die homöopathischen Aerzte auch gelten, so würden diese offenbar von der gleichen Linie herab geworfen. Der Abg. Höpfner, der vorhin ein vorzügliches Wort über die neue Heilkunde gesprochen, stellt sie auch auf gleiche Linie mit der alten; er zieht aber eine richtigere Folge daraus, nämlich die, sie müsse eben so, wie die alte, vom Staate berücksichtigt, also in ihrer Ausübungsart sicher gestellt werden.

Warum ist die Folgerung des Abg. Höpfner von der des Abg. Hardy, verschieden? Ich glaube, der Unterschied liegt darin. Gar viele Beurtheiler (und namentlich das Gutachten des Medicinalcollegs, das der Ausschußbericht erwähnte, macht keine Ausnahme davon) sagen: Die Medicin hat eine Menge Systeme erzeugt. Brown hat eines aufgestellt, Rasori in Italien hat es verändert, Broussais in Paris hat ein neues geschaffen. Hierzu kommt noch das Hahnemann'sche, und wer weiß wie viele noch entstehen werden! Nun wird doch die Medicinalordnung nicht nach einem jeden

Systeme, das kommt und geht, sich umändern sollen! Sie hat sich auch weder um Rasori noch um Broussais gekümmert, folglich auch nicht um Hahnemann. Er kann keine Ausnahme verlangen. Dies Raisonnement, meine Herrn, ist irrig. Hätte Hahnemann blos den Satz aufgestellt: similia similibus, so reihete sich sein System, abgesehen vom inneren Werthe, an die anderen Systeme. Durch die gänzlich veränderte Art der Arzneibereitung aber tritt es mit allen bisherigen in Gegensatz. Alle sonstige Systeme bedurften zu ihren Tränken, Pulvern, Pillen &c. der Compositionen und der Maaß und Gewichte unterliegenden Arzneistoffe. Das Hahnemann'sche nicht. Für dieses sind sämmtliche Arzneimittellehrer und Pharmacopöen nicht abgefaßt, folglich auch nicht §. 55. der Medicinalordnung. —

Wenn also dieser überhaupt von Aerzten spricht, so hat er nur allopathische im Auge, sie mögen nun heißen, wie sie wollen, allein ganz und gar keine Homöopathen. Dies ist wohl zu unterscheiden, meine Herrn.

Was nun drittens den Bezug auf die Criminalgesetzgebung und auf deren erforderliche Abänderung betrifft, so hat darauf bereits, glaube ich, der Abg. Emmerling genügend geantwortet. Denn wollte man den Homöopathen Vergiftungen ansinnen, so klingt dies, besonders im Munde ihrer Gegner, ganz kuriös, indem ja die Mittel derselben nichts wirken sollen, also die große Kraft zur Vergiftung nicht in sich tragen können. Traut man ihnen aber die Kraft der Vernichtung zu, so muß man ihnen auch die Heilkraft zuschreiben.

Wenn nun auf diese Weise, meine Herrn, die Befugniß des unentgeldlichen Selbstdispensirens der homöopathischen Aerzte nicht widerlegt ist, so wird sie auch auf der andern Seite durch Zweifel an der Gesetzmäßigkeit der Medicinalverordnung von 1822 keineswegs unterstützt. In diesem Punkt hat sich der Abg. Hardy meiner Ansicht nach ganz richtig dahin ausgesprochen, daß dasjenige, was man mehrere Landtage hindurch gesetzlich anerkannt hat, worauf sich die Verhandlungen sogar öfters bezogen haben, auch wirklich gesetzlich ist. Obenein bitte ich Sie, zu bedenken, was daraus erfolgen müßte, wenn die Medicinalordnung plötzlich ihre gesetzliche Wirksamkeit verlöre. Das Dispensiren homöopathischer Mittel wäre freilich alsdann in jedes Arztes Hand zurück gegeben, aber noch mehr das Dispensiren aller möglichen Mittel, ja Alles wäre plötzlich aufgehoben, was Aerzte und Apotheker durch die Medicinalordnung im Zaume hält, es würde dadurch das Gesetz von 1727, womit Herr Dr. Sundheim in seiner interessanten Broschüre, und nach ihm einer der Redner vorhin uns bekannt machte, hergestellt werden, wonach allen Aerzten erlaubt ist, ihre Mittel zu bereiten und zu verkaufen. Geschehe dies, wie würden dann erst alle Apotheker schreien, und mit Recht! Es kommt hier aber gar nicht einmal auf die Medicinalordnung an, selbst in der Verfügung vom Juni 1832 ist ihrer nicht wörtlich erwähnt worden, es können andere Verordnungen aus früherer Zeit, Herkommensgesetze, vielleicht auch Rheinhessische, ihr zu Grunde liegen. Mich kümmert das nicht; denn was es auch für welche seyn mögen, sie haben sicher sammt und sonders nichts von homöopathischen Mitteln gewußt, sie wollten keine homöopathische Praxis beschränken. Das thut zuerst die für Oberhessen und Starkenburg erlassene polizeiliche Verfügung von 1832. Diese ist es, wogegen die Petenten eingekommen sind; diese ist es, die uns hier allein zu betrachten und zu beurtheilen zusteht. Sie kann auch ohne Nachtheil der Medicinalordnung eben so gut aufgehoben werden, wie sie erlassen wurde, sobald nämlich die Gründe nicht mehr vorliegen, die sie veranlaßten.

Die Gründe aber, wie Sie schon wissen, lagen in einem, vom Ministerium eingeholten Gutachten, das sich jetzt nach verlaufener Zeit, nach mehreren gemachten Erfahrungen, nach größerer Aufklärung der ärztlichen Streitsache, kurz nach näherer Untersuchung, wohl unfehlbar anders gestalten dürfte. Sind wir davon überzeugt, meine Herrn, so haben wir auch die Befugniß, die Staatsregierung um Freilassung jenes Dispensirens zu ersuchen. Wir sind dazu genöthigt im Interesse der Wissenschaft, im Interesse der Armen und im Interesse der Comunalkassen und Spitäler. Es ist auch keine weitere Inconvenienz dabei, als in Bezug auf einige Apotheker, die dadurch leiden, oder nur zu leiden fürchten. Allein auch hierin wird die Zeit Rath schaffen. Ich meines Orts bin sehr der Meinung des ausgezeichneten Hanauer Arztes Kopp, dessen ich schon im Berichte zu erwähnen die Ehre hatte. Er sagt: „die ächte Allopathie und die ächte gemäßigte Homöopathie stehen sich im Wesentlichen doch näher als Viele glauben. Die Extreme diesseit und jenseit werden mit der Zeit schwinden."

Der Abg. Heß: Auf die Aeußerung des Redners, welcher so eben gesprochen, nur noch eine Bemerkung. Derselbe erwähnt, daß der Verfügung vom Juni 1832 auch wohl die Rheinhessische Gesetzgebung zu Grunde liegen könnte. — Lich liegt nicht in Rheinhessen, und in Oberhessen gilt die Rheinhessische Gesetzgebung nicht!

Der Abg. Jaup: Meine Herrn, ich bin zwar Doctor, aber kein Arzt, also verstehe ich nicht, ob die Homöopathie besser ist, oder die Allopathie. Ich glaube auch, obgleich man den Kammern zumuthet, ziemlich Alles zu verstehen, daß es doch keineswegs von ihnen verlangt werden kann, ein medicinisches System zu beurtheilen, und ist dies der Fall, so kann ich auch die Staatsregierung nicht für competent halten in neue wissenschaftliche und besonders medicinische Systeme einzugreifen, weil dies ohne eine Beurtheilung der Systeme selbst nicht möglich ist. Habe ich darin recht, so versündigen sich diejenigen Staatsregierungen, welche dies dennoch thun, an dem höchsten Gute der Menschheit, nämlich an dem Fortschreiten in Wissenschaften und Künsten, indem eine jede Erfindung, so sehr sie auch Anfangs belacht, verspottet werden mag, doch möglicherweise sich als heilsam bewähren kann. Als Robert Fulton dem ersten Consul anbot, Schiffe zu bauen, auf welchen ohne Segel und Ruder nur durch Dämpfe, er eine Armee nach England übersetzen könnte, so verwarf ein aus sehr achtbaren Gelehrten gebildetes Conseil, welchem der erste Consul den Plan zur Begutachtung übertrug, denselben als unausführbar, und schon im Jahr 1807 befuhr ein Dampfschiff den Hudsonfluß. Als vor etwas über dreißig Jahren der Amerikaner Olivier Evans drucken ließ, einst würden Dampfwagen ohne Pferde in einer Stunde fünfzehen englische Meilen zurücklegen, da spotteten viele Bücher über solchen Unsinn, und seit acht Jahren fahren bekanntlich manche solcher Wagen in England.

Ueberlassen wir es auch hier der Zeit, der Erfahrung, der Ausbildung der Wissenschaft, ob das neue System sich halten kann, ob es untergehen muß. Behält in Europa vielleicht das System des juste-milieu die Oberhand, so kann ja auch leicht Allopathie und Homöopathie in Freundschaft und Frieden einander die Hand bieten und sich vereinen. Daß übrigens alle Entscheidungen für und gegen das System nicht auf erheblichen Gründen beruhen, mag mir durch eine Anekdote zu belegen erlaubt seyn. Den Mitgliedern einer für einen andern Zweck versammelten Landgemeinde des Großherzogthums Baden, wurde die Frage vorgelegt, ob sie homöopathisch werden, oder allopathisch bleiben wollten? Einstimmig erklärten sie sich für Allopathisch bleiben. Sie hatten verstanden: Alle Badisch bleiben.

Der Abg. W. Hoffmann: Der Hauptgrund, welcher dem Verlangen der homöopathischen Aerzte entgegensteht, ist die Voraussetzung, daß dieselben bei Gestattung des Selbstdispensirens auch allopathische Heilmittel verabreichen würden. Der Berichterstatter glaubt, daß in dieser Beziehung das allgemeine Verbot bestehen bleiben müsse, mir aber scheint in der That dem Uebelstand hierdurch nicht gesteuert, und es wird darauf ankommen, ob nicht ein anderes Mittel anzuwenden wäre.

Dieses finde ich darin, daß man allen Aerzten das Selbstdispensiren unter der Bedingung erlaube, welche der Ausschuß vorgeschlagen hat, nämlich, daß für die selbstdispensirten Arzneien niemals eine Vergütung angesprochen werden dürfe.

Dies wird unfehlbar die Folge haben, daß die homöopathischen Aerzte die theueren allopathischen Arzneien aus den Apotheken verschreiben und nur diejenigen Mittel selbst verabreichen werden, deren Bereitung sie keinem Dritten überlassen können. Die allopathischen Aerzte aber stünden dann mit den homöopathischen in ganz gleichem Verhältniß, sie könnten nämlich alle Heilmittel ebenfalls selbst dispensiren, wenn sie keine Zahlung dafür ansprächen.

In der That hat das bisher bestandene Verbot keinen anderen Zweck, als zu verhindern, daß die Aerzte nicht die theuern Mittel, die sie selbst zubereiten, zu einem Erwerbszweig machen, bei welchem sie nicht controlirt werden können. Ich lasse es dahin gestellt seyn, ob die Medicinalordnung von 1822 ohne Zustimmung der Stände hätte erlassen werden können, weil ich überzeugt bin, daß das Verbot des Selbstdispensirens der Aerzte schon vor der Verfassungsurkunde bestand, und ich erinnere mich sogar eines Falles, daß einem hiesigen Thierarzt zu jener Zeit auf die Beschwerde eines Apothekers untersagt wurde, seine Heilmittel selbst zu verfertigen.

Dagegen bin ich gar nicht zweifelhaft, daß sowohl das ältere Verbot, als die Bestimmung der Medicinalordnung nur auf die allopathischen Aerzte Anwendung finden kann, indem es sehr ungereimt erscheinen würde, diese Bestimmung gegen die Homöopathie anzuwenden, deren System nicht neben den verschiedenen Heilmethoden besteht, sondern alle bisherigen Systeme über den Haufen wirft, und zur polizeilichen Einschreitung des Staates gar keine Veranlassung giebt.

Die homöopathischen Mittel sollen ja ohne Vergütung verabreicht werden, und der Arzt kann also niemals einen Vortheil durch Selbstdispensiren erlangen.

Ich trage darauf an, die Beschwerde für gegründet zu erklären.

Der Abg. Fr. Schenk: Ich stimme ganz der Ansicht des Ausschusses bei, und will mir nur erlauben, noch einige Bemerkungen zu machen, um namentlich Einiges zu widerlegen, was gegen diese Ansicht vorgetragen worden ist.

1) Der Abg. Hardy hat bemerkt, daß das homöopathische System und das Dispensiren der homöopathischen Aerzte nicht anwendbar sey, bei Ausübung der gerichtlichen Praxis, daß in dieser Beziehung namentlich die Gesetzgebung entgegenstehe. Ich glaube dieses aber durchaus nicht. Die Criminalgesetzgebung entstand zu einer Zeit, wo den Aerzten unbedingt das Selbstdispensiren gestattet war, und es kann mithin unsere Gesetzgebung diesem neuen System durchaus nicht entgegenstehen.

2) Im §. 64. der Medicinalordnung vom 14. August 1822 ist gesagt:

> „Der Handverkauf ist nur für einfache, gelinde und in jedem Falle unschädliche Mittel den Apothekern gestattet, nie aber dürfen sie sich erlauben, Brech- und Purgirmittel, Opiate und dergl. ohne ärztliche Vorschrift abzugeben, oder auch andere Arzeneien nach eigener Verordnung zu dispensiren, bei Vermeidung gesetzlicher Strafe."

Giebt man den Apothekern nun das Recht, einfache unschädliche Mittel zu verabreichen, warum soll man nicht auch den Aerzten das Recht geben, solche Mittel selbst zu dispensiren, welche an sich unschädlich sind, und nach dem Ausspruche der allopathischen Parthie durchaus keinen Einfluß auf den menschlichen Körper ausüben können.

3) Zuletzt will ich mir noch die Bemerkung erlauben, wie sehr betrübend es ist, daß die Aerzte von der allopathischen Seite sowohl, wie auch von der homöopathischen, diesen Streit mit einer so außerordentlichen Leidenschaft führen. Wäre mehr Ruhe dabei, so würden wir auch jetzt schon der Wahrheit mehr auf der Spur seyn; denn nur durch ruhige Erörterung läßt sich die Wahrheit erkennen und ausmitteln. Ich will aber nicht annehmen, daß solche Gründe die Leidenschaft erzeugt haben, welche heute von mehreren Rednern angeführt wurden; ich glaube vielmehr, daß gerade die Liebe zu Erkennung der Wahrheit die Ursache davon ist, indem der Eifer für die Wahrheit, die Aerzte von der Bahn der Ruhe abgeführt. Man

muß aber selbst im Interesse der Menschheit wünschen, daß die Aerzte ger werden, und beide Partheien sich in die Hände arbeiten, um das Wahre in der Sache klar zu erkennen.

Der Präsident schließt die Berathung.

(Folgen nun andere Gegenstände.)

Zur Beglaubigung

(unterz.) Schenk, 1r. Präsident. Wieger, 2r. Präsident. Goldmann, Sekretär. Emmerling. Sekretär.

Beilage E.

Beilage LXXII. zu den Verhandlungen der ersten Kammer der Landstände des Großherzogthums Hessen.

Vortrag des dritten Ausschusses der ersten Kammer über die von dem Dr. Sundheim, in Auftrag der bei dem homöopathischen Heilverfahren betheiligten Einwohner zu Lich, Steinbach, Grüningen und an vielen andern Orten, gegen eine, das Dispensiren homöopathischer Arzneien betreffende, ministerielle Verfügung, eingereichte Beschwerde; erstattet von des Herrn Fürsten zu Solms-Lich Durchlaucht.

Die Verfügung Großherzoglichen Staatsministerii des Innern und der Justiz vom 13. Juni 1832, welche in der eben verlesenen Beschwerde näher bezeichnet ist, verdankte ihre Entstehung einem, auf Befehl dieser höchsten Behörde von der medicinischen Fakultät der Landesuniversität erstatteten Gutachten. Unterdessen hat die Homöopathie nicht unterlassen, in allen Theilen von Deutschland — des Auslandes nicht zu gedenken — eine immer steigende Aufmerksamkeit zu erregen, und ganz besonders ist auch in dem Großherzogthume jenes Gutachten einer medicinischen Fakultät, so wie das in dessen Folge an die homöopathischen Aerzte ergangene Verbot des Selbstdispensirens ihrer Heilmittel, die Veranlassung geworden, daß sowohl das ärztliche, als das übrige Publikum entschiedene Parthei ergriffen, und über den Werth oder Unwerth der Homöopathie sich zu verständigen und zu belehren gestrebt hat. Dieser Kampf der Meinungen war bei der umfassenden Wichtigkeit des Princips und des auf dasselbe gebauten und schon jetzt völlig abgerundeten Systems der Homöopathie natürlich und nothwendig. Der große Eifer, mit welchem dieser Kampf in allen Ländern, wo er entstanden ist, von dem ärztlichen Publiko geführt wird, scheint zu beweisen, daß man von beiden Seiten wohl fühten mag, es handele sich hier nicht um die Bekämpfung einer in dem Umfange und in den Grenzen der Allöopathie gemachten Entdeckung oder neu aufgestellten Grundlage der Heilungen, wie es z. B. bei den Ansichten von Brown, Rassori und Broussais der Fall war; sondern vielmehr, daß hier ein Kampf zwischen zwei einander ausschließenden Principien geführt werde, und daß unvermeidlich durch den Sieg des einen das andere in einen immer mehr sich verdunkelnden Hintergrund gestellt werden müsse. Für die Regierungen entsteht übrigens aus diesem Kampfe, der in dem wirklichen Leben geführt und durch das wirkliche Leben entschieden wird, der große Vortheil, daß sie nicht mehr allöopathische Fakultäten, sondern die allgemein gültige Stimme der Erfahrung bei allen Verfügungen zu Rathe ziehen können, zu welchen sie sich in Bezug auf die neuentstandene Wissenschaft veranlaßt sehen sollten. In unmittelbarer Beziehung auf den hier vorliegenden Gegenstand steht zu hoffen, daß dieser Kampf der Meinungen und die, aus demselben hervorgegangene, geläuterte Erfahrung schon jetzt den Erfolg haben werde, daß das Großherzogliche Ministerium, veranlaßt durch die ständischen Kammern, in deren einer die Sache bereits eine umfassende und gründliche Behandlung gefunden hat, ein Verbot wieder aufheben möge, welches ganz dazu geeignet ist, nicht allein der weiteren Verbreitung, sondern auch dem Fortbestande der neuen Wissenschaft zerstörend in den Weg zu treten.

Ehe Referent zu dem, was die Absicht des berichtenden Ausschusses ist, übergeht, nämlich zu dem Nachweise, daß der Fortbestand der Homöopathie, neben dem Verbote des Selbstdispensirens homöopathischer Aerzte, unmöglich sey, scheint ihm folgende Vorbemerkung nicht ungehörig zu seyn. Von mehreren Rednern zweiter Kammer, sowohl von solchen, welche gegen, als auch von solchen, welche für die Petition sprachen, ist als festzuhaltender Grundsatz ausgesprochen worden, daß ein Laie, über die vorliegende Frage, als eine medicinische, kein Urtheil fällen könne, und daß überhaupt die Frage, über den Werth oder Unwerth der Homöopathie, im Vergleiche zur Allöopathie, seiner Beurtheilung entrückt sey. Dieser Grundsatz, so allgemein aufgestellt, hat sehr viel Wahres und sehr viel Irriges. Das Wahre ist, daß er allein vor die competente Behörde, nämlich vor den wissenschaftlich gebildeten, homöopathischen Arzt, — eine andere Competenz ist undenkbar — alles dasjenige verweist, was den innern Bau, die einzelnen, miteinander zusammenhängenden Grundsätze und die Ausübung der Homöpathie betrifft.

Das Irrige dieses Grundsatzes aber liegt darin, daß er aussagt, der Laie könne den Werth der Homöopathie nicht beurtheilen, und daß nichts desto weniger der Laie in dem Fall ist, den Werth dieser Heilmethode beurtheilen zu müssen. Denn niemand anders, als der Laie ist vorkommenden Falls der Kranke, der Hülfe Suchende; er muß den Werth oder Unwerth der Homöopathie, im Vergleiche zur Allöopathie, beurtheilen, um sich zu entscheiden, ob er, im Falle des Erkrankens, der einen oder der andern Heilmethode sein Vertrauen zuwenden wolle. Auch beruht die Homöopathie, selbst der bekannte, unbedeutende Massengehalt der von ihr gereichten Gaben, dessen Nothwendigkeit in dem Ausschußberichte zweiter Kammer so schön als lichtvoll nachgewiesen ist, auf so einleuchtenden Grundsätzen, die Erfahrungen, die nun bereits von mehr als 500 Aerzten gemacht worden, sind, gesunde Verstandeskräfte der Handelnden und der Beobachtenden, wie billig, vorausgesetzt, so unzweideutig, daß nur wenige, und, wo die Gelegenheit der eigenen Beobachtung nicht fehlt, nur geringe Aufmerksamkeit erforderlich ist, um sich ein Urtheil über den Werth oder Unwerth der Homöopathie, im Vergleiche zur Allöopathie, zu bilden. Dieser Beurtheilung kann man sich auch bei der Entscheidung der Frage: ob der vorliegenden Petition Folge gegeben werden solle, oder nicht, — wenigstens nicht durchaus, nicht völlig entschlagen. Auch dem Berichtserstatter zweiter Kammer war dieß nicht zweifelhaft.

Seine Argumentation war folgende: um auf die vorliegende Petition gründlich und sachgemäß zu entscheiden, muß die Kammer beurtheilen können, ob das System der Homöopathie auf unhaltbaren Hypothesen beruhe, oder ob es auf die sichere Grundlage wahrhaft wissenschaftlicher Forschung, einleuchtender Grundsätze und einer bewährten Erfahrung gestützt sey. Ueberzeugt sich die Kammer von dem Letzteren, so muß sie eine Petition unterstützen, die nichts Anderes verlangt, als daß die Ausübung dieser Heilmethode, zum Nachtheile derer, die ihre Hülfe erfahren und sich deren noch weiter bedienen wollen, nicht gehindert werde; entscheidet sich dagegen die Kammer für das erste, nämlich für den Unwerth der Homöopathie, so wird sie consequent handeln, wenn sie die Petenten abweist.

Der Berichtserstatter der zweiten Kammer hat nun in einer erschöpfenden und lichtvollen Darstellung nachgewiesen, daß allerdings die Homöopathie eine in sich abgerundete, auf einleuchtenden und erfahrungsmäßigen Grundlagen beruhende Wissenschaft sey; er hat demgemäß der Kammer empfohlen, sich für die Petenten zu erklären, welches auch mit einer Majorität von 36 gegen 4 Stimmen erfolgt ist.

Da der in zweiter Kammer erstattetete Ausschußbericht schon gedruckt ist, und sich in den Händen der Mitglieder dieser hohen Kammer befindet, so kann Referent, indem er sich vorbehält, während der Diskussion nöthigen Falls das Erforderliche daraus zu verlesen, der Kürze halber sich erlauben, den dort geführten Beweis, daß die Homöopathie eine in sich abgerundete und der Beachtung und Unterstützung würdige Wissenschaft sey, zu adoptiren, und daraus den Schluß zu ziehen, daß schon aus diesem Grunde der hohen Kammer empfohlen werden müsse, das Gesuch der Petenten zu unterstützen. Wenn er jedoch, auch nach vorausgesetzter Durchlesung jenes Ausschußberichtes, auf welchen er sich bezogen, es der Beurtheilung eines Jeden überlassen muß, ob er den darin geführten Beweis als geltend anerkennen wolle, so darf er doch unwiderleglich so viel als ausgemacht hinstellen, daß es wohl niemand mit Fug und Recht auf sich nehmen könne, eine Heilmethode, welche nun bereits von mehr als 500 größten Theils der ausgezeichnetesten Aerzte mit einem vernünftiger=

und billigerweise nicht abzuläugnenden Glücke ausgeübt wird, mit dem Namen Charlanterie, oder mit dem glimpflicheren der Selbsttäuschung zu belegen. Ist diese Annahme gegründet, und erscheint also die Homöopathie mindestens als eine wirkliche, von wissenschaftlichen Aerzten auf wissenschaftliche Art ausgeübte Heilmethode, so darf schon deßhalb der dritte Ausschuß mit Zuversicht die vorliegende Petition dieser hohen Kammer zur geneigten Berücksichtigung empfehlen.

Nach dieser allgemeinen Empfehlung geht Referent zur Beantwortung der Frage über: welches sind die Gründe, welche die Petenten veranlassen konnten, in dem Verbote des Selbstdispensirens der homöopathischen Aerzte eine Verfügung zu erkennen, welche es ihnen, den Petenten, unmöglich mache, sich der, nach ihrer Erfahrung einfacheren, sichereren, schnelleren und wohlfeileren, homöopathischen Heilmethode fernerhin zu bedienen.

Der Grund, welcher die Petenten zu dieser Ueberzeugung veranlaßt, stimmt völlig überein mit dem vorhin näher erörterten Grundsatze, den mehrere Redner der zweiten Kammer, wenn auch in einer vielleicht noch nmfassenderen Ausdehnung, aufgestellt haben, daß nämlich die Beurtheilung alles dessen, was den inneren Gliederbau, die verschiedenen, mit einander zusammenhängenden Grundsätze und besonders, was die Ausübung der Homöopathie betreffe, niemand anders, als der competenten Stelle, nämlich den homöopathischen Aerzten, überlassen werden müsse. Nun sind alle homöopathischen Aerzte, ohne eine einzige Ausnahme, darin einverstanden, daß bei der eigenthümlichen Wirkungsart und der dadurch nothwendig erforderten, höchst subtilen und eigenthümlichen, in dem Ausschußberichte zweiter Kammer näher beschriebenen Bereitungsart der homöopathischen Heilmittel es durchaus erforderlich sey, daß der Arzt selbst das Heilmittel bereite, um von der Wirkungsfähigkeit seines Mittels übezeugt seyn zu können. Ist ihm durch die Möglichkeit des Selbstdispensirens — ganz besonderer Verhältnisse, in denen Arzt und Apotheker sich wechselseitig befinden können, nicht zu gedenken — die Ueberzeugung vnn der Wirkungsfähigkeit seiner Mittel nicht gegeben, so gibt der gewisseohafte und ehrliebende, homöopathische Arzt seine Praxis auf.

Dieß war der Fall bei dem Arzte in Lich, dessen Einstellung der Praxis die vorliegende Petition von circa 800 Einwohnern in Oberhessen veranlaßte.

Es ist bekannt, daß die Apotheker keine Freunde des homöopathischen Heilverfahrens seyn können, weil sie, bei der völligen pecuniären Werthlosigkeit dieser Heilmittel, die Gelegenheit verlieren, ihre Vorräthe mit bedeutendem Gewinne abzusetzen.

Deßhalb leuchtet es dem schlichten Verstande der Landleute ein, daß der Arzt recht handelt, wenn er das beschwerliche, und dabei nicht einträgliche Geschäft der Bereitung homöopathischer Arzneien dem Apotheker nicht anvertrauen will.

Nur der Arzt — das ist jedem anschaulich — findet in seinem Rufe, in seiner Ehre, in seiner moralischen, wie in seiner bürgerlichen

Existenz den Antrieb zu der bei dieser Bereitung erforderlichen Gewissenhaftigkeit. Dem Apotheker, der kein Interesse an der Wiederherstellung des Kranken, und bei dieser Arzneibereitung nur Mühe und keinen Gewinn, sondern vielmehr Schaden hat, ist dieselbe Gewissenhaftigkeit billigerweise nicht einmal zuzumuthen.

Hierzu kommt noch, daß der Arzt bei dem homöopathischen Mittel nicht, wie bei dem alloöpathischen, durch chemische Zersetzungen sich von der stattgehabten richtigen Bereitung desselben überzeugen kann.

Auch die Vorstellung der Apotheker, daß sie zu Grunde gehen würden, kann begreiflicherweise bei dem Landmanne keinen Eingang finden, der zu viele Beispiele erlebt hat, daß ganze Familien durch die Apothekerrechnungen zu Grunde gerichtet wurden, oder, weil sie deren Betrag nicht erschwingen konnten und sich deßhalb davor scheuten, auf alle ärztliche Hülfe verzichten mußten. Die Rücksicht, daß da, wo die Homöopathie Eingang findet, in demselben Verhältnisse die Apotheker sich verringern und wohl auch ganz eingehen werden, wird gewiß keinen Staat veranlassen können, die ganz unbeschränkte Verbreitung der Homöopathie zu verhindern, da hier das geringere Uebel, welches einige wenige trifft, eine nicht zu berechnende Wohlthat für alle übrigen, besonders die ärmeren Einwohner vermittelt. Eben so wenig, als der Staat, um einen treffenden Vergleich des Berichtserstatters der zweiten Kammer zu gebrauchen, bei der Erfindung der Buchdruckerkunst sich verpflichtet fühlen konnte, die Abschreiber, die sich nun andere Nahrungszweige suchen mußten, zu entschädigen, so wenig können auch die Apotheker den Schutz des Staates gegen eine Wissenschaft in Anspruch nehmen, welche ihre Hülfe, die nur nothgedrungen und oft zum Ruin ihres Vermögens von den Kranken nachgesucht werden mußte, ins Künftige überflüssig macht.

Wenn sich aus dem bisher Angeführten ergeben hat, daß sich das Gesuch der Petenten, den homöopathischen Aerzten das Selbstdispensiren ihrer Heilmittel wieder zu gestatten, der Unterstützung dieser hohen Kammer deßhalb empfiehlt, weil erstlich die Homöopathie als wissenschaftliche, erfahrungsmäßige Heilmethode sich des Schutzes derselben würdig zeigt, und weil zweitens das Selbstdispensiren der homöopathischen Aerzte nothwendig ist, wenn ihnen nicht auf indirecte Art die Ausübung ihrer Heilmethode unmöglich gemacht werden soll; so ist nun noch die Frage, ob nicht aus anderen, sowohl juridischen, als auch sanitätspolizeilichen Rücksichten dieses Selbstdispensiren zu verbieten seyn möchte.

In der ersten Beziehung hat man die Privilegien der Apotheker angeführt. Referent erinnert hier zuvörderst an den schon anderwärts gebrauchten Vergleich in Betreff der Abschreiber bei der Erfindung der Buchdruckerkunst, oder der Gildeschiffer bei der Erfindung der Dampfschiffe. Beide konnten Privilegien haben; daß diese keine Rücksicht verdienen konnten, oder daß höchstens der Ertheiler des Privilegii ihnen auf andere Weise eine, seinem Ermessen überlassene Vergütung mochte zufließen lassen, lag in der Natur der Sache.

Oft wird auf ewige Zeiten ein Privilegium auf den Verkauf einer gewissen Waare gegeben; wenn die Waare nicht mehr gesucht, nicht mehr gekauft wird, so zerfällt das Privilegium. Der Ertheiler eines Privilegii auf ewige Zeiten muß in dem Glauben stehen, daß er die Macht habe, den Richtungen des menschlichen Erfindungsgeistes in Kunst und Wissenschaften ihre Bahn vorzuschreiben.

Bei der Beurtheilung eines Privilegii muß man genau darauf achten, gegen wen dasselbe gerichtet war.

Das Privilegium der Apotheker war gerichtet gegen Materialisten, herumziehende Krämer und Pfuscher, als Schäfer, Abdecker rc.

Hätte man das Apothekerprivilegium gegen die approbirten, ausübenden Aerzte richten wollen, so hätte man die Tochter gegen die Mutter bewaffnet. Denn die Apothekerkunst ist die Tochter der Arzneikunst. Sie entstand erst, als die Aerzte fanden, daß das Kochen der von der bisherigen Arzneiwissenschaft verlangten Arzneigemische sie von der Ausübung ihres Berufes abhalte, und als die Behandlung der zu diesen Arzneigemischen verwandten Ingredienzien so complicirt wurde, daß sie die volle Thätigkeit der Gehülfen der Aerzte in Anspruch nahm, welche hierauf allmählich ein selbstständiges Gewerbe bildeten. Entstanden durch das Bedürfniß der Aerzte, ist die Apothekerkunst auch nur durch dieses Bedürfniß bedingt; wenn es nicht mehr besteht, wenn, wie bei der homöopathischen Behandlung, die Dazwischenkunft der Apothekerkunst sogar schädlich wird, so hat sie ihr natürliches Ende erreicht; cessante causa, cessat effectus. Daß das Apothekerprivilegium nicht gegen die Aerzte gerichtet war, geht auch ganz besonders daraus hervor, daß niemand die Aerzte verhindert, ihren Patienten die vielen, gar nicht aufzuzählenden Mittel zu verordnen, welche nicht aus den Apotheken, sondern z. B. von Materialisten rc. gekauft werden. Der Grund, warum die Regierungen das Dispensiren eigentlicher Arzneien, oder nach den Regeln der allöopathischen Apothekerkunst verfertigter Mixturen rc. den Aerzten untersagten, lag nicht in einer Ausübung des Apothekerprivilegii, sondern in einer ganz andern Rücksicht.

Sie wollten es nämlich den Aerzten unmöglich machen, bei dem eigenen Verkaufe ihrer Arzneien, zum Nachtheile der Kranken, einen unerlaubten Wucher zu treiben. Diese Rücksicht ist billig und nothwendig. Sie fällt jedoch weg, wenn, wie es bei der homöopathischen Methode der Fall ist, die Heilmittel von der Art sind, daß der Arzt sie dem Kranken unentgeldlich darreichen kann.

Deßhalb ist es gewiß nothwendig, daß die Regierung, bei bedeutender Strafe, den Aerzten verbiete, bei dem Selbstdispensiren ihrer Arzneien sich dieselben bezahlen zu lassen. Keine Regierung wird Ursache finden, den Aerzten das Schenken ihrer Heilmittel, das Erzeigen von Wohlthaten, zu verweigern, und sie braucht auch nicht zu fürchten, die homöopathischen Aerzte wegen etwa zu weit getriebener, ruinöser Prodigalität beaufsichtigen zu müssen, da der homöopathische Arzt den Arzneivorrath, dessen er während seines ganzen Lebens bedarf, für 30 — 40 fl. ankaufen und doch noch vererben kann.

Es ist angeführt worden, daß der allöopathische Arzt mit demselben Rechte, als der homöopathische, die Erlaubniß des Selbstdispensirens in Anspruch nehmen könne. Wollte man glauben, daß in der Erlaubniß des Selbstdispensirens homöopathischer Aerzte eine Begünstigung der Homöopathie im Verhältnisse zur Allöopathie läge, so würde dies auf einer Täuschung beruhen. Denn beide Schulen genießen unläugbar erst dann einer gleichmäßigen Begünstigung, wenn ihre beiderseitigen Bedürfnisse gleichmäßig beachtet werden. Da nun in dem Vorhergehenden nachgewiesen ist, daß das Bedürfniß der Allöopathie darin bestehe, daß der Apotheker dispensire, das Bedürfniß der Homöopathie hingegen darin, daß er es unterlasse, so folgt, daß es eine Benachtheiligung der Homöopathie ist, wenn man dem homöopathischen Arzte das Selbstdispensiren verbietet, keineswegs aber eine Benachtheiligung der Allöopathie, wenn man es ihm gestattet, denn erst in diesem Falle gewährt der Gesetzgeber beiden Schulen die Möglichkeit, ihre entgegengesetzten Bedürfnisse gleichmäßig zu befriedigen.

Wenn die allöopathischen Aerzte sich wirklich entschließen könnten und wollten, ihre Arzneien wieder selbst zu kochen und zu mischen (wobei ihnen denn doch der große Vortheil abgehen würde, daß sie, wie der homöopathische Arzt, die meisten Heilmittel in einer Handapotheke bei sich führen könnten, wodurch der oft so nachtheilige Zeitverlust, der durch entfernt liegende Apotheken oder durch das Kochen und Abkühlen der Arzneien verursacht wird, wegfällt) sodann die von ihnen selbst zubereiteten, meist aus theuern Ingredienzien bestehenden Arzneien ihren Kranken unentgeldlich zu verabreichen; so ist zu hoffen, daß die Regierung mit großer Bereitwilligkeit dieses im höchsten Grade dankenswerthe Anerbieten annehmen werde.

Wer übrigens die alte Schule der Arzneiwissenschaft kennt, tritt den allöopathischen Aerzten keineswegs zu nahe, wenn er überzeugt ist, daß dieses Anerbieten nicht stattfinden werde, da es durchzuführen in der That unmöglich ist. In der Discussion der zweiten Kammer hat der Abgeordnete Herr W. Hoffmann den Vorschlag gemacht, auf den übrigens die Kammer nicht weiter einging, daß es den Aerzten beider Schulen erlaubt werde, ihre Arzneien unentgeldlich zu dispensiren.

Die Besorgniß, die den Redner zu diesem Vorschlage vermochte, daß nemlich die homöopathischen Aerzte, wenn ihnen die Erlaubniß, zu dispensiren, ertheilt worden sey, wohl auch allöopathische Arzneien dispensiren würden, fällt hinweg, wenn, was der dritte Ausschuß dieser hohen Kammer allerdings für nothwendig hält, die Regierung alles Selbstdispensiren homöopathischer Aerzte, wenn es nicht unentgeldlich geschieht, bei angemessener, bedeutender Strafe verbietet.

Die Gründe, welche man in sanitätspolizeilicher Hinsicht gegen das Selbstdispensiren homöopathischer Aerzte anführt, beschränken sich darauf, daß man eine Controle der Aerzte durch die Apotheker für nothwendig hält, um sich, bei einer vermutheten ärztlichen Vergiftung, Beweismittel gegen oder für den Arzt zu verschaffen. Der dritte Ausschuß kann sich mit dieser Ansicht nicht vereinigen. Er ist vielmehr des Dafürhaltens, daß diese beabsichtigte Controle nur scheinbar ist, und in der That nicht existirt.

Referent erinnert sich, daß ihm von Juristen versichert worden ist, es sey ihnen nie ein Fall vorgekommen, wo bei einer vermutheten ärztlichen Vergiftung, aus den, von dem Apotheker aufbewahrten Recepten irgend eine Art von Beweis, für oder gegen den Arzt, hätte entnommen werden können.

Für die Vertheidiger der entgegengesetzten Ansicht wird die Autorität eines ausgezeichneten Allöopathen, des bekannten Dr. Gottlieb Richter, von Gewicht seyn, dessen Ansicht, wie der Abgeordnete Herr Wolf in einer in der zweiten Kammer für die Petition gehaltenen, umfassenden Rede anführt, dahin gieng: „ein so pflichtvergessener Arzt würde, wenn es ja bis zum Verdachte und zur Untersuchung kommen sollte, sich schon durch die Regeln des savoir faire, und sogar noch bei der Section, heraus helfen können.“ Dieser gewichtige Ausspruch eines hochstehenden Allöopathen hat auch durchaus nichts Dunkeles. Welcher Arzt, wenn er das Leben seines Patienten antasten will, wird es nicht lieber dadurch bewerkstelligen, daß er unterläßt, wo er helfen könnte, oder dadurch, daß er ihn, unter Beobachtung aller Regeln der Kunst, nur mit falscher Anwendung derselben, zu Grunde richtet, wo es ihm immer leicht werden muß, sein Verfahren nach denselben Regeln zu rechtfertigen. Der Arzt, dessen Ruf und Lebenswandel ihn nicht vor dem Verdachte einer absichtlichen Vergiftung schützt, der möge ihn tragen; er wird ihn treffen, gleichgültig, ob er homöopathischer oder allöopathischer Arzt sey. Aus den Recepten, die der Apotheker aufbewahrt, wird er weder gerechtfertigt, noch verurtheilt werden können.

Ob sich übrigens der Arzt durch grobe Vernachlässigung an dem Leben seines Patienten versündigt hat, das kann eben so gut aus seinem Tagebuche, als aus den Recepten entnommen werden.

Wollte man den aus der Nothwendigkeit einer Controle hergenommenen Grund gegen das Selbstdispensiren homöopathischer Aerzte noch auf eine andere Weise unterstützen; so könnte man etwa sagen, daß die Behörden der Regierung bei der Bereitung aller Medicamente in den Apotheken durch angestellte Visitationen sich leichter, als es bei den Aerzten möglich wäre, die Ueberzeugung von der untadelhaften Güte dieser Medicamente verschaffen könnten. Aber auch hier läßt sich ein richtiger Zusammenhang eben so wenig erkennen. Es sey hier ebenfalls vergönnt, die Ansicht eines hochgeachteten Allöopathen, des verstorbenen Geheimenraths von Wedekind, anzuführen, welcher, wie der Abgeordnete Herr Wolf in der schon erwähnten Rede bemerkt, die Apothekervisitationen für leere Spiegelfechtereien erklärte, die — aus leicht einzusehenden Gründen — ihrem Zwecke nicht entsprechen könnten. Bei den Aerzten hat die Regierung ein weit leichteres Mittel, sich in der fraglichen Beziehung Beruhigung zu verschaffen. Sie braucht nur, was ohnehin schon geschieht, darauf zu sehen, daß nur solchen Aerzten die Erlaubniß, zu praktiziren, ertheilt werde, die durch bestandene Examina, und durch einen, auf Universitäten geführten, rechtlichen Lebenswandel, sich als tüchtig bewiesen haben. Die Regierung findet in der Gewissenhaftigkeit solcher Aerzte, welche, wie schon anderwärts erwähnt, ein natürliches, den Apothekern ganz fremdes Interesse an der Wiederherstellung, folglich auch an der Behandlung ihrer Kranken durch gute, unverdorbene Medicamente haben, eine weit zuverlässigere Bürgschaft, als in der Förmlichkeit der Apothekervisitationen, deren Nuzzen immer leicht vereitelt werden kann. Deßhalb erklärte auch Wedekind, in der von dem Abgeordneten Herrn Wolf angeführten Stelle, daß der Arzt eigentlich selbst dispensiren sollte, da er sonst nie Herr seines Mittels sey, und die Wirkungsfähigkeit desselben der Rechtlichkeit, dem Geschicke und der angewandten Vorsicht eines andern überlassen müsse.

Einige Redner der zweiten Kammer haben der vorliegenden Petition eine Stütze, deren sie nicht bedarf, dadurch zu geben gesucht, daß sie die Ansicht aufstellten, die Medicinalordnung vom Jahre 1822, welche, aus vorhin entwickelten Gründen, den Aerzten im Allgemeinen das alloopathische, nicht unentgeldliche Selbstdispensiren untersagt, könne nicht als verbindend angesehen werden, da sie ohne Genehmigung der Stände erlassen sey. Andere Redner derselben Kammer haben diese Ansicht aus triftigen Gründen widerlegt, und zwar zunächst deshalb, weil jene Medicinalordnung keine Bestimmung enthalte, zu deren Erlaß die Regierung nicht, vermöge des ihr durch den Artikel 73 der Verfassungsurkunde vorbehaltenen Aufsichts- und Verwaltungsrechtes, berechtigt gewesen wäre, und sodann aus dem weitern Grunde, weil keine Regierungsform, sie sey, welche sie wolle, sich aufrecht erhalten könne, wenn nicht die Möglichkeit bestehe, daß in dem öffentlichen Leben ein fester Rechtszustand sich bilden könne; da nun diese Möglichkeit nicht bestehe, wenn jede Ständeversammlung verwerfen dürfe, was schon drei vorhergehende für gesetzlich bindend gehalten hätten, und da es doch die Absicht der Stände seyn müsse, durch Beförderung eines festen, öffentlichen Rechtszustandes das Ansehen der Regierung, so wie das Wohl der Unterthanen, zu befestigen; so könne sich die Ansicht jener Redner nicht empfehlen. Eine Frage ist deßfalls nicht gestellt worden.

Schließlich ist noch zu bemerken, daß der Ausschußbericht zweiter Kammer neben dem Antrage: „den Aerzten das unentgeldliche Dispensiren homöopathischer Heilmittel zu gestatten," auch noch weiter darauf angetragen hat: „die Staatsregierung zu ersuchen, für den Fall, daß homöopathische Aerzte glaubten, die Bereitung und Verabreichung ihrer Mittel einzelnen Officinen anvertrauen zu dürfen, eine billige Taxe für den Verkauf der neuen Medicamente entwerfen zu lassen.

Die Kammer hat diesen Antrag mit 32 gegen 8 Stimmen abgelehnt. Obgleich aus der Discussion die näheren Gründe zu diesem Ablehnen nicht zu entnehmen sind, weil dieses zweiten Antrages überhaupt in dem ganzen Laufe derselben keine Erwähnung geschehen ist; so beruht es doch unstreitig auf der ganz richtigen Betrachtung, daß es nicht wohlgethan wäre, die ärmere Klasse einen, wenn auch geringen Preis, wenn auch nur einige Kreuzer, für ein Medicament bezahlen zu lassen, welches, in Geldwerth angeschlagen, dem $\frac{1}{100}$ Theile eines Kreuzers noch nicht gleich käme, und welches ihr an andern Orten von dem Arzte unentgeldlich verabreicht würde. —

Nach allen hier entwickelten Gründen trägt der Ausschuß darauf an, in Uebereinstimmung mit der zweiten Kammer der Petition Folge zu geben, und die hohe Staatsregierung zu ersuchen:

den Aerzten das unentgeldliche Dispensiren homöopathischer Heilmittel zu gestatten.

Ein Mitglied des Ausschusses hat sich vorbehalten, seine abweichende Meinung in der Discussion vorzutragen.

Beilage F.

Auszug aus dem Protokoll XLIII. der ersten Kammer der Landstände des Großherzogthums Hessen vom 2. August 1833.

— — — es wird — —

4) Die Diskussion eingeleitet über die Vorstellung des Großherzoglichen Hofgerichtsadvokaten Dr. Sundheim zu Gießen, im Namen vieler, bei dem homöopathischen Heilverfahren interessirter Einwohner zu Lich, Steinbach rc., wegen einer, das Dispensiren homöopathischer Arzneien betreffenden, ministeriellen Verfügung.

Nachdem auch hier das Präsidium den wesentlichen Inhalt der Akten angegeben hatte, bemerkt

der Herr Freiherr von Breidenstein:

Es gehört zu den Unvollkommenheiten der Allopathie, daß der Arzt seine Arzneien nicht bei sich tragen kann. — Die von ihm verschriebenen Recepte müssen zuerst in die Apotheke kommen, und der Patient muß auf dieselben warten, er muß oft selbst dann warten, wenn keine Zeit mehr dazu vorhanden ist, und augenblickliche Hülfe Noth thut. Sehr erwünscht wäre es daher in dieser Beziehung, wenn auch dem allöopathischen Arzte das Selbstdispensiren erlaubt wäre und die Beschaffenheit seiner Heilmittel ihm gestattete, solche mit sich zu führen.

Außerdem beruht das Verbot des Selbstdispensirens nur auf der gegründeten Besorgniß, daß mancher Arzt, im Besitze einer Apotheke, sich veranlaßt finden könnte, durch viele und theuere Arzneien den Kranken in doppelter Hinsicht zu benachtheiligen.

Wenn man aber diesen Grund vor Augen hat, (denn einen anderen, eine Controle, welche der Apotheker gegen den Arzt ausüben soll, kann ich, wie ich unten zeigen will, nicht gelten lassen) wenn aus diesem Grunde, sage ich, die Anordnung geflossen ist, daß Aerzte nicht selbst dispensiren sollen; so ist eine Anwendung derselben auf die homöopathischen Aerzte nicht denkbar, weil diese ihre Heilmittel unentgeldlich verabreichen müssen, indem ihr Kaufwerth nur Bruchtheile von Hellern ausmacht, also unbezahlbar ist.

Sodann ist es ein für den Patienten sehr wichtiger Unterschied, ob die homöopathischen Mittel von dem Arzte oder dem Apotheker zubereitet werden. Der Arzt bereitet sie natürlich mit größerer Sorgfalt, um der Wissenschaft und seines Rufes willen, während der Apotheker, indem er homöopathische Mittel bereitet, gar nicht als Pharmaceute fungirt, sondern mehr nicht leistet, als jeder eingeübte Handlanger des Arztes leisten würde.

Dennoch besteht man auf dem Apotheker, um durch ihn den Kranken gegen seinen Arzt zu sichern, gegen Gift und falsche Mittel, die dieser geben könnte. Aber der Kranke kann ja selbst von seinen nächsten Angehörigen eine so wirksame Sorgfalt nicht erwarten, als von seinem Arzte; denn die Heilung liegt in seinem Interesse und die Fähigkeit dazu in seiner Kunde; und es ist daher nicht zu erklären, wie in einem solchen Verhältnisse Mißtrauen herrschen soll.

Wäre dieß aber auch an und für sich ein Gegenstand, welcher Berücksichtigung verdiente, dann liesse sich eher annehmen, daß die Apotheker die Patienten dolose oder culpose vergiften könnten. Der Arzt wäre hiergegen keine Controle, denn dieser sieht meistens die Arznei nicht eher, als bis sie genommen ist. Er sieht oft selbst den Patienten gar nicht wieder, wie dieß namentlich auf dem Lande, wo der Arzt entfernt wohnt, häufig der Fall ist. Auch die Medicinalpolizei könnte hiergegen nicht schützen, denn ihre Visitationen der Apotheken haben einen anderen Zweck und erstrecken sich hauptsächlich darauf, daß der Apotheker die materia medica, welche er vorräthig haben soll, wirklich und in guter Qualität besitze. Wie er aber dieselbe gebraucht, und ob nicht noch zu einer Zeit, wo sie durch Alter schon verderbt ist, das kann kein Visitator wissen.

Der Arzt selbst kann aber auch nicht von dem Apotheker controlirt werden, denn dieser ist bloß ein Werkzeug des Arztes, durch welches die von diesem verschriebenen Arzneien bereitet werden. Er kennt die Zustände der Kranken nicht, die Arzneiwissenschaft selbst ist ihm fremd, so daß er die Wirkungen der Mittel und deren Anwendbarkeit im gegebenen Falle nicht beurtheilen kann. Wollte man also annehmen, ein allöopathischer Arzt beabsichtige, seinem Patienten zu schaden, so kann ihn hieran der Apotheker nicht hindern. Er braucht dann nur verkehrte Mittel anzuwenden, und bedarf keinen Gift, um seinen Zweck zu erreichen.

Das jetzt bestehende Controlwesen ist demnach nicht von der Art, daß man demselben an und für sich Werth beilegen könnte, noch viel weniger hat es diesen bei der homöopathischen Heilmethode, da die nach dieser anzuwendenden Mittel in ihren vielfachen Beziehungen den Apothekern unbekannt bleiben und von der Art sind, daß die kleinen Gaben eine chemische Zersetzung nicht zulassen.

Nur über dieses Controlewesen, als den eigentlichen hier in Frage stehenden Punkt, wollte ich mich äussern, und erlaube mir nur noch eine Stelle aus einer Schrift des würdigen Hofraths Rau zu Gießen (Geschichte und Bedeutung des homöopathischen Heilverfahrens in kurzem Abrisse dargestellt. Gießen 1833) zu verlesen, in der Voraussetzung, daß diese erst vor wenigen Monaten erschienene Schrift noch nicht allen Mitgliedern der Kammer bekannt oder erinnerlich ist.

(Verlesung derselben.)

Selbst der Umstand, daß die homöopathischen Aerzte erklären, die homöopathischen Arzneien würden in ihren Wirkungen verlieren, wenn sie von Apothekern zubereitet würden, ist nicht zu übersehen. Dies ist eine Erklärung, zu deren Beurtheilung dieselben allein competent sind, denn die von den Gegnern gefällten Urtheile können nicht in Betracht kommen, weil sie weder sachkundig, noch unpartheiisch sind.

Der Herr Kanzler Freiherr von Arens: Ich bin wirklich sehr zweifelhaft, ob die Beschwerde als gegründet zu betrachten sey, und das zwar aus folgenden Rücksichten:

1) Es ist bekannt und anerkannt, daß polizeiliche Maßregeln in allen Fällen einer drohenden Gemeinschädlichkeit gerechtfertigt erscheinen. Hier scheint mir ein solcher vorzuliegen. Ueberläßt man nämlich dem Arzte das Dispensiren der Arzneien, dann gebricht es an aller und jeder Aufsicht über ihn — es fehlt an der Controle, welche durch die Apotheken und deren Besitzer, von welchen alle Recepte des Arztes aufbewahrt werden müssen, ausgeübt wird.

Was der Herr Frhr. von Breidenstein anführte, ist kein stringenter Beweis hiergegen, denn dies beweist nur so viel, daß die jetzt bestehende Controle nicht absolut sichernd einwirken kann. Daß sie aber dennoch den Charakter einer Controle an sich trägt, welche in sehr vielen Fällen nützlich seyn kann, das läßt sich schon darum nicht läugnen, weil der Arzt bei Abfassung seines Receptes gewiß eine größere Vorsicht und Achtsamkeit anwenden wird, wenn er weiß, daß seine Recepte in fremde Hände kommen und zu jeder Zeit eingesehen werden können. Es kann selbst der Apotheker die Recepte zurückhalten, und er ist dazu verbunden, wenn deren Schädlichkeit vorliegt.

Ist die gedachte Controle auch nicht vollkommen sichernd, so bleibt sie dennoch wünschenswerth. Es erscheint gewiß räthlich, gegen den Arzt, in dessen Händen Leben und Gesundheit der Patienten ruht, und dem ein so großer Einfluß darauf eingeräumt werden muß, alle möglichen Mittel zur Anwendung zu bringen, welche geeignet sind, das Publikum gegen dolosen oder culposen Mißbrauch seines amtlichen Wirkens zu schützen und zu sichern.

2) Man macht in den neueren Zeiten von den Resultaten, welche die Homöopathie hervorgebracht haben soll, sehr viel Aufhebens. Ob

diese Resultate aber wirklich vorliegen, darüber wird die Staatsregierung nie klar sehen können, so lange der Arzt selbstdispensirt, denn so lange hat sie keine Garantie, ob nicht der Arzt, unter dem Vorwande, homöopathisch zu heilen, recht tüchtige allopathische Arzneien gibt, und es sollen wirklich solche Fälle vorgekommen seyn, wo die homöopathischen Aerzte weit größere Dosen starker Arzneien gegeben haben, als selbst allopathische. Um dieses nun zu erfahren, hat die Staatsregierung ein ganz vorzügliches Mittel in den Apotheken, denn da muß es sich zeigen, ob ein homöopathischer Arzt in einzelnen Fällen zu der allopathischen Methode übergeht, und ob die Wirkungen Folge homöopathischer oder allopathischer Arzneien sind. Ohne dies kann die Regierung nie dahinter kommen, und sie wird immer darüber im Dunkeln bleiben müssen, ob die wieder hergestellte Gesundheit der Patienten Folge dieses oder jenes Systems ist. Darum müßte, meiner Ansicht nach, den wirklichen homöopathischen Aerzten eine solche Controle in den Apotheken selbst erwünscht seyn.

3) Es muß auch beachtet werden, daß da, wo die Apotheker mit ausschließlichen Privilegien begabt sind, diese allerdings ein jus quaesitum haben, und das nicht allein dem Quacksalber, sondern auch dem Arzte gegenüber. Die früher erwähnte Controle ist wohl mit eine Ursache, warum Apotheker und Aerzte verschiedene Personen seyn sollen, und schon daraus erhellt, daß ihr ausschließliches Recht auch dem Arzte gegenüber Statt finden muß. Ich kann daher die in dem Ausschußberichte aufgestellte Ansicht, daß dieses ausschließende Recht nicht gegen den Arzt, sondern nur gegen Andere, anwendbar sey, nicht theilen, und namentlich darum nicht, weil unbeschränkt ertheilte privilegia realia ganz allgemein gegen jeden wirksam sind.

4) Gegen meine Ansicht ist angeführt worden, daß, wenn die homöopathischen Arzneien von Erfolg seyn sollten, der Arzt diese selbst zubereiten müsse, und zwar aus sehr verschiedenen Gründen, weil der Apotheker sich nicht die Mühe damit geben werde, oder, wie der Herr Dr. Rau in der vorhin vorgelesenen Stelle seiner Schrift behauptet, weil das viele Reiben der Arzneien, was von dem Apotheker in der gehörigen Art nicht zu erwarten stehe, erst die eigenthümliche Kraft hervorbringe, und weil der Apotheker durch den starken Geruch der übrigen, in der Apotheke noch vorfindlichen Medicamente die Wirkungen der homöopathischen Arzneien paralysiren würde.

Alles dies muß ich aber bezweifeln, obwohl ich nur Laie bin, denn die Erfahrung lehrt, daß jetzt sehr viele homöopathische Arzneien in Apotheken wirklich zubereitet werden, da noch zur Zeit das Selbstdispensiren der Aerzte nicht gestattet ist. Die homöopathischen Aerzte würden aber wahre Betrüger seyn, wenn sie Arzneien verschrieben, von welchen sie im Voraus überzeugt wären, daß sie nichts helfen könnten, und so etwas wird ohne offenbare Lästerung der homöopathischen Aerzte nicht angenommen werden können. Dieser Einwand dürfte also durch die Erfahrung widerlegt seyn, da namentlich z. B. in Hanau gar viele homöopathische Arzneien in den Apotheken zubereitet werden.

5) Es ist behauptet worden, über die Frage, ob Selbstdispensiren der homöopathischen Arzneien erforderlich sey, könnten nur homöopathische Aerzte urtheilen. Ich behaupte aber, diese können es nicht, weil sie judices in propria causa seyn würden. Darüber können, meiner Ansicht nach, nur Medicinalcollegien entscheiden.

Der Laie kann es auch nicht, er kann vertrauen, aber nicht urtheilen, denn wo technische Kenntnisse in Betracht kommen, da hat nicht er, sondern nur der Techniker ein Urtheil.

Ich glaube nun, unter Erwägung aller dieser Rücksichten, aber ohne auf die Sache selbst und deren Wesen einzugehen, daß Gründe vorliegen dürften, welche die angefochtene ministerielle Verfügung rechtfertigen.

Die Homöopathie ist noch jung, sie ist erst seit wenig Jahren im Aufschwunge, und mir scheint es daher noch zu frühe, um den Wunsch auszusprechen, daß die angegriffene Verfügung aufgehoben werden möge. Zeigt die Homöopathie im Verlaufe der Zeit, daß sie wirklich großen Werth hat, alsdann ist es hierzu immer noch Zeit genug, aber jetzt, glaube ich, wird man am Besten, es bei dem Bestehenden bewenden lassen.

Der Herr Prälat Schwabe: Wenn wir hier auf das Material der Homöopathie und der Allopathie selbst nicht eingehen, so wird sich vorzüglich die Frage hervorheben, ob die Staatsregierung das dem Einen verbieten kann, was sie dem Anderen erlaubt. Jede Ausnahme hat an und für sich etwas Gehässiges, und wenn die Staatsregierung daher Gründe hat, das Selbstdispensiren den allöopathischen Aerzten zu untersagen, so muß sie, meiner Ansicht nach, dasselbe bei den homöopathischen thun. Ein Privileg in dieser Beziehung könnte wohl nur aus, in der Sache selbst liegenden Gründen ertheilt werden, und ob solche vorhanden sind, das müßten, wie der Herr Kanzler anführte, Medicinalcollegien entscheiden; eine solche Entscheidung liegt aber hier noch nicht vor.

Deßhalb muß, meiner Ansicht nach, die Staatsregierung Rücksicht auf die Form nehmen und beide gleich halten. Mehr würde aber, wie ich glaube, dafür sprechen, wenn allen Aerzten, den homöopathischen sowohl als den allopathischen, das unentgeldliche Selbstdispensiren ihrer Arzneien erlaubt würde.

Der Herr Frhr. v. Breidenstein: Auf dem von dem Herrn Kanzler bezeichneten Wege würde man alle Heilmittel von der Apotheke beziehen müssen, um nicht deren Privileg zu verletzen, und der Arzt wäre verbunden, alle Mittel, die er verordnet, auf die Apotheken zu verschreiben, welches doch in Ansehung aller derjenigen einfachen Hülfsmittel, die sich auch ausser den Apotheken vorfinden, nicht erforderlich ist. Das Privilegium der Apotheken steht nur anderen Apotheken gleicher Art und der Pfuscherei gegenüber. Hierin nur kann ich die Wesenheit des Privilegs finden, und gerade deshalb glaube ich nicht, daß das Selbstdispensiren homöopathischer Arzneien dem entgegen wäre, denn deren Zubereitung ist so wenig pharmaceutischer Natur, daß der Apotheker erst förmlich ein Lehrling des Arztes werden muß, um die homöopathischen Mittel bereiten zu lernen.

Darum finde ich das Privilegium der Apotheker durch die separate Darreichung dieser Mittel so wenig gefährdet, als durch eine Wasserkur, die der Arzt verordnen könnte, wiewohl die Einnahme derselben dadurch geschmälert würde.

Der Herr Kanzler fürchtet, der homöopathische Arzt könne die Heilung unter der Hand durch allopathische Mittel bewirken; aber das darf er ja, geeigneten Falles, thun, und dann tritt, wie bei dem anderen Arzte, das Verhältniß zur Apotheke wieder ein.

Man verlangt polizeiliche Maßregeln, um dem möglichen Schaden, der durch die Homöopathie gestiftet werden könnte, vorzubeugen! So lange aber noch keine Verdachtsgründe gegen, wohl aber Gründe des Vertrauens für den homöopathischen Arzt vorliegen, sollte man die Wirksamkeit dieser Heilmethode durch keine Hindernisse stören. Neue Maßregeln müßten übrigens zu einer Controle allerdings ermittelt werden, denn die bisherigen passen, wie ich früher zeigte, durchaus nicht.

Noch viel weniger kann aber eine Controle über die Apotheker Statt finden, wenn diese die homöopathischen Mittel verfertigen, und diese haben nicht dasselbe Interesse, sie mit Fleiß zu bereiten, wie der Arzt; sie haben vielmehr ein entgegengesetztes Interesse, da durch die homöopathische Heilmethode ihr Absatz geschmälert wird. Der Arzt kann aber natürlich nicht immer da sitzen, und den Apotheker unterweisen, wenn er dispensirt, und dieser muß es außerdem unter seiner Würde halten, blos als Handlanger da zu stehen.

Deshalb, glaube ich, ist der Weg, das Selbstdispensiren der homöopathischen Aerzte zu erlauben, der vortheilhaftere, und ich muß daher rathen, denselben einzuschlagen.

Zur Controle soll es übrigens jetzt dienen, daß die Recepte in die Hände der Apotheker kommen. Derselbe Zweck würde sich aber auch wohl durch ein vom Arzte zu führendes Tagebuch erreichen lassen. Oder es könnte auch bestimmt werden, daß die homöopathischen Aerzte ihre Recepte den Patienten gäben, damit diese wüßten, was für Arzneien sie bekämen.

Außerdem sehe ich aber nicht ein, wie gegen die homöopathischen Aerzte eine Controle, gleichwie die Apotheke gegen die allopathischen, errichtet werden könnte, und ich kenne auch keinen Grund, der hierzu bestimmte. Es liegt kein Verdachtsgrund vor, welcher Maßregeln rechtfertigen könnte, die den Zweck selbst vereiteln würden.

Des Herrn Fürsten zu Solms-Lich Durchlaucht: Der Herr Kanzler hat in dem vorhin Vorgetragenen die Controlirung der Aerzte durch die Apotheker für nothwendig erklärt, und als den alleinigen Grund, welcher diese Controlirung möglich mache, den Umstand angeführt, daß die Apotheker so viel von der Heilkunde verstünden, um zu wissen, welche Ingredienzien schädlich wirken können, und diese dann, wenn sie verschrieben sind, nicht verabfolgen zu lassen. Dies würde aber medicinische Kenntnisse der

Apotheker erfordern, welche erst nachzuweisen, und nicht vorauszusetzen sind, und es müßten dann die Apotheker zu deren Erlernung erst die Universitäten besuchen, oder auf andere Weise sich dieselben erwerben.

Sodann hat der Herr Kanzler behauptet, daß blos Medicinalcollegien beurtheilen könnten, ob das Selbstdispensiren erforderlich sey, nicht homöopathische Aerzte als Richter in eigner Sache, und nicht Laien. Dies hat Vieles für sich und würde richtig stehen, wenn dieselben aus homöopathischen und allopathischen Aerzten zusammen gesetzt wären, denn dann würde allerdings von ihnen eine solche Entscheidung ausgehen können. So lange dies aber nicht der Fall ist, so lange werden gerade diese Collegien immer in eigener Sache entscheiden, und es läßt sich dann eben so leicht erwarten, daß sie aus Präoccupation, als aus Gründen, sich gegen die Sache erklären.

Daß übrigens die Heilmethode erst so kurze Zeit bestehe, daß noch eine längere Erfahrung nothwendig wäre, das ist mir nicht einleuchtend. So viel ich mich erinnere, wird die Homöopathie nun bereits seit dreißig Jahren zur Ausübung gebracht, und nach zurückgelegtem dreißigsten Jahre hat man doch das Kindesalter überstanden. Dies scheint mir zu beweisen, daß der hierauf gebaute Grund nicht stichhaltig ist.

Der Herr Frhr. v. Breidenstein: Der Herr Fürst hat so eben etwas eingeräumt, was ich nicht einräumen möchte, nämlich, daß ein homöopathischer Arzt als judex in propria causa dastehe, ich möchte aber sagen, er ist es in causa humanitatis.

Welches Interesse könnte derselbe haben, da er seine Arzneien umsonst gibt, da ihm nicht einmal die dabei angewendete Mühe bezahlt wird, als nur die Ueberzeugung, daß seine Mittel wirksam seyn werden. Deshalb kann ich nicht der Meinung seyn, daß die homöopathischen Aerzte incompetent seyen, und daß ihren Gegnern, den Medicinalcollegien die Entscheidung zustehe, welche die ihnen entgegenstehende Ansicht zu unterdrücken suchen werden.

Wenn aber in einer Apotheke homöopathische Arzneien verfertigt werden sollen, dann würde dieselbe gleichsam zu einem Archiv der Heilmittel umgeschaffen, in welchem der Apotheker als Archivar dasteht. Die homöopathischen Heilmittel brauchen nämlich keineswegs oft verfertigt zu werden, und im Gegentheile kann jeder Arzt die Arzneien für seine ganze Lebenszeit auf einmal zubereiten. Wenn nun in einer Apotheke so die für einen Arzt nöthige Quantität der Heilmittel, wahrscheinlich unter seiner Aufsicht und Mitwirkung bereitet, und zu dessen Gebrauch aufbewahrt wird; so kann man dieß wahrlich als eine Repositur ansehen, und der Arzt würde nach den einzelnen Fächern derselben verschreiben, wo dann nur der Apotheker das Erforderliche wegnehmen könnte. Daß hierdurch der ganze Standpunkt der Apotheken und der Apotheker verrückt würde, ist klar. —

Der Herr Kanzler Frhr. v. Arens: Ich kann immer nicht anerkennen, daß der homöopathische Arzt, wenn er auch in causa humanitatis han=

delt, wirklich ganz so in dieser Tendenz bleiben sollte, denn er hat nebenbei noch ein anderes Interesse, nämlich, so viel als möglich Patienten in seine Kundschaft zu ziehen und dadurch den anderen Aerzten Abbruch zu thun, also die Heilmethode der Anderen und deren Princip zu verdunkeln.

Außerdem scheint mir es auch nicht, daß die Apotheken durch das Verfertigen homöopathischer Arzneien zu einem bloßen Archive der Heilmittel umgewandelt werden dürften, denn auch diese erfordern manchmal eine umständliche Zubereitung. So sah ich ein homöopathisches Recept, wo eine kleine Quantität Arsenik, hundertmal mit Wasser verdünnt, verordnet wurde. Dieser muß also durch hundert Gläschen passiren, und erfordert gewiß eine bedeutende Activität bis er im hundertsten Gläschen erscheint. Dies ist gewiß viel compendiöser, als die Verfertigung fast aller allopathischer Arzneien.

Des Herrn Fürsten zu Solms-Lich Durchlaucht: In Beziehung auf das, was der Herr Frhr. v. Breidenstein vorhin äußerte, will ich mich nur noch verwahren. Wenn ich früher zugab, daß Medicinalcollegien die competenten Richter seyen, so habe ich dieß doch nur für den Fall gethan, wenn sie gleichmäßig aus homöopathischen und allopathischen Aerzten zusammen gesetzt sind, und ich habe geglaubt, daß dann der Regierung empfohlen werden könne, dieselben zu hören. Wenn eine solche Besetzung geschehen wäre, dann könnte man solche Collegien füglich zu Rathe ziehen und ihr Urtheil verlangen, welches dann die verschiedenen sich entgegenstehenden Ansichten und Gründe enthalten müßte; nicht aber jetzt, wo sie blos aus Gegnern des neuen Heilverfahrens bestehen, welche ohne genügende Gründe dasselbe zu unterdrücken suchen werden.

Der Herr Staatsrath Frhr. v. Gagern: Es handelt sich hier um einen Gegenstand, welchen die Wenigsten richtig zu durchschauen vermögen. Ich würde deshalb über denselben das Wort gar nicht nehmen, wenn ich nicht durch meinen Zutritt zu der Ansicht des Referenten im Ausschusse dem Antrage desselben das Gewicht meiner dritten Stimme gegeben hätte.

Die Staatsregierung hat auf alle Klassen ihrer Unterthanen Rücksicht zu nehmen, also auch am meisten auf die zahlreichste Klasse, deshalb ist auch jetzt wohl die im Namen vieler Unterthanen eingereichte Bittschrift so beachtungswerth.

Bereits tritt dieses neue Heilverfahren aus der Kategorie bloßer Versuche, indem auf beiden Seiten sich ungemein angesehene Aerzte befinden. Ich bin auf die Idee gekommen, daß es vielleicht das Beste seyn würde, wenn man das Selbstdispensiren der Aerzte vorerst auf eine bestimmte Anzahl von Jahren gestattete.

Hierdurch wäre die Petition berücksichtigt, und es ist nicht zu läugnen, daß die Patienten, ein größeres Vertrauen haben werden, wenn die Medicamente von dem Arzte selbst zubereitet werden — der wegen seiner Ehre und um seine Kundschaft zu vermehren ein groses Interesse bei ihrer Herstellung hat — als wenn der Apotheker sie dispensirt, welcher eher ein

Interesse dabei hat, daß durch unglückliche Resultate die Homöopathie in Abnahme kommt.

Des ersten Präsidenten Hoheit: Es kann hier meine Absicht nicht seyn, der Homöopathie ihren Werth abzusprechen, da es bekannt ist, daß sie, seitdem sie angewendet wurde, außerordentliche und große Resultate in vielen Fällen geliefert hat, doch kann ich mich noch nicht überzeugen, daß es mit ihr anders als mit anderen Systemen seyn sollte, welche früher in der Heilkunde erfunden wurden, im Anfange eine große Epoche machten, nach einiger Zeit aber, wieder nach und nach verschwanden, und dem früheren Heilverfahren Platz machten. Ich wünsche sehnlichst, daß ich mich hierin irren möge, weil ich es für einen großen Gewinn für die Menschheit halten würde, wenn die Homöopathie sich wirklich als eine dem bisherigen Heilverfahren vorzuziehende Methode erproben sollte. Nur glaube ich, daß, wenn dieselbe auch schon 30 Jahre besteht, sie doch nicht hinreichend geprüft ist, um sie der Controle entheben zu können, welche die Staatsregierung im Allgemeinen über alle Heilmethoden ausüben läßt.

Es ist immer natürlich anzunehmen, daß der Arzt seinen Patienten Heilmittel und keine Gifte geben wird, und darum wird es wohl Niemanden eingefallen seyn, und es fällt auch mir nicht ein, daß im Allgemeinen gegen jeden Arzt eine Controle nöthig sey. Nichts destoweniger aber muß, meiner Ansicht nach, eine Controle bestehen bleiben, um, wenn einer einmal die Absicht haben sollte, seine Pflicht zu verletzen, gegen diesen möglichst zu sichern. Daß eine solche Controle nicht in jedem Falle eintreten kann, und daß sie namentlich bei diesen homöopathischen Heilmitteln schwer sey, das beweißt, daß man auf eine Veränderung der Controlemaßregeln bedacht seyn muß, nicht aber, daß diese selbst überflüssig ist, denn diese bleibt zweckmäßig, wenn sie auch nicht in allen Fällen sichert.

Man sagt, bei den homöopathischen Medicamenten sey eine Controle nicht denkbar, und ich gebe zu, daß dieselbe schwer seyn mag, aber ich finde, daß schon darin eine Art von Controle liegt, wenn mehrere Individuen bei der Bereitung der Arzneien wirken, indem dann der Arzt immer schon vorsichtig seyn wird, damit nicht ein anderer Zeuge seines Irrthums oder seines Verbrechens werde.

Wenn es bewiesen wäre, daß den homöopathischen Aerzten die Ausübung ihrer Praxis ohne Selbstdispensiren unmöglich ist, so würde dies allerdings ein Grund seyn, dieses denselben zu gestatten, und es würden dann nur etwa andere Mittel zu erfinden seyn, durch welche eine Art von Controle gebildet werden könnte. Dieser Beweis ist aber noch nicht erbracht, und im Gegentheile hat die Homöopathie seither schon große Resultate geliefert, wo doch die sämmtlichen Mittel in den Apotheken dispensirt worden sind, die der Behauptung der Homöopathen nach, hierzu nicht fähig seyn sollen — denn nur in wenigen Staaten ist bis jetzt das Selbstdispensiren erlaubt. Hierin liegt, meiner Ansicht nach, eine Widerlegung des Satzes, daß für den homöopathischen Arzt durch das Selbstdispensiren erst die Möglichkeit der Praxis begründet werde.

Außerdem ist mir das nicht deutlich, was von den Homöopathen behauptet wird, daß schon der bloße Geruch anderer Mittel bei der Verfertigung homöopathischer Arzneien deren Wirksamkeit untergraben werde. Ich gestehe indeß, daß ich in diese Kenntniß nicht eingeweiht bin, und deshalb kein Urtheil habe. Wenn ich aber auch diesen Satz als unbestritten annehme, so dürfte es nach allem, was bisher vorgekommen ist, schon hinreichend seyn, wenn die Staatsregierung ersucht würde, die Errichtung besonderer Apotheken für homöopathische Mittel zu gestatten, worin von, in dieser Wissenschaft unterrichteten, Apothekern die Medicamente dispensirt würden, und wo der Arzt selbst die Aufsicht führen könnte. Dieses Dispensiren durch Apotheken wird gewiß im Interesse der Homöopathie selbst liegen, weil es sonst leicht denkbar ist, daß Pfuscher und Quacksalber angebliche homöopathische Mittel bereiten könnten, deren nachtheilige Folgen dann auf Rechnung der Homöopathie gesetzt werden würden.

Deshalb wünschte ich, daß man sich dahin vereinigte, die Staatsregierung um die Errichtung solcher Apotheken zu ersuchen, denn hierin würde, wie ich glaube, ein Mittel liegen, um die Nachtheile zu beseitigen, welche aus dem Mangel einer Controle etwa entspringen könnten, zugleich aber auch im Interesse der Wissenschaft eine Bürgschaft dafür, daß nicht die Aerzte sich unter der Firma der Homöopathie allopathischer Mittel bedienten.

Der Herr Frhr. v. Breidenstein: Wenn ich hier nochmals das Wort nehme, so geschieht es aus der innigsten Anhänglichkeit an eine Heilmethode, deren vorzüglichen Werth ich an mir selbst erprobt, und deren segensreiche Erfolge ich von so vielen Anderen gehört habe. Sie hat nur Enthusiasten erzeugt aus Dankbarkeit für die herrlichen Wirkungen, welche sie hervorgebracht hat, und darum erlaube ich mir hier noch einiges zu deren Gunsten zu äußern.

Wenn eine Controle bei diesem Heilverfahren nöthig, und wenn eine solche möglich seyn sollte, so werde ich gern dafür stimmen. Eine neue Art derselben muß aber erst ermittelt werden; denn die seitherige paßt bei dieser Methode durchaus nicht. Das Selbstdispensiren muß meiner Ansicht nach, den Aerzten nothwendig gestattet werden, sonst wird die Wissenschaft darunter leiden, oder gar durch, ihr in den Weg gelegte Hemmungen, zu Grunde gehen. Ich rechne es mir zum Ruhme, hierfür zu sprechen, und gegen die Aufrechthaltung einer Verfügung zu stimmen, welche von allopathischen Medicinalbehörden ausgegangen, nur auf den Untergang dieser trefflichen Heilmethode berechnet zu seyn scheint.

Wollte man homöopathische Apotheken errichten, so würden diese vorerst den Erfolg liefern, daß der so wichtige Vortheil der schnellen Hülfe verloren ginge. Nützen würden sie aber durchaus nichts, und namentlich als Controle nicht, denn die Mittel, welche der Arzt verschriebe, würden doch gegeben werden müssen. Ferner würde kaum in dem Umkreise von 20 Stunden Wegs, wegen des zu geringen Ertrags, eine solche Apotheke bestehen können, und doch würde der weitere Vortheil, daß die Arzneien umsonst gegeben würden, der namentlich für die ärmere Klasse so wichtig ist, verloren gehen.

Ich glaube daher, daß das Selbstdispensiren der Arzneien den Aerzten zu gestatten seyn möchte, wobei es der Staatsregierung ja immer unbenommen bleibt, eine Aufsicht über die homöopathische Heilmethode ausüben zu lassen, und, wenn sie sich überzeugen sollte, daß Nachtheile aus dem Selbstdispensiren hervorgiengen, später die geeigneten Schritte dagegen zu veranlassen.

Da keine weitere Bemerkung erfolgt, schließt das Präsidium die Diskussion.

Zur Beglaubigung:

(unterz.) Emil Prinz von Hessen. v. Arens.

Beilage G.

Abschrift
Z. Nr. D. 6693. 15992.

Darmstadt am 5. Dec. 1833.

betr.

das homöopathische Heilverfahren.

Das Großherzoglich Hessische Ministerium des Innern und der Justiz

an

die Großherzoglichen Provinzialkommissariate dahier und zu Gießen, die Großherzogliche Provinzial-Direktion zu Mainz und die sämmtlichen Großherzoglichen Kreisräthe in den Provinzen Starkenburg und Oberhessen.

Die beiden Kammern der Landstände haben die Staatsregierung in einer gemeinschaftlichen Adresse ersucht:

1) den Aerzten das unentgeldliche Dispensiren homöopathischer Heilmittel zu gestatten,
2) für den Fall, daß homöopathische Aerzte glaubten, die Bereitung und Verabreichung ihrer Mittel einzelnen Officinen anvertrauen zu dürfen, eine billige Taxe für den Verkauf der neuen Medicamente eintreten zu lassen.

Des Großherzogs Königliche Hoheit haben hierauf zu befehlen geruht, daß den landständischen Anträgen Folge gegeben werde, weshalb wir Sie andurch anweisen, sich hiernach zu bemessen *).

In Verhinderung des Staatsministers
(unterz.) v. Lehmann.

Hoppe.

---

*) Vergl. d. Bekanntmach. d. Minist. d. Innern u. d. Just. v. 14. April 1834. §. 26. (Regierungsb. Nr. 39.)

Druckfehler.

S.	1	Z.	1	v. u. statt Apother, lies: Apotheker.
—	26	—	9	v. o. nach: selbst, ist einzuschalten: zu.
—	55	—	6	v. u. statt: allöpathische, lies: alloöpathische.
—	85	—	14	v. o. statt: untersagt, lies: untersagen.
—	104	—	2	v. u. statt: Vollar, lies: Lollar.

Kolibri 360 GmbH
Ferdinand-Jühlke-Straße 7
99095 Erfurt, Deutschland
produktsicherheit@kolibri360.de